4차 산업혁명 시대:

실전 드론 for 창업

The era of the 4th industrial revolution:
Practice Drone for Entrepreneurship

김영국 · 진종규

박영사

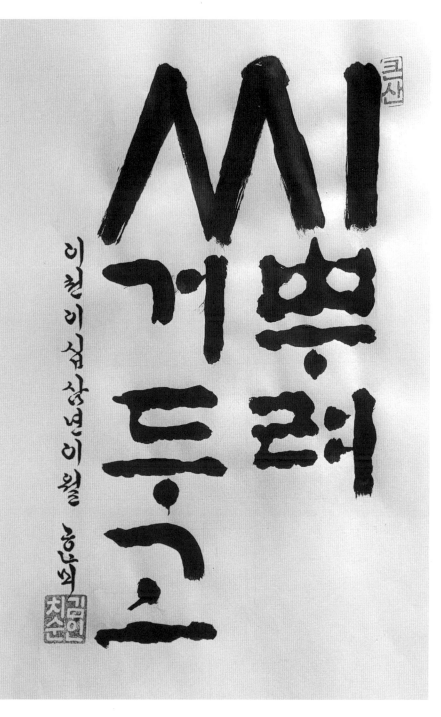

한뫼 金致純

드론은 어디까지 진화할 것인가?

최근 4차 산업혁명 관련 기술의 폭발적인 발전에 따라, 우리 사회도 다양한 측면에서 급격한 변화가 진행 중이다. 그중에서 특히 산업용과 군사용, 완구용과 배송용, 촬영용 드론의 진화는 하루가 다르게 발전하고 있다. 이제 인간이 필요한 만큼 드론 기술이 속속 발전되고 있다.

최근 세간(世間)의 관심 중에 가장 큰 화두(話頭)가 바로 드론이다. 2025년 약 428억 달러(약 52.5조 원) 규모가 예상되며 연평균 13.8% 성장률을 보이고 있다. 이 중 상업용 드론 시장은 405억 달러, 민간용 드론 시장은 23억 달러 규모가 예상된다. 특히, 군사용 무인기 공격용 드론을 비롯하여, 다양한 농업용과 산업용 및 교육용 드론의 위력과 기술력의 진전 속도가 광속과도 같다. 활용 분야도 1차 산업(농업/축산업/수산업/임업)과 물류와 배송, 방송 및 공연, 인프라 관리, 측량 및 건설, 통신과 스포츠 등에 이르기까지 다양하게 활용되고 있다.

러시아와 우크라이나 전쟁을 비롯하여 북한의 무인기(공격용 드론)도 화제다. 이는 소형 수류탄 정도의 소형 자폭(自爆) 드론에서부터 미사일 등 적의 전차까지도 단번에 파괴할 수 있는 위력을 가진 '킬러 드론' 등 다양한 형태의 무기로 활용되고 있다. 특히, 아르메니아와 아제르바이젠 전쟁과 우크라이나 전쟁에 이르기까지 드론 공격은 워낙 정확하고 위력이 대단하여 공격용 무기로 광범위하게 사용되고 있다.

그동안 각국의 군사 전문가들은 소형 무인기에 생물 무기와 화학 무기 등이 장착되어 각종 테러와 전쟁에 활용될 가능성을 수없이 언급해오지 않았던가? 특히, 비행고도가 3km 이상으로 점점 높아지고 있고, 비행시간도 지속적으로 늘어나고 있다. 목표물을 설정해 놓으면, 무려 40kg짜리 탄두로 목표물에 정확하게 명중하는 게 지금의 군사용 드론 기술이다. 무려 600~800km를 시속 925km 속도로 드론 공격이 가능하다. 실제 최근에는 우크라이나 전쟁 출현된 '이란제 사헤드 드론'으로 벌떼처럼 공격한 우크라이나 전쟁이다.

드론 전쟁 시대가 된 지는 꽤 오래전이 아닌가? 현대전은 드론 전쟁이라 해도 과언이 아니다. 선제적이고 창의적인 우리 기술로 머지않아 미사일을 요격할 드론 개발을 손꼽아 기다려본다. 마치 "고래를 잡으려면 튼튼한 고래망을, 멸치를 잡으려면 촘촘한 멸치망을 짜야 한다"던 속담이 생각나는 때다.

2017년 제1차 계획수립 이후 두 번째로 수립된 제2차 드론산업 발전 기본계획은 중장기 드론산업 발전정책의 기본방향을 설정하기 위해 5년마다 수립하는 10년 단위 법정계획(드론법 제5조)이다. 제2차 드론 산업 발전 기본계획은 한국교통연구원, 항공안전기술원, 교통안전공단, 항공우주연구원으로 구성된 KOTI 컨소시엄으로 해외 사례조사, 시장 동향 및 전망 분석, 전문가 자문회의 등 활발하게 연구 중이다. 특히, KOTI 컨소시엄은 계획 기간 중에 구축된 드론산업 생태계를 기반으로, 향후 드론 산업 육성정책의 중장기 목표 및 전략을 제시하는 게 중점과제다. KOTI 컨소시엄은 △신산업 규제 합리화 △드론 강소기업 육성 및 국민 체감 서비스 확대 △유기적 인프라 및 공역체계 구축 △차세대 인재 양성 등 산업발전기반 조성 △핵심 활용기술 개발 등의 드론 산업육성의 기본방향을 제시하고, 산·학·연·관·군 전문가들은 향후의 드론산업 발전 방향과 주요 과제에 대해 다양하고 폭넓은 의견을 개진 중으로, '제2차 드론산업발전 기본계획'이 곧 확정·고시될 전망이다.

드론, 더 높이 날아라

이러한 때, 드론에 대한 각종 전문자격증과 드론조종자격제도 및 창업에 대한 수요가 급증하고 있다. 따라서 산·학·연·관·군에서 40년여의 오랜 경력과 경험을 가진 필자들의 연구와 산업계 및 학계에 필요한 전문서로서, 이 정표를 제시하는 나침반의 역할을 다하기 위해 부족한 본서가 잉태되었다.

본서를 준비하는 동안 자료수집과 수많은 의견 개진으로 응원과 격려를 더 해 주신 산·학·연·관·군 선후배님과 드론 교육의 선두주자인 코리아드론(주)의 응원과 격려에 깊이 감사드린다. 특히, 복잡한 자료정리에도 늘 열정을 다해주신 이내수 교관님과 정영기 이사님, 원고 교정에 많은 시간을 할애해주신 이곡지 경영학·공학박사님과 늘 청량제와 응원을 더 해 주신 전은주 소장님과 아울러 본서의 출판에 세심한 배려와 지원을 아끼지 않으신 박영사 안종만 대표님과 장규식 차장님, 전채린 차장님, 자료수집에 최선을 다해준 사랑하는 제자들에게도 깊은 감사를 드린다.

이제 4차 산업혁명의 도래와 함께 급성장하고 있는 글로벌 드론 트렌드 시대를 맞아, 드론 산업의 미래는 선택과 집중전략과 각종 규제 등 해결해야 할 태산준령 같은 난제가 곳곳에 산적해 있다. 그러나 드론 산업 역시 순기능과 역기능이 함께 있는 법이라 모쪼록 부족한 본서가 '드론이 꿈꾸는 세상'을 이해하고, 드론 자격증을 활용한 창업전략 등에 작은 밀알처럼, "씨 뿌려 거두기"를 기원한다.

화왕산 석송(碩松) 연구실과 코리아드론(주)
R&D연구센터를 오가며
늘 소풍 같은 인생, 청산행(靑山行)처럼
구산리 바닷가의 노을을 보며

계묘년 정월 대보름날
저자 김영국·진종규 씀

차례

Chapter 01

산업과 산업혁명의 이해   1

1.1 산업의 이해 ·· 3

1.2 산업혁명의 이해 ·· 10

1.3 4차 산업혁명 사례연구 ·· 16

1.4 산업과 산업혁명의 연계성 ·· 42

1.5 사례연구 ·· 43

Chapter 02

창업의 이해   47

2.1 창업의 개념 ·· 49

2.2 창업의 종류 ·· 53

2.3 핵심요소 ·· 61

2.4 창업관련법상 창업제외 업종 ·· 67

2.5 기술 분야 창업업종 ·· 70

2.6 창업 순서와 절차 ··· 79

2.7 유형별 창업 절차 ··· 82

Chapter 03

비즈니스모델 발굴과 조사방법   91

3.1 창업 아이템 발굴을 위한 질문 ··· 93
3.2 창업 아이템 발굴 분석 Checklist ··· 95
3.3 자료수집 및 시장조사 방법 ··· 100
3.4 비즈니스모델 Tool ··· 108
3.5 자금조달 및 창업지원제도 ·· 116

Chapter 04

드론이론 및 실기   127

4.1 드론 용어의 이해 ··· 129
4.2 드론의 어원 ·· 135
4.3 드론의 이해 ·· 136
4.4 드론의 역사 ·· 138
4.5 드론의 활용 ·· 139
4.6 드론의 전체 구성 ·· 141

Chapter 05

드론 자격증   169

5.1 종별 드론 자격증 취득 기준 ··· 171
5.2 종별 드론 자격증 활용 범위 ··· 172
5.3 학과시험과 필기시험 ··· 173
5.4 실기코스 ··· 174
5.5 조종자 증명 업무범위 ·· 176
5.6 무인비행기 자격증 취득 기본 응시요건 ······································· 177

5.7 드론자격증 취득 방법 ·· 178

5.8 드론조종법 ·· 184

5.9 드론조종모드 ·· 192

Chapter 06
항공법규 197

6.1 항공법의 목적 ··· 199

6.2 항공안전법 개요 ··· 201

6.3 항공안전법의 이해 ·· 202

6.4 초경량비행장치조종자 준수사항 ·· 204

6.5 항공사업법 ·· 206

6.6 초경량비행장치 조종자 증명 종류 ·· 207

6.7 초경량비행장치 비행증명서 기재 ·· 208

6.8 주의사항 ··· 210

6.9 초경량비행장치 사고 조치 ·· 211

6.10 비행승인 ·· 212

6.11 위반 시 벌금 ·· 214

6.12 공역 및 항공안전 ·· 216

6.13 초경량비행장치 신고 및 안전성인증 ··································· 219

6.14 초경량비행장치 사고/조사 ·· 222

6.15 초경량비행장치 비행 시 필요사항 ······································· 223

6.16 예시문제 ·· 224

Chapter 07
항공역학 227

7.1 기체 조종면 ··· 229

7.2 모터 ·· 230

7.3 비행모드 ··· 231

7.4 힘 작용 ··· 232

7.5 지면효과 ··· 235

7.6 예상문제 ··· 236

Chapter 08
항공기상 239

8.1 대기권 ·· 241

8.2 기온과 기압 ·· 243

8.3 바람과 지형 ·· 244

8.4 구름 ·· 246

8.5 고기압과 저기압 ·· 248

8.6 기단 ·· 251

8.7 전선 ·· 252

8.8 예시문제 ··· 254

Chapter 09
사례연구 257

찾아보기 ·· 298

그림 차례

그림 1-1 산업 분류 ·· 3

그림 1-2 4차 산업혁명 적응 순위 ······································· 12

그림 1-3 산업혁명의 연혁 ··· 16

그림 1-4 4차 산업혁명의 주요 용어 ·································· 16

그림 1-5 산업과 산업혁명의 연계성 ·································· 42

그림 2-1 창업의 개념 ··· 49

그림 2-2 창업의 종류 ··· 53

그림 2-3 기본적 핵심요소 ·· 61

그림 2-4 창업 프로세스 ·· 80

그림 3-1 창업 아이템 발굴을 위한 질문 ·························· 93

그림 3-2 자료수집 및 시장조사 방법 ······························ 100

그림 3-3 BMC 구조 ··· 109

그림 3-4 BMC 주요 작성 예시 ·· 113

그림 3-5 창업지원 사이트 '창업넷' ·································· 116

그림 3-6 자금유치 유형 ··· 117

그림 3-7 창업지원 중앙부처 및 주요지원 사항 ············· 122

그림 4-1 드론의 변천과정 ··· 135

그림 4-2 다양한 드론의 종류 ··· 136

그림 4-3 사용목적 ·· 139

그림 4-4 용도와 다변성 ··· 139

그림 4-5 순기능과 역기능 ··· 140

그림 4-6 드론의 전체 구성도 ··· 141

그림 4-7 드론 FC의 주요 구성도 ···································· 141

그림 4-8 FC의 종류 ··· 142

그림 4-9 드론 수신기 ··· 144

그림 4-10 지자기센서의 역할 ··· 145

그림 4-11 전자변속기의 신호순서 ··· 146

그림 4-12 멀티콥터의 모터 회전 방향 ··· 147

그림 4-13 모터 회전 방향 및 힘의 조절에 따른 드론의 비행 방향 변화 ········· 148

그림 4-14 드론조종기의 종류 ··· 149

그림 4-15 1차 전지, 2차 전지 ·· 150

그림 4-16 건전지의 종류 ·· 150

그림 4-17 드론 배터리 종류 ·· 152

그림 4-18 Lipo배터리 ·· 153

그림 4-19 드론운용 계획 ·· 156

그림 4-20 DNA+ 드론 ·· 158

그림 4-21 육·해·공군의 2050년 대비 미래 비전 ···························· 160

그림 4-22 미국 군사용 드론 : MQ-1C 그레이이글 ························· 162

그림 4-23 중국 군사용 드론 : Yi-Long ··· 163

그림 4-24 유럽 군사용 드론 : European UAS ······························ 164

그림 4-25 일본 군사용 드론 : SeaGuardian ·································· 165

그림 5-1 드론 국가자격시험 실기 코스(1종) ·································· 174

그림 5-3 Mode 1 조종방법 ·· 184

그림 5-2 국가자격시험 실기 코스(2종 기준) ································· 175

그림 5-4 Mode 2 조종방법 ·· 186

그림 5-5 Mode 3 조종방법 ·· 188

그림 5-6 Mode 4 조종방법 ·· 190

그림 5-7 P가 포지셔닝의 약자로 GPS모드를 의미 ························· 192

그림 5-8 A가 Attitude의 약자로 자세제어 모드를 의미 ················ 193

그림 5-9 매뉴얼 모드를 사용하는 레이싱 드론 ····························· 194

그림 5-10 스포츠 모드 전환 스위치 ··· 195

그림 6-1 초경량 비행장치의 종류 ··· 200

그림 6-2 조종자 준수사항 ··· 204

그림 6-3 초경량비행장치의 종류 ································· 207

그림 6-4 비행경력 증명서 ································· 210

그림 6-5 드론 원스탑 민원포탈서비스 ································· 213

그림 6-6 비행가능공역과 비행금지구역 주요 현황 ················· 216

그림 6-7 초경량 비행장치 비행불가 사항 ······················ 217

그림 6-8 공역의 구분 ································· 218

그림 6-9 초경량 비행장치 신고증명서 ··························· 220

그림 7-1 항공기의 3축운동 ································· 229

그림 7-2 모터의 종류 ································· 230

그림 7-3 드론의 비행원리 ································· 231

그림 7-4 항공기에 작용하는 네 가지 힘 ······················ 232

그림 7-5 항력의 종류 ································· 233

그림 7-6 붙임각과 받음각 ································· 234

그림 7-7 지면효과 ································· 235

그림 8-1 대기권의 구성 ································· 242

그림 8-2 백엽상 ································· 243

그림 8-3 푄현상(국립산림과학원) ··························· 245

그림 8-4 구름의 종류 ································· 247

그림 8-5 고기압과 저기압 ································· 249

그림 8-6 2017년 21호 태풍 <란> ··························· 250

그림 8-7 우리나라의 기단 ································· 251

그림 8-8 전선의 종류 ································· 253

표 차례

표 1-1 4차 산업혁명의 차별성 ·· 14

표 1-2 국가별 4차 산업혁명 정책 현황 비교 ······················· 14

표 1-3 산업혁명의 단계별 변화 ·· 15

표 2-1 개인사업자와 법인사업자의 종류 및 책임 ··············· 57

표 2-2 창업지원법상 창업지원제외 업종 ····························· 68

표 2-3 1인 창조기업 범위에서 제외되는 업종 ··················· 68

표 2-4 창업을 계획하고 있는 단계에서 고려해야 할 내용 ······ 81

표 2-5 제조업 창업 절차별 검토사항 ··································· 85

표 3-1 창업 아이템 발굴 분석 Check list 예시 ·················· 95

표 3-2 시장조사 분석 Check list 예시 ······························· 104

표 3-3 엔젤투자와 벤처캐피탈 비교 ···································· 121

표 4-1 드론의 형태별 구분 ·· 137

표 4-2 드론의 역사 주요 현황 ·· 138

표 4-3 모터의 장단점 ·· 143

표 4-4 Lipo 배터리 항공 운송 규정 ···································· 154

표 4-5 분류 및 주요 특성 ··· 155

표 4-6 주요 국가별 대표 무인기 현황 ································· 160

표 5-1 종별 드론 자격증 취득 기준 ···································· 171

표 5-2 종별 드론 자격증 활용 범위 ···································· 172

표 5-3 학과 시험 주요 내용 ·· 173

표 5-4 실기시험 주요 내용 ··· 173

표 5-5 드론 자격증 취득 공통사항 ······································ 176

표 5-6 무인비행기 자격증 취득 공통사항 ··························· 177

표 5-7 무인멀티콥터 자격증 취득 공통사항 ······················· 178

표 5-8 드론자격증 학과시험 면제기준 ································· 180

표 5-9 드론자격증 학과시험 시험과목 및 범위 ···························· 181
표 6-1 항공안전법 시행규칙 ·· 202
표 6-2 항공안전법 위반 시 처벌기준 ···································· 214
표 6-3 비행 전 준비 및 점검사항 ······································ 223

CHAPTER
01

산업과 산업혁명의 이해

1.1 산업의 이해

1.2 산업혁명의 이해

1.3 4차 산업혁명 사례연구

1.4 산업과 산업혁명의 연계성

1.5 사례연구

'산업'은 "유사한 성질을 갖는 산업 활동에 주로 종사하는 생산단위의 집합"이다. '산업 활동'은 "각 생산단위가 노동, 자본, 원료 등 자원을 투입하여, 재화 또는 서비스를 생산 또는 제공하는 일련의 활동과정"이다. 따라서 산업 활동의 범위에는 영리적, 비영리적 활동이 모두 포함되나 가정 내의 가사 활동은 산업에서 제외된다. '산업'은 산업혁명과 다른 개념으로 생산을 목적으로 하는 일을 의미한다. 우선, 산업을 살펴보고 산업혁명은 '1.2 산업혁명의 이해'에서 살펴보자.

그림 1-1 산업 분류

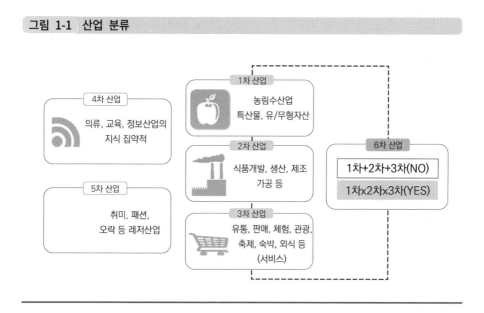

1) 1차 산업

자연을 통해서 사람이 직접 자원을 채취하거나 자연환경과 직접 연관된 농업·임업·수산업을 이용한 생산 활동이 제1차 산업이다. 1차 산업은 유전학적 산업과 채취산업으로 구분된다. 유전학적 산업은 인간이 자연스럽게 천연자원의 성장과정에 개입하여 생산 활동을 증진시키는 것이고, 채취산업은 경작을 통해서 증가될 수 없는 소모성 천연자원의 생산이다.

유전학적 산업은 우리가 흔히 알고 있는 농업·임업·축산업·어업 등으로 윤작, 비료, 병충해 통제, 관개시설, 온실경작, 타화수정, 교배를 통한 과학적 작물의 개량 등이며, 채취산업은 광석의 채굴과 채석, 광물연료의 추출 등을 말한다. 1차 산업은 대부분 저개발국가 또는 개발도상국에서 매우 중요한 경제적 주도를 차지하고 있다.

2) 2차 산업

1차 산업을 통해서 생산한 원재료를 가지고 제조업, 공업, 경공업, 중공업, 조선업 등을 통해서 가공하여 생산하는 산업이 2차 산업이다. 이와 관련하여 경제학에서는 일반적으로 제조업이라고 표현한다. 이는 나라의 경제에서 1차 산업으로부터 공급되는 원료를 가공하여 소비재나 생산재를 만드는 경제활동을 말한다. 왜냐하면, 생산재는 2차 산업에서 완제품, 완제품의 부품, 소비재 및 비소비재를 생산하는 데 필요한 자본재 등으로 사용되기 때문이다.

3) 3차 산업

3차 산업은 1차 산업과 2차 산업을 통해서 생산된 가공 상품 등의 재화에 대하여 판매 및 서비스 등을 제공하는 산업이다. 3차 산업의 종류를 확대하여 살펴보자. 서비스와 상품판매 등을 중심으로 유통업, 운수업, 창고업, 상업, 금융업, 보험업, 숙박업, 미용업 등에 대한 모든 산업이 제3차 산업이며, '서비스산업'이라고도 부른다. 3차 산업은 나라의 경제에서 서비스나 무형의 이익을 공급하고 유형의 재화를 생산하지는 않지만 부를 창출하는 산업으로 자유시장경제와 혼합경제 체제에서는 보통 기업 또는 정부기업과 결합되어 있는 것이 큰 특징이다.

4) 4차 산업

정보 배포 및 공유, 정보기술, 통신, 의료, 교육, 상담, 연구 및 개발, 금융계획, 기타 지식 기반의 서비스 산업 등을 집약한 산업이 4차 산업이다. 4차 산업은 1차 산업부터 3차 산업에서 눈에 보이는 물건을 생산하는 것과는 다르게 정보와 지식을 위주로 하는 산업이다.

5) 5차 산업

오락 및 패션, 레저 등 지식과 정보를 초월한 즐기는 문화적 요소를 생산해 내는 산업이다. 의식주 또는 제품 등의 생산을 중심으로 하는 것이 아닌 인간의 요구와 욕구를 통해 삶을 즐기는 진보적인 산업으로 해석된다.

6) 6차 산업

최근 창업과 관련하여 6차 산업의 발전과 도약을 위해 많은 지원제도와 연구가 속속 진행되고 있다. 6차 산업은 농촌의 유형 또는 무형의 자원을 기초로 농업과 식품을 통해서 제조 가공을 통한 특산품 등을 개발하여 이를 유통 및 판매하거나 관광 및 체험을 할 수 있도록 서비스 등과 연계를 함으로써 새로운 부가가치를 창출시키는 활동을 말한다.

6차 산업은 농업농촌 경제의 대표적인 체계로써, 청양의 알프스마을의 '여름철 세계 조롱박 축제', '겨울철 칠갑산 얼음분수 축제' 등을 통해서 지역만의 흥미로운 볼거리와 먹거리 등의 창출이 대표적인 사례이다.[1] 6차 산업은 스마트팜의 기능을 발전하고 개발하면서 ICT, IOT 등의 4차 산업을 통해서 부가적인 사업의 확장을 하고 있다.

예로써 비닐하우스에 농작물을 재배할 경우 습도, 온도, 천장의 개폐, 물공급 등을 자동적으로 체크하여 이상적인 재배공간을 제공한다거나 집에서 핸

---

1 농림축산식품부, "6차 산업 창업매뉴얼', 농림축산식품부 2014, 6면(재인용).

드폰 등을 활용하여 조정을 통해서 쉽게 농작물을 재배할 수 있도록 하는 편리한 서비스 등을 제공할 수 있다.

　즉, 6차 산업은 1차 산업, 2차 산업, 3차 산업을 연계하여 다양한 비즈니스모델을 통한 부가가치를 창출할 수 있는 산업이다. 창업과 연계한 학습과 연구를 통해서 실제로 실현될 수 있는 새로운 비즈니스모델을 개발하고 확장할 수 있다. 6차 산업의 발전에 따른 실질적인 이익이 농가에 제공됨으로써 농가에 대한 더 많은 신기술의 개발과 발명이 증가되고 발전하여 농사에 대한 인식과 미래의 삶의 질이 개선되고 농사의 만족도가 향상될 것이다.

사례
연구
1

경북도민일보 고정칼럼(2021.07.29.)
김영국 계명대 벤처창업학과 교수·칼럼니스트·Saxophonist

드론이 바꾸는 세상

최근 드론의 인기가 하늘을 치솟고 있는 때. 얼마 전 수중(水中) 드론 바다낚시동호회 출정에 동참했다. 바닷속을 손바닥같이 훤히 보면서, 드론의 도움으로 쉽게 잡아 올린 펄떡이는 맛난자연산 싱싱회. 상추이파리와 깻잎에 곁들이는 막걸리는 그야말로 일품(一品)이다. 강태공(姜太公)도, 김삿갓도 부럽지 않을 정도. 동호인들의 함성이 무더위를 싹 가시게 한다.

드론 산업은 군사와 미디어, 물류와 농업, 정보통신과 보험, 의학과 기상, 과학 분야에 이르기까지 이제 산업 전 분야에 걸쳐 속속 진보(進步)되고 있다. 무인(無人) '드론'은 '낮게 웅웅거리는 소리'. 벌이 날아다니며 웅웅대는 소리에 착안해 붙여진 이름이다. 드론은 애초 군사용으로 탄생했으나, 이제는 고공 영상 및 사진 촬영과 배달, 기상정보 수집, 농약 살포 등 다양한 분야에서 크게 활용되고 있다.

용도가 크게 확대되면서 수요가 급증하는 추세다. 가격하락과 소형화, 특히 이동성이 강화되면서 상업적 사용이 확대되고 있다. 조만간 '1인 1드론 시대'가 도래할 거라는 전망도 속속 나오고 있다. 지금껏 볼 수 없었던 위험한 현장을 카메라에 담을 수 있었던 것도 바로 드론 덕분이었다. 지난 2013년 발생한 터키 반정부 시위의 생생한 모습도 CNN이 드론으로 촬영해 보도했다. 그야말로 드론이 지구촌을 24시간 감시하고 있는 셈…

드론고등학교와 대학의 드론학과도 꽤 인기다. 드론은 통상 완구용, 군사용, 배송용, 산업용, 촬영용 드론으로 구분된다. 당연히 목적에 따라 크기와 용량 및 기능도, 무게와 가격, 조종 방법도 각양각색이다. 이유는 자체 중량이나 최대 이륙중량의 기준이 각각 다르기 때문이다.

국토부는 드론 사고 예방과 국민의 불안감을 해소하기 위해 2014년부터 드론자격증제도를 운영 중이다. 드론 조종자격취득자는 2015년 873명에서 2019년 30,423명 정도로 크게 증가하는 추세다. 지금까지는 드론 관련 기준이 세계기준과 크게 달랐다. 올해 4월 전 세계 추세에 걸맞게 드론 용어는 물론, 드론의 성능을 기반으로 하는 국토교통부의 '드론조종자격제도 개선안'이 시행되었다.

이에 따라 조종 자격증은 드론의 최대 이륙중량에 따라, 위험도를 총 4단계로 나누었다. 1단계는 250g 이하의 완구용 드론, 2단계 저위험군(LV1)은 250g 초과 2kg까지의 4종 드론, 2kg 초과 7kg까지는 3종 드론, 3단계 중위험군(LV2)은 7kg 초과 25kg까지의 2종 드론, 4단계는 25kg을 초과하는 고위험군(LV3)의 1종 드론으로 세분화되었다.

각 지자체의 드론 기본교육과 항공교육훈련포탈의 온·오프라인 강의 등도 인기다. 250g 이하 완구용 드론은 면허대상이 아니다. 그러나 250g 이상의 드론은 반드시 면허증이 필요하다. 미취득 시나 미승인지역에서의 비행은 300만원까지의 벌금이 부과된다. 특히 드론 비행이 가능한 지역인지의 여부(與否)가 관건이다. 승인이 필요한 지역에서는 관할 기관의 사전승인이 필수다. 따라서, 안전의식 향상과 전문성 관련의 비행이론과 항공기상, 관련 법령의 드론전문교육이 크게 요구되고 있다. 국토부는 드론산업의 발전을 위하여 더 합리적이고 효율적인 안전관리는 물론, 국내 드론 관리체제의 기초를 마련하여 향후 드론산업 활성화도 크게 기대된다.

최근 세계 무인기 시장은 기준 미국 54%, 유럽 15%, 아태 13%, 중동 12% 등으로 미국과 유럽이 79%를 차지하면서 과점체제를 형성하고 있다. 최다 드론 보유국인 미국은 120여 종 1만 1,000여 대의 드론을 보유하고 있고, 미국 외에도 이스라엘, 프랑스, 영국, 러시아 등이 드론 개발과 운영 중이다.

그러나 각 나라마다 국가의 규제로 상업화가 지연되고 있다는 지적도 나오고 있다. 한국에서도 개인의 사생활 보호와 안보 문제로 드론 상업화에 대한 명확한 기준이 모호하고 서울 도심은 대부분 비행 금지나 비행 제한구역으로 설정돼 있어 드론 활용에 제약이 있다. 드론과 관련해 해킹으로 인한 보안 문제와 사생활 침해 논란도 있다. 하지만 드론으로 인한 세상의 변화 물결은 이미 빛의 속도로 진행 중이다. 이제 드론이 볍씨를 뿌리고, 자율주행 이앙기가 모내기를 한 후, 스마트팜으로 가을추수를 기다리는 4차 산업혁명의 시대다.

최근 필자는 3종류의 무인동력비행장치(무인비행기, 무인헬리콥터, 무인멀티콥터) 자격증을 취득하였다. 드론이 바꾸는 세상, 변화가 무척 흥미롭다. 또 어디까지 진화할 것인지 늘 독자와 함께 두런두런 지켜볼 일이다. 드론 산업의 무한한 비상(飛上)을 종종 꿈꾸어 본다.

필자의 마음은 벌써. '하늘을 나는 드론 택시'를 타고 명산 비슬산과 화왕산 구비구비를 돌고 돌아, 비사벌의 절경과 아름다운 능성이를 지나 천혜의 우포늪을 따라 '드론 촬영'을 하며, '늘 그리운 고향' 가복(加福)으로 독수리처럼 훨훨 마음껏 비행(飛行)하고 있다.

1.2 산업혁명의 이해

18C 중엽에서 19C 초반에 영국을 중심으로 산업혁명이 전개되었다. 따라서 증기기관 기반의 기계화 혁명으로 육체노동을 절감할 수 있는 계기가 되었다. 영국은 기계화 혁명으로 인해 증기기관을 이용한 거대한 섬유공업의 산업화를 이룩하였다. 그러나 산업혁명의 수용 및 확산속도가 빠르지 않아 1850년대에 이르기까지 유럽의 일부와 미국에만 확산되었는바 제1차 산업혁명은 성공적인 산업혁명으로 평가되지는 않았다. 그래서 산업의 발전과 인간의 삶의 질이 환경에 의해 변경됨에 따라 산업혁명은 지속적으로 새로운 방향성을 제시하며 발생하게 될 것이고 현재 우리는 4차 산업혁명에 적응할 준비를 하고 있다.

1) 산업혁명의 발전과정

(1) 1차 산업혁명

18세기 중엽에서 19세기 초반에 영국을 중심으로 전개되었고, 증기기관 기반의 기계화 혁명으로 육체노동을 절감할 수 있었다.

영국은 기계화 혁명으로 인해 증기기관을 이용한 거대한 섬유공업의 산업화를 이룩하였다. 그러나 수용 및 확산속도가 빠르지 않아 1850년대에 이르기까지 유럽의 일부와 미국에만 확산되었다.

(2) 2차 산업혁명

20C 초반에 제1차 산업혁명이 세계적으로 전파 및 확산되어가는 과정에서 2차 산업혁명의 필요성이 제기되었다. 2차 산업혁명은 당시 전기가 발명됨에 따라 대규모의 공장에 안정적인 전력을 공급할 수 있게 되면서 컨베이어시스템(conveyor system)이 등장하였다.

이러한 발전을 통해서 산업의 생산성이 혁신적으로 개선되면서 대량생산이 가능하게 되었고, 미국의 주도하에 제2차 산업혁명은 안정적으로 지속적

발전을 거듭하였다.

(3) 3차 산업혁명

1960년대에 반도체와 메인프레임 컴퓨팅(mainframe computing)을 기초로 시작되어 1970년부터 1980년대까지는 개인용 컴퓨터(PC, personal computer), 1990년부터는 인터넷의 발달이 되면서, 일명 '컴퓨터 혁명' 또는 '디지털 혁명'이라고도 한다.

3차 산업혁명은 제레미 리프킨(Jeremy Rifkin)이 바라본 미래사회의 모습이었으며, 3차 산업혁명을 계기로 인간의 대표적 업무인 노동을 통한 작업이 자동화되면서 인간의 노동에 대한 부담이 대폭 축소되었다. 이로 인해 인간은 힘든 일과 산업재해 등의 사고에서 다소 안전해졌으나 그만큼 일자리도 사라져 버리는 문제가 발생한 시점이기도 하다.

3차 산업혁명은 컴퓨터와 인터넷기반의 지식정보 혁명이 이루어지면서 인터넷과 스마트기반의 IT가 급진적으로 부상하였고, 미국이 주도하면서 강한 글로벌 IT기업을 배출시키기도 했다.

(4) 4차 산업혁명

① 정의

4차 산업혁명은 제조업과 3차 산업기반인 ICT 신기술(사물인터넷, 인공지능, 빅데이터, 클라우드 등)로 이루어지는 기술융합과 이에 따른 사회적 파급효과를 아우르는 용어이다. 예를 들면, 기계에 센서를 부착해 사물들끼리 데이터를 실시간으로 주고받는 스마트공장, 3D 프린터로 맞춤 생산한 비행기 엔진 등이다. 따라서 단순한 제품을 넘어서 시스템 전체가 바뀌는 혁명이다.[2]

② 배경

2016년 1월, 다보스포럼 회장 클라우스 슈밥은 "4차 산업혁명 시대에는

---

2 중소기업중앙회, 4차 산업혁명에 대한 중소기업인식 및 대응조사 결과, 2016

그림 1-2 4차 산업혁명 적응 순위[3]

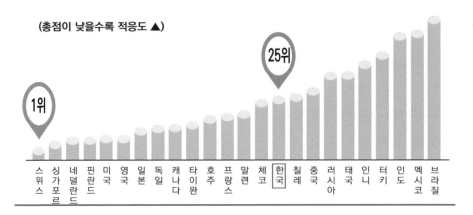

(총점이 낮을수록 적응도 ▲)

1위 — 스위스, 싱가포르, 네덜란드, 핀란드, 미국, 영국, 일본, 독일, 캐나다, 타이완, 호주, 프랑스, 말련, 체코, 25위 — 한국, 칠레, 중국, 러시아, 태국, 인니, 터키, 인도, 멕시코, 브라질

기존 대기업 위주가 아닌 중소기업들의 조합으로 빠르게 움직일 수 있어야 한 다"고 언급하였다. 특히, 주요 선진국들은 4차 산업혁명에 대한 이해와 철저한 준비를 통해 제조업 부활과 저성장의 한계를 극복하는 기회로 활용하고 있다. 독일에서 고령화 등 노동력 감소로 약화되는 자국 제조업 문제 해결을 고민하 면서 나온 인더스트리 4.0전략에서 4차 산업혁명으로 발전되었다.

이는 자동화의 극대화로 제조업 기술력과 경쟁력을 확보하고자 하는 데 목적이 있다. 최근 전 세계적으로 가장 큰 이슈로 부각되는 4차 산업혁명은 21세기의 시작과 동시에 출연하였고, 실제 전면적으로 활용된 시점은 2015년 부터이다.

이는 세계경제포럼 창립자 겸 집행 위원장인 클라우스 슈밥(Klaus Schwab) 의 저서인 '제4차 산업혁명(The Fourth Industrial Revolution)'을 통해 기존의 산업 혁명과 다른 점을 소개하면서[4] 제4차 산업혁명에 대한 관심이 활성화 되었다.

클라우스 슈밥은 제4차 산업혁명에 대하여 "'스마트 공장(smart factories)' 의 도입으로 전 세계적으로 제조업의 가상 시스템과 물리적 시스템이 유연하 게 협력할 수 있는 세상을 만들게 될 경우 상품의 완전한 맞춤 생산 (customization)이 가능해지고 새로운 운영모델이 발생할 수 있다", 또한 "단순

---

3 미래창조과학부, "4차 산업혁명에 대응한 지능정조사회 중장기대책", 2016.

4 클라우스 슈밥(저)/송경진(역), 「제4차 산업혁명」, 새로운 현재, 2016, 26면.

히 기기와 시스템을 연결하고 스마트화 하는데 그치지 않고 훨씬 넓은 범주까지 확대할 수 있고, 유전자 염기서열분석(gene sequencing)에서 나노기술, 재생가능에너지에서 퀀텀 컴퓨팅까지 다양한 분야에서 동시다발적으로 일어나고 있는 추세이다.

이 모든 기술이 융합하여 물리학, 디지털, 생물학 분야가 상호 교류하는 제4차 산업혁명은 종전의 그 어떤 혁명과도 근본적으로 궤도를 달리 한다고 주장하였다.

제4차 산업혁명의 대표적인 기반은 사물인터넷(IOT, Internet Of Things), 인공지능(AI, Artificial Intelligence),[5] 사이버 물리 시스템(CPS, Cyber physical systems)이다. 그간 우리나라는 국가적인 정보화 추진을 통해 국가정보화 2년 연속('15~'16년) ICT 발전지수 세계 1위 달성하는 등의 세계 최고 수준의 ICT 인프라를 확보하고 산업과 ICT의 결합을 통해 국가경쟁력 강화를 위해 노력하고 있다. 하지만, 지능정보기술은 지금까지와는 확연히 다른 경제·사회구조 대변혁을 야기할 것으로 기술·산업 중심의 정보화를 넘어 교육, 고용, 복지 등 사회정책도 포괄한 국가적 대비책 마련이 필요한 시점이다.

③ 특징

4차 1산업혁명은 획기적인 기술진보 속도로 모든 국가와 산업 분야에 미치는 범위(영향력), 모든 시스템 영향에 있어 다음 <표 1-1>과 같은 차별성을 가지고 있으며, 국가별 4차 산업혁명 정책 현황 비교해보면 <표 1-2>와 같다.

우리나라에서도 4차 산업혁명 시대의 비전을 공유하고, 새로운 산업구조에 대비할 역량 개발과 활로 개척에 집중해야 할 중대한 시점에 와 있다.

---

5 EY 어드바이저리(저)/임영신(역), 세계초일류기업의 AI전략, 매일경제사, 2016.

표 1-1 4차 산업혁명의 차별성

구분	주요 차별성
속도	기술이 인류가 전혀 경험하지 못한 속도로 빠르고 획기적으로 진화
범위	모든 산업분야에서 파괴적 기술 등장으로 대대적으로 개편
시스템 영향	생산, 소비, 유통, 관리 등 전체적인 시스템의 변화

표 1-2 국가별 4차 산업혁명 정책 현황 비교[6]

구 분	미국	독일	일본	중국
주요 정부정책	AMP 첨단제조 파트너쉽	인더스트리 4.0	일본재흥전략 2015	중국 제조 2025
핵심기술	빅데이터, IoT, 인공 지능, 로봇공학, 클라우드 등			
주요 추진조직	- 정부기관 - 글로벌 제조 및 IT기업		-정부기관 글로벌 제조 기업	정부기관
대응방향	-제조업 중심 정책방향 설계 -자국 내 글로벌 IT기업 적극적 참여 -민간 중심 대응 전략 적극 지원	-제조업 중심 정책방향 설계 -자동차, 기계설비 등 자국 글로벌 기업 중심 추진 -국가 차원의 아젠다 제시와 민관 공동대응	-정부 아젠다 중심 대응전략 추진 -기존 강점인 로봇기술 중심 전략 수립	-정부 중심의 강력한 정책 추진 -기존 제조업 발전의 주요 수단으로 ICT 활용 -자국 시장 규모 적극 활용

한편, 4차 산업혁명시대의 제조업 주요 트렌드는 다음과 같이 요약할 수 있다.

① 플랫폼 중심의 산업구조 재편으로 고객 데이터를 활용하여 다양한 제품과 서비스를 하나의 플랫폼을 통해 제공하는 등 플랫폼 영향력 가속화될 것으로 전망되고 있다.

② 원거리·대량 생산방식에서 근거리·개별 생산방식으로의 변화이다.

③ 제조업의 서비스화 등 비즈니스모델 혁신이다.

④ 자본과 기술의 노동 대체와 해외 생산 기지의 본국 이전 등이다.

---

6 정보통신기술진흥센터, "주요 선진국의 제4차 산업혁명 정책동향", 2016.

따라서 유비쿼터스 모바일 인터넷(ubiquitous & mobile inter net), 기계학습(machine learning), 낮은 비용의 강력해진 성능을 가진 센서가 주요 특징이 된다. 과거의 산업혁명은 물리적 공간과 사이버 공간을 통한 발전이었다면 제4차 산업혁명은 물리적 공간과 사이버 공간을 결합한 불연속성을 극복하였다고 할 수 있다. 최근에는 빅데이터와 알파고(AlphaGo) 등의 지능을 가진 로봇 개발을 통해서 기하급수적인 속도로 진화 및 발전을 거듭하고 있다. 즉, 만물초지능혁명으로 발전되면서 사람과 사물, 공간을 연결하고 지능화된 산업이 개발·발명되면서 산업구조의 변화와 사회시스템의 혁신을 불러오고 있다.

4차 산업혁명은 인간에게 업무의 편리성과 효율성을 제공하지만 한편으로는 인간의 직업을 사라지게 하거나 대량의 실직이 예고되면서 인간의 직업에 대한 선택과 노동의 권리 침해, 인간의 프라이버시(privacy) 침해 등을 가장 큰 문제로 판단하여 우려하기도 한다.[7] 따라서 국가는 인공지능의 적극적인 개발도 중요하나 개발 이후 인간과 함께 윈-윈할 수 있는 제도적 장치를 최우선으로 마련하는 지혜가 필요하다고 생각된다.

아래의 표와 같이 산업혁명은 현재 제4차 산업혁명까지로 보고 있으나 산업의 발전과 기술의 발달로 인해 5차 산업혁명, 6차 산업혁명 등 시대흐름에 따른 산업혁명이 지속적으로 진보되어 발생될 가능성이 존재하는 것은 당연할 것이다.

표 1-3 산업혁명의 단계별 변화[8]

구분	제1차	제2차	제3차	제4차
산업혁명	기계화 혁명	대량생산혁명	지식정보 혁명	만물초지능 혁명
시기	18세기 후반	20세기 초반	20세기 후반	21세기 초반
핵심기술	증기기관	전기에너지, 생산조립라인	반도체, 인터넷	IOT, AI 등

---

7 클라우스 슈밥(저)/송경진(역), 앞의 저서, 155면.
8 피붙이, "디자인, 4차 산업혁명을 준비하다", 기고문, 2017.

그림 1-3 산업혁명의 연혁[9]

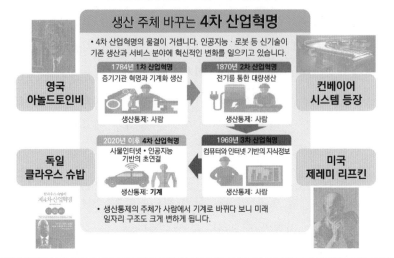

출처 : 매경이코노미(2017)

그림 1-4 4차 산업혁명의 주요 용어

IoT, WCoT, MR, Hadoop, Plant Factory
Entrepreneurial Recycling, Scale Up
SMART FACTORY, BI, VR, AR, CPS, MWC
WPT, 1인창조기업, 청년창업, 도시재생, COSMECEUTICAL
초고령화 사회, **이차전지**, 자율 주행차, **Fin Tech,**
6차산업, 5G, 3D**프린팅**, 알파고, Smart Farm
K-beauty, Bigdata ,ECO**세대**, World class300,
크라우드펀딩, WPM, Connected Car, **AI,**
히든 챔피언, Industry 4.0, Drone, PLATFORM, 고용절벽

---

9 매경이코노미, 2017; 재인용 및 본서에 맞추어 재구성하였다.

제4차 산업혁명의 열쇠, 소리에 투자하는 기업들[10]

터키 속담에 "미래는 산모와 같다. 무엇을 낳을지 누가 알겠는가"라는 말이 있다. 제4차 산업혁명 시대를 초입에 둔 지금 우리들의 마음이 이와 같을지 모르겠다. 누구도 정답을 알지 못하기 때문이다. 다만, 철저한 시장 분석과 기술 연구를 통해 미래를 추측해 나갈 뿐이다. 그렇다면 다가올 비즈니스 생태계에서 소리는 어떻게 활용되고 투자될 수 있을까?

4차 산업혁명 시대를 대비해 소리에 투자하는 기업들이 늘어나고 있다. 그동안 기업들의 소리 투자가 주로 '더 나은 음질'에 초점이 맞춰졌다면 이제는 음성인식기술 등 소리를 활용한 기술 개발에 힘을 싣는 상황이다. 제4차 산업혁명 시대의 꽃이라 불리는 로봇 등 인공지능(AI) 기술이 실생활에 완벽하게 구현되기 위해서는 그에 상응하는 '음성인식기술'이 접목돼야 하기 때문이다.

음성인식기술

음성인식기술은 컴퓨터가 마이크와 같은 소리 센서를 통해 얻은 음향학적 신호(acoustic speech signal)를 단어나 문장으로 변환시키는 기술을 말한다. 음성인식기술은 일반적으로, 음향 신호를 추출한 후 잡음을 제거하는 작업을 하게 되며, 이후 음성 신호의 특징을 추출해 음성 모델 데이터베이스(DB)와 비교하는 방식으로 음성인식을 하게 된다.

음성인식기술 역시 센싱과 데이터 분석 기술이 결합돼 있기는 하지만, 측

---

10 한국경제, big story 143호, 2017; 재인용 및 내용 정리.

정하고 분석해야 하는 데이터가 음성 데이터 하나라는 점에서 보다 손쉽고 정확하게 사람의 의도를 파악할 방법으로 알려졌다. 비단, AI의 활용에 꼭 음성인식이 필요한 것은 아니지만 많은 정보통신기술(ICT) 기업들이 AI와 음성인식의 결합에 힘을 싣는 이유는 복잡한 기계어가 아닌 자연어를 활용한 음성인식방식이 개인 소비자들이 AI를 손쉽게 활용할 수 있는 방법이기 때문이다.

현재까지의 음성인식기술은 약 100분의 1초 단위로 파형을 분석해 사람이 소리를 낼 때의 입 모양을 컴퓨터가 복원하고, 거기에 해당하는 단어를 찾는 방식이다. 따라서 사람의 감정이나 상태를 파악할 수 있는 목소리의 톤이 구별되지 않고, 처리 속도 역시 단어 나열 정도에 머물러 있다.

음성인식기술을 바탕으로 한 다양한 음성인식 서비스들은 2000년대 후반에 본격적으로 소개되기 시작했다. 2011년에 출시된 애플의 음성 기반 개인비서 서비스인 '시리(Siri)'가 대표적이다. 시리는 아이폰 사용자의 음성 명령을 바탕으로 모바일 검색은 물론, 일정 관리, 전화 걸기, 메모, 음악 재생 등 다양한 생활 편의 서비스를 제공하는 개인비서 서비스다. 애플의 시리 출시 이후, 구글은 '구글 나우(Google Now)', 마이크로소프트(MS)는 '코타나(Cortana)'와 같은 음성인식 기반의 개인비서 서비스를 출시했다.

최근 국제전자제품박람회(CES) 2017에서도 음성인식을 활용한 AI 제품들이 눈길을 끌었다. 아마존 알렉사, 구글 어시스턴트, MS 코타나 등 딥러닝이 가능한 AI 음성인식기술이 가전, 스마트폰, 자동차, 드론, 콘텐츠 등과 결합하고 있다. 상용화까지는 시간이 걸린다는 평가지만 지금의 속도라면 AI는 곧 우리 생활 깊숙이 자리 잡을 수 있다는 것이 업계의 중론이다. 이승우 IBK투자증권 연구원은 "제4차 산업혁명 시대에 AI와 관련한 음성인식기술은 기존의 산업 생태계를 바꿀 가장 큰 열쇠 중 하나"라며 "미래의 많은 정보가 음성인식 전달로 이뤄질 가능성이 높은 만큼 굉장히 전망이 밝은 분야다"라고 전했다.

국내 기업들 간 경쟁도 뜨겁다. 네이버와 카카오는 음성인식 개발에 투자를 늘리고, 관련 벤처기업 인수에도 적극적이다. 네이버는 음성 합성 엔진인 '엔보이스(nVoice)'를 텍스트 음성 변환 기술(Text to Speech, TTS)에 적용해 뉴스를 읽어주는 서비스를 제공하고 있다. 네이버의 AI 번역 애플리케이션

'파파고'와 네이버 지도에도 음성인식기술이 탑재돼 있다. 카카오도 꾸준히 음성인식기술 개발에 매진하고 있다.

카카오는 지난 2013년 음성인식기술 벤처기업 다이알로이드를 인수해 화제를 모았다. 2014년엔 입력된 목소리를 문자로 변환, 음성 검색 서비스를 가능케 하는 음성인식 엔진 '뉴톤'을 자체 개발했다. 카카오는 이 같은 음성인식 기술을 현재 카카오맵, 카카오내비, 다음앱에 적용했고, 카카오지하철, 카카오버스 앱에도 활용할 예정이다.

소리를 오감으로 전하다

다가올 미래에는 음성인식기술만큼이나 음성을 전달하는 방식도 다양해질 전망이다. 소리는 기본적으로 진동이다. 진동은 어떤 물체가 정해진 공간에서 반복적으로 운동하는 것이며, 이러한 진동에 의한 에너지가 매질(파동이 전파될 때 필요한 물질)이나 공감을 통해 전파되는 것이 파동이다. 소리는 공기라는 매질을 통해 전달되는 에너지이자 파동이다.

기존에는 단순히 소리의 진동이 공기를 타고 귀로 전달되는 데 그쳤다면 앞으로는 인체를 통해 음성신호를 전달하는 기술 등 다양한 음성신호 전달 기술을 통해 삶의 질과 편의를 도모할 것으로 보인다. 더욱이 소리는 다른 에너지와 비교했을 때 인체에 무해하기 때문에 인체전도기술에 접목하기에도 무리가 없다.

그 중 지난해 국내 스타트업 기업 '이놈들연구소'에서 개발한 스마트 시곗줄 '시그널'은 소리가 인체전도기술과 결합됐을 때 창출할 수 있는 미래 소리 사업의 좋은 예로 손꼽히고 있다. 시그널은 음성 신호를 손가락 등 신체 부위를 통해 전달하는 세계 최초의 신개념 통화 사용자경험(UX)을 적용했다. 사용자는 손가락을 귀에 대어 상대방의 목소리를 들을 수 있고, 시곗줄에 장착된 마이크를 통해 음성을 전달하는 방식이다.

삼성 기어, 애플워치 등과 같은 스마트 시계뿐만 아니라 일반 시계에도 연결해 사용할 수 있는 것이 특징이다.

기존의 물리적 자극(모터진동, 초음파, 적외선)보다 안전하고 부작용이 없으며, 샤프트 및 가이드가 필요 없는 최적화된 새로운 기술 개발로 소형화는 물론 주파수 특성 또한 80~350헤르츠의 임피던스를 구현할 수 있는 독보적이고 차별화된 기술을 개발, 기구적 원천특허를 확보한 상태다.

기계, 이젠 소리가 경쟁력이다

비단, 기업들의 소리 투자가 융합기술 개발로 빠르게 이어지고 있지만, 소리의 품질을 제품경쟁력으로 내세우기도 한다. 특히, 제조업체들은 TV, 휴대전화는 물론, 노트북, 자동차, 침대까지도 최상의 음질을 경쟁적으로 소개하고 나섰다. 그중 가장 눈에 띄는 분야는 TV다. LG전자는 올해 새롭게 출시된 LG 울트라 올레드 TV와 관련, 소리 품질을 강조하고 나섰다.

미국 돌비사의 첨단 입체음향 시스템인 '돌비 애트모스(Dolby ATMOS)'가 지원되는 이 제품은 화면에 나오는 사물의 움직임이나 위치에 따라 소리가 사용자의 앞이나 뒤, 위에서 들리는 것처럼 만들어준다. 예를 들어 주인공의 머리 위로 비행기가 날아갈 때, 소리가 시청자의 머리 위쪽에서 들리도록 해줘 더욱 입체적이고 사실적인 공간감을 제공한다.

또한 새롭게 적용된 매직 사운드 튜닝 기능은 TV를 시청하는 공간에 맞춰 최적의 음질을 제공한다. TV 스피커를 통해 내보낸 신호음이 실내에 울려 퍼진 뒤, 매직 리모컨의 마이크로 들어오면 소리의 파동 등을 분석해 공간에 맞게 음질을 최적화하는 방식이다.

LG전자 관계자는 "TV를 시청할 때 사운드에 따라 체감하는 현실감 차이가 큰 것으로 나타난다고 한다"며 "여기에 최근 TV가 대형화되고, HDR, UHD 등 최신 고화질 기술이 확산되면서 자연스럽게 고화질에 걸맞은 웅장하고 세밀한 사운드가 주목받고 있어, 탁월한 화질만큼이나 수준 높은 음질로 시장을 공략할 예정이다"라고 전했다.

TV 소리 품질과 관련해 사운드바(긴 막대 형태의 신개념 음향기기로, 저음용 스피커인 우퍼나 초저음용 스피커인 서브우퍼 등을 하나의 기기에 가로로 길게 배치함으로써 기다란 막대 형태로 디자인된 새로운 개념의 음향기기)도 큰 주목을 받고 있다. 시장규모도 약 2조 원으로 추정되며 야마하, 보스 등 음향 전문 기업도 다수 진출해 있다. 시장조사업체 퓨처소스컨설팅에 따르면 사운드바를 포함한 홈오디오 시장 규모는 2016년에 6,760만 대에서 2018년 1억 290만 대까지 증가할 것으로 전망된다.

TV 사운드바 점유율 1위 자리를 지키고 있는 삼성전자는 최근 공개한 'MS750'을 통해 사운드와 TV 매칭 방식을 개선했다. 특히 본체에 우퍼를 내장, 향상된 사운드를 청취할 수 있다. 서브우퍼가 없어 공간의 효율적인 활용도 가능하다.

자동차업계에선 이탈리아 스포츠카 업체 마세라티가 엔진 소리에 심혈을 기울이는 것으로 정평이 나 있다. 구동력과 디자인 등 자동차 본연의 가치에 차별화된 소리를 더해 제품 경쟁력으로 내건 셈이다. 이를 위해 마세라티는 본사에 '엔진 사운드 디자인 엔지니어'라는 독특한 직군을 두기도 했다. 튜닝 전문가와 피아니스트, 작곡가를 자문위원으로 초빙해 저회전부터 고회전 영역에 이르기까지 각 영역마다 듣기 좋은 엔진음을 작곡한다.

이 밖에도 침대 분야에서도 수면을 돕는 소리 기술을 융합하고 나섰다. 에몬스침대가 엠씨스퀘어와 함께 개발한 '브레인 케어 베드'가 대표적이다. 이 침대는 수면 시 발생하는 특정한 뇌파가 나오도록 돕는 침대로, 새소리 등 자연의 소리가 스피커를 통해 흘러나온다. 이어폰 단자가 있어 혼자만 들을 수도 있다. 안대를 하면 패턴화된 빛이 주기적으로 깜박여 숙면을 유도한다. 침대 머리맡에 있는 발광다이오드(LED) 조명은 수면 상태에 따라 3단계로 밝기 조절이 가능해 수면을 돕는다.

네이버의 음성인식 통역 앱 파파고는 음성인식(ASR), 문자인식(OCR), 필기인식(HWR) 등 인식 기능과 함께 자연어처리(NLP), 기계번역(MT)과 음성합성(TTS) 기술이 탑재돼 있다. 사용법은 간단하다. 사용자가 검색란에 한국어, 영어, 일본어, 중국어를 말하거나 쓰면 이를 4개 언어 중 하나로 통·번역해준다.

시그널 작동 원리

시그널(Sgnl)은 음성 신호를 손가락 등 신체 부위를 통해 전달하는 세계 최초의 신개념 통화 사용자경험(UX)을 적용했다. 음성 신호가 제품에 장착된 체전도 유닛(Body Conduction Unit, BCU)을 통해 진동으로 1차 변환되고, 이 진동이 손끝을 타고 올라가 귀에 있는 공기를 울려 다시 소리를 만들어내는 원리를 활용한다. 사용자는 손끝으로 상대방의 목소리를 듣는 한편, 제품에 장착된 마이크를 통해 자신의 목소리를 전달하면 된다. 이를 가능하게 하는 핵심 기술은 소리를 인체를 통해 전파될 수 있는 진동으로 바꾸어주는 BCU와 음성 데이터 전송 과정에서 일어나는 신호 왜곡을 보정해주는 알고리즘이다.

"제품 아닌 경험을 파는 기업이 4차 산업혁명 시대의 승자 된다"[11]

한국경제신문사와 미래창조과학부가 공동 주최한 '스트롱코리아 포럼 2017'에서 프랑스의 3D(3차원) 소프트웨어 기업인 다쏘시스템의 버나드 샬레 회장은 "제4차 산업혁명의 핵심은 제조 공정을 단순히 디지털화하거나 새로운 공장을 짓는 게 아니라 소비자의 경험과 생산자의 전문성을 융합하는 데 있다"고 말했다.

샬레 회장은 1980년대부터 다쏘시스템의 혁신적 연구개발(R&D)을 주도했다. 일찍부터 R&D의 중요성을 간파한 그는 회사에 연구 전담 부서를 만들고 R&D 성과와 회사의 경영 전략을 접목했다. 1995년에는 세계 최초로 디지털 방식으로만 설계한 보잉777 항공기 제작을 주도하며 이름을 알렸다.

샬레 회장은 '경험의 시대, 과학과 산업'을 주제로 한 이날 강연에서 "4차 산업혁명은 이미 오래전 시작됐다"며 본질에 대한 명확한 이해가 필요하다고 강조했다. 그는 "지난 30년간 자동차·생명공학 분야의 많은 기업이 디지털 기술을 이용해서 제품 생산 방식을 바꾸고 학문 간 영역을 넘나들며 세계를 바꿔왔다"고 말했다. 하지만 "4차 산업혁명을 '기업과 공장의 디지털화'로 단순히 정의하는 일은 지나치게 협의적 해석"이라며 "궁극적 목표를 인류 상상력의 산물인 세상을 새롭게 디자인하고 바꾸는 쪽으로 잡아야 한다"고 말했다.

샬레 회장은 "앞으로의 산업은 과거에는 발견되지 않았거나 서로 관련이 없어 보이는 현상을 연결하는 방향으로 발전할 것"이라고 말했다. 제품 디자

---

11 한국경제, 스트롱코리아 포럼, 2017. 재인용 및 내용 정리.

인과 생산, 판매에 사용되는 3D 모델링과 시뮬레이션 기술은 그 핵심에 있다.

이들 기술 덕분에 많은 과학자와 기업이 그간 보지 못했던 부분을 새롭게 발견할 기회를 얻고 있다. 보잉만 해도 1999년 철저히 디지털 공간에서만 설계되고 시험을 거친 항공기와 부품을 생산하기 시작했다. 노벨상 수상자인 마틴 카플러스 미국 하버드대 교수도 분자가 세포에 들어갔을 때 나타나는 현상을 시뮬레이션을 통해 알아내 2013년 노벨화학상을 받았다. 미국 식품의약국(FDA)은 2014년 심장 질환을 진단하고 새로운 의료기기를 개발하기 위해 살아 있는 심장과 똑같이 작동하는 가상의 심장을 만드는 프로젝트에 착수했다.

샬레 회장은 "4차 산업혁명 시대에는 기업이 생산한 제품만으로 경쟁력을 따질 수 없게 될 것"이라며 "얼마나 더 큰 가치와 풍부한 경험을 소비자에게 제공하느냐에 따라 성패가 갈린다"고 말했다. 이를 위해 다양한 전문가의 협업이 필수라고 강조했다. 그는 규모가 큰 기업만이 이런 시험을 할 수 있는 건 아니라고 했다. 한 예로 유럽에선 지역 학교와 중소기업이 함께 힘을 모아 소비자의 만족도를 높일 무인자율주행차를 공동 개발하고 있다.

샬레 회장은 "큰 조직보다 오히려 작은 규모가 모였을 때 성공할 가능성이 크다"며 "규모가 큰 기업들도 혁신 제품을 만들기 위해 작는 규모 실험에 나서고 있다"고 말했다. 그는 하루 전인 지난달 31일 젊은 디자이너를 지원하기 위해 이노디자인과 함께 문을 연 3D익스피어리언스랩도 그런 시도 중 하나라고 소개했다.

그는 신기술 도입과 생산 공정이 바뀌면 일자리가 줄어든다는 생각은 '기우'라고 강조했다. 샬레 회장은 "신기술이 도입되면 일자리가 줄어드는 게 아니라 오히려 숙련된 노동이 더 강조될 것"이라며 "공장 근로자들이 공학자처럼 고부가가치 제품을 생산하면서 '블루 칼라'라는 말이 사라지고 '뉴칼라'라는 말이 생겨날 수 있다"고 말했다.

그는 "앞으로 산업과 과학에서 빅데이터와 데이터 과학이 막강한 힘을 발휘할 것"이라고 말했다. 막대한 데이터를 바탕으로 보이지 않는 현상을 알아내고 해결책을 찾는 재료로 사용될 수 있기 때문이다. 하지만 대다수 나라가 여전히 빅데이터 정책에 소극적이라고 지적했다. 빅데이터 선진국인 싱가포르 역시 많은 공공데이터를 보유하고 있지만 처음에는 제대로 활용하지 못했다. 하지만 이제는 시민이 보유한 스마트 사진 자료까지 실시간 수집해 도시 문제 해결에 적극적으로 활용하고 있다.

샬레 회장은 "한국을 비롯해 여러 나라가 여전히 많은 양의 빅데이터를 확보하고 있지만, 쌓아두고 사용하지 않은 '블랙데이터'인 경우가 많다"며 "정부가 적극적으로 나서 벤처와 과학자가 사용할 수 있도록 길을 더 열어야 한다"고 말했다.

"IoT로 건물 평가기준도 달라져… 업의 본질 완전히 바뀔 것"12

김기세 딜로이트컨설팅 USA IoT 전략총괄은 맥킨지 컨설턴트와 삼성, LG 임원을 지낸 모바일 비즈니스 및 IoT 분야의 권위자다. 그는 IoT에 대해 "누가 언제 어디서 무엇을 그리고 왜 어떻게 할 수 있는지 실시간으로 알 수 있게 하는 것"이라며 "이런 세상에서 여러분의 사업이 어떻게 바뀔 것인가를 생각해보기 바란다"고 거듭 강조했다.

IoT를 적용해 탈바꿈한 딜로이트의 네덜란드 사옥을 사례로 제시했다. 그는 "2만 8,000개의 센서, LED(발광다이오드) 조명, 동선과 업무 상황에 따른 전력 배분 등으로 건물 사용 전력이 60%나 줄었다"며 "직원들의 근무 패턴, 손님 미팅의 동선이 센서를 통해 다 파악되면서 불필요한 공간을 없애니 임대 공간이 더 늘어났다"고 설명했다.

에너지 사용을 줄이고, 공간 효율성은 높이면서 수익도 늘어나니 건물 가치가 크게 높아졌다. 건물 하나만 이렇게 바뀌어도 인력의 효율적인 운용, 업무 시간 조정, 생산성 등 다양한 분야에 큰 영향을 끼친다는 것이다. 김 총괄은 "기존에는 건물을 지을 때 위치가 가장 중요했다면 이제는 얼마나 더 효율적으로 유지하고 다른 비즈니스와 연결하느냐가 더 중요해졌다"며 "건물을 평가하는 기준에도 변화를 주고 있다"고 했다.

그는 제너럴일렉트릭(GE)이 금융 관련 자회사를 정리하고 IoT 관련 사업에 집중하는 것이 IoT가 산업의 중심축으로 변화하는 양상을 보여주는 상징적

---

12 한국경제, 스트롱코리아 포럼, 2017. 재인용 및 내용 정리.

인 사례라고 소개했다. 그는 "비행기 엔진을 그냥 한 번 팔고 마는 것이 아니라 엔진 사용에 따른 과금을 하는 방식으로 사업 모델이 달라지고 있다"며 "프로덕트(상품) 판매에서 경험과 시간을 파는 것으로 축이 옮겨가고 있다"고 설명했다.

김 총괄은 IoT가 기업 그리고 각 직업 종사자들에게 큰 기회이자 엄청난 도전이 될 것이라고도 했다. 그는 "지금까지는 매장이나 우리 회사 제품을 찾은 손님이 언제 왔고 얼마나 자주 와서 무엇을 샀는지 정도를 파악했다면 이제는 이 손님이 왜 왔는지까지 파악해 앞으로 일어날 변화까지 예측해야 한다"며 "그렇지 않으면 IoT 시대의 경쟁에서 살아남기 쉽지 않을 것"이라고도 조언했다.

한편으로는 IoT로 인해 개인정보 보호 이슈가 거세게 제기돼 기술 발전과 제도의 충돌을 우려하기도 했다. 아무리 IoT로 사물이 연결되고 엄청난 데이터가 오가더라도 개인정보를 조회하거나 이를 분석하는 게 불가능하다면 IoT 관련 산업 발전을 저해할 수도 있다고 지적했다.강연 말미에 한 청중이 "IoT가 전혀 적용되지 않을 사물이 있을까"라고 질문했다. 이에 대해 그는 "하다못해 의자만 해도 앉아 있는 시간, 자세, 움직임 등에 대해 센서를 통해 다양한 데이터 수집이 가능하다"며 "조금이라도 가치가 있는 물건엔 센서가 다 부착될 것"이라고 강조했다.

[일자리 절벽시대] [上] '좋은 일자리'가 사라진다.[13]

4차 산업혁명·스마트팩토리, 5년간 신규 일자리 272만 개 중 年3,000만 원 이상 정규직은 8%로 유지될 것이라 예상하고 있다. 세계 최대 규모(6,000㎥)인 포스코 광양제철소 제1 고로(高爐)는 하루 1만5,000t, 연간 530만t의 쇳물을 생산한다. 그런데 이런 대형 시설의 근무자는 단 8명에 불과하다. 철광석·석탄 등 원료를 집어넣는 작업, 쇳물을 다음 공정으로 운반하는 작업, 고로 운전을 컨트롤하는 작업 등 대부분 공정은 로봇이 담당한다. 불과 10년 전만 해도 이런 규모의 쇳물을 생산 관리하기 위해서는 20명 가까운 인력이 필요했지만, 작업 공정이 자동화·첨단화됨에 따라 인력이 줄어든 것이다. 세계 최고 철강사인 포스코의 전체 고용 인원은 지난해 1만 6,584명으로, 10년 전인 2006년에 비해 1,000여 명 가까이 줄어들었다.

포스코뿐 아니다. 최근 국내 많은 대기업이 자동화·로봇화 때문에 시설투자를 늘려도 '투자=고용 증대'란 등식이 성립되지 않고 있다. 대기업 투자가 일자리로 연결되지 않는 상황에서 은행, 증권사들도 인터넷 뱅킹 등에 밀리면서 대규모 감원을 하느라 여념이 없다. 그렇다 보니 우리 고용 시장은 절대적인 일자리 부족 못잖게 '좋은 일자리'의 태부족 현상도 점점 심각해지고 있다.

---

13 조선일보, 2017; 재인용 및 내용 정리.

최근 5년간 늘어난 일자리 중 좋은 일자리	최근 5년간 정규직 · 비정규직 일자리는?	양질의 일자리 감소 현상	

최근 5년간 늘어난 일자리 중 좋은 일자리

좋은 일자리: 117만 293 → 138만 8,924

전체 일자리: 1,194만 2,752 → 1,467만 25,25

2010년 / 2015년

※좋은 일자리(300인 이상 사업장에서 연봉 3,000만원 이상 정규직)
※한국경제연구원 고용노동부의 '고용형태별 근로실태조사'(자영업자 등 제외)를 분석

최근 5년간 정규직 · 비정규직 일자리는?

비정규직: 334만 9,958 → 415만 9,332

정규직: 859만 2,794 → 1,051만 3,193

2010년 / 2015년

양질의 일자리 감소 현상

삼성그룹	채용 규모가 20212년 2만 6,100명에서 2015년 1만 4,000명으로 절반 가까이 줄어듦
포스코	전체 고용 인원이 10년 사이 1,000명 가까이 줄어듦
한화토탈	충남 대산 공장에 5,395억원을 신규 투자하는데 추가 고용 인원은 수십명
LG 화학	충남 대산 공장에 2,870억원을 신규 투자하는데 추가 고용 인원은 수십명
롯데케미칼	전남 여수 공장에 2,530억원을 신규 투자하는데 추가 고용 인원은 수십명

출처 : 각 기업 자료

1조 클럽 상장사, 매출 · 영업이익 늘어도 1만 5,000명 줄였다

본지가 기업 정보 사이트 '재벌닷컴'과 함께 지난해 매출액 1조원 이상 상장사 182곳의 사업보고서를 분석한 결과, 이 업체들의 직원 수는 100만 2,326명으로 1년 사이에 1만 5,000명이 줄어들었다. 이 기업들의 지난해 매출과 영업이익은 각각 1,197조원, 73조원이다. 1년 사이 매출은 8조 3,000억 원, 영업이익은 6조 5,000억 원이 늘었는데 직원 수만 감소한 것이다. 대표적인 기업이 삼성전자다. 삼성전자는 1년 사이 3,698명이 줄었는데, 영업이익은 2,500억 원 증가했다. 지난해 창사 이래 첫 이익 1조원을 돌파한 대기업 A사. 4년 전에 비해 영업이익은 4배 늘었지만 고용 총인원은 7,900명에서 7,600명으로 4%(300명) 감소했다.

A사 관계자는 "연간 투자액이 3,500억 원에 이르지만, 국내 투자는 기술 자동 설비 위주"라며 "고용과 직결된 공장 증설 등은 대부분 인건비가 저렴한 해외에서 이뤄졌다"고 말했다.

'1兆 클럽' 작년 영업익 73조…

고용은 1만 5,000명 줄어 삼성그룹이 채용 규모를 밝힌 것은 2015년이 마지막이다. 당시 삼성은 고졸과 대졸 출신의 신입 · 경력 직원을 모두 포함해 1만 4,000명을 뽑았다. 3년 전인 2012년만 해도 삼성은 2만 6,100명을 뽑았다. 절반 가까이 줄어든 것이다.

5년간 늘어난 일자리 272만 개, 연봉 3,000만 원 이상은 21만 개(8%)분

우리나라에서 연봉 3,000만 원 이상 되는 '좋은 일자리'는 어느 정도 만들어지고 있을까. 본지가 한국경제연구원과 함께 고용노동부의 '고용형태별 근로실태조사'를 분석한 결과, 5년간 새로 생겨난 일자리 중 '좋은 일자리'(300인이상 사업장에서 연봉 3,000만 원 이상 정규직) 비중은 8%에 불과했다. 지난 5년 사이에 총 272만 9,773개의 일자리가 새로 생겼는데 이 중 '좋은 일자리'는 21만 8,631개란 것이다.

전체 일자리 중 '좋은 일자리'가 차지하는 비중도 2010년에는 9.8%였으나, 2015년에는 9.7%로 떨어졌다. 한경연 우광호 박사는 "세계에서 대학 진학률이 가장 높아 연간 대졸자만 50여 만명(휴학생 포함)이 쏟아지는 우리나라에서 양질의 일자리 창출 능력이 쇠퇴, 청년 실업문제를 심각하게 만들고 있다"고 말했다.

4차 산업혁명 앞에서 더욱 심각해지는 일자리 감소

고용 창출 능력의 감퇴는 산업계 전반으로 확산하고 있다. 특히 4차 산업혁명, 스마트 공장 등과 맞물려 더 빠른 속도로 퍼지고 있다.

경북에 있는 중견 기계부품회사는 지난해 스마트 공장 인증을 받았다. 이 회사 관계자는 "구매나 자재 관리, 재고 파악 등의 작업이 대부분 시스템으로 자동화되면서 상당수 직원들의 할 일이 없어졌다"며 "그렇다고 정규직을 해고할 수는 없어 업무 보정과 함께 신규 채용을 크게 줄이는 식으로 중·단기 인력 수급을 조정하고 있다"고 말했다. 이 회사는 초봉 3,000만 원의 인기 중견 기업이다.

대규모 장치 산업인 석유화학 업체의 고용 사정은 더욱 심각하다. 롯데케미칼은 1,000여 명이 근무하는 전남 여수 공장에 2,530억 원을 들여 생산 설비를 늘리고 있지만, 추가 고용 인원은 수십 명이 채 안 될 전망이다. 800여 명이 근무하는 한화토탈의 대산 공장도 5,395억 원의 시설 투자가 진행 중이지만 추가 고용 인력은 수십 명 수준이다. 업계 관계자는 "공장에서 대부분 로봇들이 업무를 대신하고 사람들은 거의 없는 석유화학 생산라인은 4차 산업혁명 시대 닥쳐올 제조업의 미래를 적나라하게 예고해준다"고 말했다.

배상근 전국경제인연합회 전무는 "우리 사회의 또 다른 취약점인 노동시장 양극화 해소와 중산층 복원을 위해서라도 좋은 일자리가 많이 생겨야 한다"면서 "최근 일본과 독일에서 과감한 규제 개혁과 사회 대타협을 통해 일자리 창출에 성공하고 있는 사례를 적극 흡수해 나가야 할 것"이라고 말했다.

[일자리 절벽시대] [中] 다양한 근로 형태 도입한 일본[14]

  마세 지즈코(38·여) 씨는 일본 도쿄 신주쿠의 유니클로 매장에서 '한정(限定) 정사원'으로 일한다. '한정 정사원'이란, 직종·근무시간·근무지역 등이 한정돼 있는 정규직이다. 정년·임금·복리후생은 일반 정규직과 같다. 마세 씨는 일주일에 4일, 하루 5.5시간(오전 9시~오후 3시·휴식 30분)만 이 매장에서 일한다. 그는 "집에 일찍 와 초등학생인 딸을 돌볼 수 있고, 정년 보장에다 근무지 이동이 없어 업무 효율도 훨씬 좋다"고 말했다. 한정 정사원은 일본 정부가 적극 권장하고 있는 이색 정규직이다. 근로자는 고용 안정과 일·가정 양립 등을 동시에 누릴 수 있고, 회사는 충성도 높은 '파트타임 직원'을 활용할 수 있다. 일본 기업의 절반 이상은 이 제도를 도입하고 있다.

  유니클로는 근무시간과 지역을 직원이 원하는 대로 한정해 일하면서도, 정년이 보장되는 '한정 정사원'제도를 운용하고 있다. /블룸버그 '잃어버린 20년'을 보냈던 일본도 일자리 문제는 국가적 이슈였다. 2009년 대졸 취업률이 60% 수준으로 떨어졌지만, 올 초 97% 수준으로 완전 고용 상태로 회복했다. 최근엔 정규직 증가폭이 비정규직을 앞지르고, 올 1분기에는 비정규직 숫자는 줄어들었다. 배경엔 아베 신조 일본 총리가 일자리 문제를 사회문제가 아닌 '경제 이슈'와 결부시켜, '생산성 확대' 개념을 적용한 개혁이 있다.

  우광호 한국경제연구원 박사는 "지금 우리는 '정규직과 비정규직'을 이분화해 무조건적으로 정규직 전환을 추진하고 있지만, 일본은 정규직을 세분화

---

14 조선일보, 2017. 재인용 및 내용 정리.

최근 일본의 비정규직을 앞지르는 정규직 일자리 증감폭 추이 전년 대비 증감폭. 괄호 안은 전체 인원(명)

- 100만명 94만(1,910만)
- 50만
- 29만(3,317만) 정규직 18만명(3,385만)
- 0
- 19만(1,986만)
- -43만(3,302만)
- -50만 -6만명(2,017만) 비정규직
- 2013 2014 2015 2016 2017년 1분기

출처 : 일본후생노동성

다양한 근로 형태가 등장하고 있는 일본

정규직 / 비정규직

- 일반 정규직: 정년이 보장되는 풀타임 고용, 회사가 근무지·업무 등을 정함
- 한정 정사원: 근무 지역, 근무 시간, 직종 등을 한정하는 정규직. 정년·시간당 임금·복리후생은 일반 정규직과 동일. 단, 승진에 일부 제한이 있는 경우도 있고, 해당 지역 사업장이 폐쇄되면 해고될 수 있음.
- 무기계약직: 임금·복리후생은 정규직과 다를 수 있으나, 정년·해고 요건은 정규직과 같음
- 프리랜서: 정규직은 아니지만 개인 능력·계약 내용에 따라 정규직보다 더 많은 임금을 받을 수 있는 전문직
- 유기계약직: (1~2년 단위로 계약 갱신)·아르바이트 등

하고, 비정규직은 처우를 개선해 다양한 형태의 '좋은 일자리'를 만들기 위한 개혁을 단행하고 있다"고 말했다.

일본, 일자리 문제는 '노동 문제'가 아니라 '경제 문제'

아베 총리는 2015년 '강한 경제'를 천명하며 '근로 방식의 개혁'을 실천 방안으로 제시했다. 일자리 문제를 노동·사회 개혁 문제로 접근한 것이 아니라 '경제 개혁 문제'로 인식한 것이다. 아베 총리는 당시 "50년 후에도 인구 1억 명을 유지하고, 1억 인구가 모두 활약하는 강한 경제(1억 총활약 사회)를 만들겠다."면서 "다양한 근로 방식의 개혁을 추진하겠다"고 했다. 이 일련의 개혁은 전광석화처럼 진행됐다. 한 달 만에 아베 총리가 의장을 맡은 '1억 총활약 회의'가 신설됐고, 8개월간 9차례 회의를 마무리한 지 3개월 만에 '근로방식 개혁 실현 추진실'이 설치됐다. 이후 6개월간 10차례 회의를 열어 '실행 계획'을 내놓았다.

최근 일본의 비정규직을 앞지르는 정규직 일자리 증감폭 추이 외 일본 후생노동성 산하 노동정책연구·연수기구의 오학수 박사는 "일본의 '근로 방식의 개혁'은 근무 형태·직장 문화·라이프스타일 등을 근본적·총체적으로 바꾸자는 취지"라며 "비정규직은 처우를 개선하고, 정규직은 과도한 노동을 시정하는 등 다양하고 좋은 일자리를 만들어 모든 구성원이 성장의 과실을 골고루 나눠 갖자는 '경제 개혁'"이라고 말했다.

'동일노동 동일임금'으로 비정규직 처우 개선

일본 유명 의류 기업 아오키(AOKI)는 작년 9월, 60세 미만의 유기 계약 사원 420명(전체의 7.3%)을 무기 계약직으로 전환했다. 하루 8시간 근무, 월급·퇴직금·정년 등은 정사원과 똑같지만, 승진은 매장 관리자까지로 제한된다. 이 회사는 생애주기에 따라 '일하는 방식'을 스스로 선택할 수도 있다. 20~30대엔 정사원으로 입사했다가 출산 이후엔 '한정 정사원'으로 근무지·시간을 정해 일할 수도 있고, 상황에 따라 아르바이트생이 됐다가 다시 정사원으로 전환할 수도 있다. 이는 일본 정부가 작년 12월 제시한 비정규직 차별을 금지하는 '동일노동 동일임금' 가이드라인에 따른 것이다.

기본급·상여금·수당·복리후생·훈련 등에서 정규직과의 격차를 줄일 것을 구체적으로 명시했다. 특히 경험과 능력, 업적·실적, 근속연수가 동일하면 시간당 수당·복리후생을 동일하게 적용하도록 했다. 다만 상여금·직책수당에서 업적·공헌에 따른 차등은 인정했다. 일본 정부는 이 내용을 구체화해 2019년 법 시행을 목표로 올해 안에 법안을 제출할 계획이다. 이지평 LG경제연구소 수석연구위원은 "무조건 정규직으로 전환하는 것이 아니라 비정규직 처우를 개선함으로써, 기업들이 자발적으로 정규직을 더 채용하도록 유도하는 것"이라고 말했다.

재택 근무 활성화… '스마트워킹'으로 효율성 추구

닛산 본사에서 근무하는 무라카미 미카코(여) 씨는 한 달에 5일을 재택근무하며 육아를 병행한다. 인터넷 메신저인 '스카이프'로 팀원들에게 출근 인사를 하고, 퇴근할 땐 하루 성과를 이메일로 공유한다. 무라카미 씨는 "평가·승진은 성과에 따라 공평하게 이뤄지기 때문에 집에 있다고 놀지 않는다"고 말했다.

일본 정부는 재택근무 시스템을 구축하는 사업장에 150만엔(약 15,00만원)을 지원하는 등 재택·유연 근무를 권장하고 있다. 도요타는 최근 전 직원 중 3분의 1에 재택근무를 허용했다. '좋은 일자리'와 '근로 효율성'에 대한 문제의식 때문이다.

일본 노동법 전문가인 정영훈 한양대 법학연구소 박사는 "일본은 청년을 비롯해 간병·육아에 매인 사람들이 노동 조건이 열악한 직장을 기피하는 문제를 해결하기 위해 개혁을 추진해왔다"며 "우리나라도 실업자 중 절반이 대졸 이상이지만, 중소기업은 인력난에 시달리는 '일자리 미스매치'가 심각한 상황이라 일본식 개혁이 시사하는 바가 크다"고 말했다.

[일자리 절벽시대] [下] 노동시장 변화 대응하는 독일[15]

독일의 스포츠용품 브랜드인 아디다스는 작년 9월부터 독일 안스바흐에서 운동화 일부를 생산하고 있다. 1993년 운동화 생산 전량을 해외로 이전한 뒤 자국 생산을 재개한 건 23년 만이다. 독일 공장에선 연간 50만 켤레 운동화가 생산된다. 아시아에서 직간접적으로 100만명을 고용하고 있지만 독일 공장에는 10명만 일한다. 동남아에서 생산할 때 필요한 인원의 60분의 1에 불과하다. 로봇 12대와 3D프린터가 사람을 대신해 운동화를 만들기 때문이다. 공장은 독일로 돌아왔지만 정작 일자리는 거의 늘지 않은 것이다.

독일 '노동 4.0'으로 4차 산업혁명 준비

독일 정부는 2011년부터 정보통신기술(ICT)을 융합한 '산업(인더스트리) 4.0'을 추진해왔다. 이런 4차 산업혁명은 아디다스 사례처럼 기존 제조업 일자리를 크게 위협하는 등 노동 환경을 바꿔가고 있다. 독일은 4차 산업혁명 추진과 함께 4차 산업혁명이 노동시장에 어떤 영향을 미칠지에 대한 물음도 함께 던졌다. 2015년부터 노사정(勞使政), 학계 등 전문가들이 머리를 맞댔고 작년 11월 관련 내용을 집대성한 '노동 4.0' 백서를 내놨다.

작년 말 완공된 독일의 아디다스 운동화 공장은 센서와 네트워크를 통해 로봇이 작업 방식을 조정해가며 원하는 제품을 생산한다. 연간 50만 켤레를

---

15 조선일보, 2017. 재인용 및 내용 정리.

생산하지만 생산 인력은 10명이다. 24년 만에 독일 내 생산을 재개했지만 일자리는 거의 늘지 않은 것이다.

작년 말 완공된 독일의 아디다스 운동화 공장은 센서와 네트워크를 통해 로봇이 작업 방식을 조정해가며 원하는 제품을 생산한다. 연간 50만 켤레를 생산하지만 생산 인력은 10명이다. 24년 만에 독일 내 생산을 재개했지만 일자리는 거의 늘지 않은 것이다.

노동 4.0은 4차 산업혁명 시대에 어떤 일자리가 없어지고 새롭게 만들어질지, 근로 방식은 어떻게 바뀔지, 이런 변화에 어떻게 대응해야 할지 등 노동 시장 변화에 대한 광범위한 내용을 담고 있다.

4차 산업혁명은 일하는 방식을 근본적으로 바꿀 것으로 예상했다. 스마트 기기나 ICT는 언제 어디서든 일할 수 있는 환경을 가능하게 해 '오전 9시~오후 5시'라는 고정된 노동 시간과 사무실이라는 근로 공간의 경계를 없애 '유비쿼터스(Ubiquitous) 노동'을 가능하게 한다.

지금처럼 모든 근로자가 동일한 시간대에 늘 지정된 곳에서 노동할 필요가 없다. 또 수요자가 중심이 되는 '주문형(온디맨드) 경제', 'O2O(온·오프라인 연계) 서비스' 같은 플랫폼 경제(공유경제) 활성화는 고용의 형태와 근로 계약 방식도 근본적으로 바꿀 것으로 예상했다.

노동 4.0 "4차 산업혁명의 부작용 최소화해야"

하지만 이런 변화는 업무와 휴식시간의 경계를 무너뜨려 근로자 입장에선 노동 강도가 더 강해질 수 있다. 또 노동 4.0 시대에는 활발한 일자리 이동과 새로운 일자리 등장으로 인한 지속적인 직업 교육이 필요해지고, 실업자에 대한 사회적 보장도 한층 중요해진다.

플랫폼 경제를 기반으로 한 특수근로자들을 어떻게 보호할지에 대한 법적 문제도 발생한다. 독일은 노동 4.0을 바탕으로 이런 문제들을 해결하기 위한 법률 개정 등 대책을 마련할 계획이다.

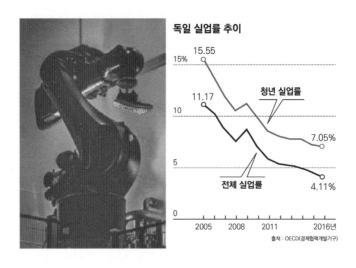

독일 실업률 추이

15.55

15%

청년 실업률

11.17

10

7.05%

5

전체 실업률

4.11%

0

2005   2008   2011   2016년

출처 : OECD(경제협력개발기구)

　　이동응 한국경영자총협회 전무는 "4차 산업혁명으로 노동 시장의 유연성 확대는 불가피하다는 전제하에 부정적 영향을 최소화하기 위한 보완 조치가 시급히 이뤄져야 한다는 게 '노동 4.0'의 핵심 내용"이라고 말했다.

일자리 유연화로 실업 극복한 독일

　　독일은 앞선 2002년부터 '하르츠 개혁'을 추진해왔다. 2차대전 이후 실업률이 최고조에 이르자, 사민당 슈뢰더 총리는 폴크스바겐 인사담당 이사를 지낸 하르츠를 위원장으로 대대적인 노동 개혁에 나섰다.

　　개혁의 핵심은 경기가 나쁘면 정리해고 기준 등을 완화하고, 경기가 좋을 때는 최대한 일자리를 보호하는 노동의 유연화였다.

　　하르츠는 네 차례에 걸쳐 비정규직 규제를 완화했다. 또 기업이 파견근로자를 사용할 수 있는 기간 제한을 없애는 등 파견근로자를 자유롭게 활용할 수 있게 했다. 2005년 청년실업률은 독일이 15.5%, 한국은 10.1%였다. 하지만 2016년 한국(10.6%)과 독일(7.0%)의 상황은 완전히 역전됐다.

　　김기선 한국노동연구원 연구위원은 "국가마다 일자리와 관련된 고질적 병폐들이 다를 수 있다"며 "지금 우리 노동시장의 문제가 무엇인지 의제를 마련하고 이에 대한 노사정의 공감대 형성이 필요하다"고 말했다.

4차 산업혁명으로 일자리 어디서 얼마나 줄어들까 단위 : 명

고용 감소	합계 −716만 5,000명	고용 증가	합계 +202만 1,000명
사무·행정	−475만 9,000	비즈니스와 재무관리	49만 2,000
제조·생산	−160만9000	관리직	41만 6,000
건설·광업	−49만 7,000	컴퓨터·수학	40만 5,000
예술·디자인·엔터테인먼트·스포츠·미디어	−15만 1,000	건축·엔지니어링	33만 9,000
법률	−10만 9,000	영업 및 영업관리	30만 3,000
시설·정비	−4만	교육·트레이닝	6만 6,000

※ 세계경제포럼이 2016년 15개 국가의 9개 산업 부문에 속한 1,300만명 종업원들을 대상으로 조사

출처 : 세계 경제포럼 미래고용보고서

4차 산업혁명 대응체계 구축[16]

4차 산업혁명 경제·사회 시스템 / 출처=기획재정부

구분	주요내용
데이터 인프라 구축	▶ 4차 산업혁명의 근간인 데이터 유통 · 활용 활성화 기반 마련
핵심기술 개발 [R&D]	▶ 지능형 제품, 맞춤형 서비스 구현을 위한 차세대 지능정보기술 개발 및 인프라 구축
산업생태계 조성	▶ 기업의 창의와 자율을 저해하는 핵심규제 개선 ▶ 신산업 · 신기술 분야 시장 조성 위한 정부지원 체계 개편
미래인재 양성	▶ 창의 융합형 인재양성을 위한 미래형 교육과정 편성 ▶ 4차 산업혁명 전문인력 양성
노동시장 효율화	▶ 노동시장 유연성과 안정성 제고 ▶ 부문간 일자리 이동에 대비한 교육훈련시스템 정비

출처 : 기획재정부

정부가 4차 산업혁명에 따른 경제 · 사회구조 변화에 체계적으로 대응하기
위한 컨트롤타워로 '4차 산업혁명 전략위원회'를 신설한다. 4차 산업혁명은 인
공지능(AI), 데이터 기술이 모든 산업 분야에 적용돼 경제 · 사회 구조에 변화를
일으키는 기술혁명을 의미한다. 사물인터넷(IoT) · 클라우드 · 빅데이터 · 모바일
등이 대표적이다. 맥킨지 보고서에 따르면 2030년까지 4차 산업혁명으로 인해

---

16 asIatoday, 2016. 재인용 및 내용 정리.

최대 460조원의 경제적 효과 발생과 최대 80만 개의 일자리 창출이 기대된다.

기획재정부는 이 같은 내용을 골자로 하는 '2017년 경제정책방향'을 발표했다. 판교 창조경제밸리를 4차 산업혁명 혁신 클러스터로 집중 육성한다. 아울러 창조경제혁신센터를 기술·정보 확산의 거점으로 활용하고 창조경제혁신센터별 특화사업에 강점을 가진 전담기관을 보완한다. 인천(전담기관 : 한진)과 울산(전담기관 : 현대중공업)에 각각 KT, 울산과학기술원(UNIST)이 추가된다.

신기술 조기 상용화를 통해 유망 신산업 창출 촉진과 기존산업 경쟁력을 제고 한다. 내년부터 한국전력의 고공 철탑 약 4만기는 드론으로 시설을 점검받는다. 전남 고흥, 강원 영월 등 교통이 불편한 곳엔 드론으로 우편을 배달한다. 내년 하반기 경기 화성의 자율주행차 실험도시(k-city)에 고속주행구간을 우선 구축해 개방한다. 제조 전 과정에 정보통신기술(ICT)을 활용하는 스마트공장도 4,000개까지 확대할 계획이다.

교육 부문에선 창의융합형 인재 양성을 목표로 개정 국가교육과정을 초등학교는 내년부터, 중·고등학교는 2018년부터 시행한다. 4차 산업혁명의 핵심 경쟁력인 소프트웨어(S/W) 교육을 필수화한다.

노동 부문은 직종별 자동화에 의한 대체효과와 유망 신산업·직업별 수요 예측 등을 기반으로 하는 '중장기 인력수급 전망'을 실시한다.

금융시장은 1분기까지 블록체인, 디지털 통화 등 신기술과 금융서비스간 융합을 위한 2단계 핀테크 발전 로드맵을 마련한다. 올해 20조 5,000억인 기술금융 공급은 내년 34조원으로 확대한다. 크라우드펀딩 규제 완화 등을 통해 모험자본 육성을 촉진한다.

공공분야에선 정책금융, 산업진흥, 보건·의료 3대 분야 기능 조정방안을 마련한다. 이 밖에 국고보조금 통합관리시스템을 내년 1월부터 순차로 개통해 상반기에 완료하고, 분야별로 흩어져있는 바우처카드를 '국민행복카드'로 통합한다.

1.4 산업과 산업혁명의 연계성

산업은 창업자에게 자연법칙에 따른 새로운 아이템을 발굴할 수 있도록 하여 발명을 유도하고 이를 통해서 국가 경제에 이바지 할 수 있는 지식재산 권을 확보할 수 있다.

또한 창업자의 창업아이템이 시행착오 등에 따른 성장을 할 경우 국민의 삶의 질에 변화 또는 혁신을 반영하게 되면서 산업은 산업혁명으로 가치를 반영하게 된다. 즉, 창업자의 입장에서는 산업과 산업혁명을 통해서 다양한 창업 아이템을 발굴할 수 있어 상호 윈-윈의 관계에서 순환구조적인 역할을 한다.

그림 1-5 산업과 산업혁명의 연계성

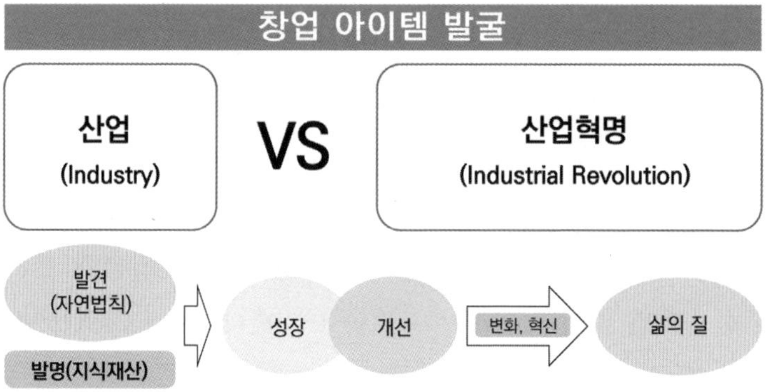

사례연구

4차 산업혁명과 지능정보사회의 미래, 핀테크·VR·AI 빗장 푼다.[17]

제4차 산업혁명과 지능정보사회의 미래로 불리는 3가지 아이템의 성장을 가로막던 족쇄가 풀렸다. 미래창조과학부 장관은 정부서울청사에서 열린 '신산업 규제혁신 관계 장관회의'에서 미래부, 문체부, 금융위 등 관계부처가 공동으로 마련한 '인공지능, 가상현실, 핀테크 규제혁신' 방안을 발표했다.

이번 방안은 제4차 산업혁명으로 촉발되는 지능정보사회에서 국민 삶의 질을 향상시키고 신성장 동력을 창출할 것으로 주목받고 있는 인공지능, 가상현실, 핀테크의 육성과 지원을 위해 추진됐다.

인공지능은 제4차 산업혁명을 촉발하는 핵심 기술로 부각되고 있으며, 세계 주요국가·기업은 인공지능을 통한 혁신 및 성장 모멘텀 발굴에 집중하고 있다. 또한, 가상현실도 콘텐츠 이용행태의 급격한 변화와 함께 관련 HW·SW 시장의 성장이 예상되고 있다.

마지막으로 핀테크는 'Pay전쟁'이라고 불릴 정도로 전 세계 금융을 주도하기 위한 경쟁이 치열하다.

1. 인공지능 분야 규제혁신

2016년 '지능정보사회 중장기 종합대책'에 이어 2017년에는 '(가칭) 지능정보사회 기본법'을 추진하고, 핵심 제도이슈에 대한 정비 방향을 제시한다.

1) '지능정보사회 기본법' 제정 추진(가칭)

제4차 산업혁명에 대응하여 국가사회 전반의 지능정보화를 촉진하기 위해 현행 '국가정보화 기본법'을 '(가칭)지능정보사회 기본법'으로 개정한다.

---

17 보안뉴스, 2017.02.

지능정보기술·사회 개념을 정의하고, 국가사회 전반의 지능정보화 방향 제시·체계적인 준비를 위한 기본계획 수립 등을 규정하고, 데이터 재산권의 보호 및 가치 분배 등 지능정보기술 기반 확보를 위한 조항을 추가할 계획이다.

2) 핵심 법제도이슈 관련 정비방향 제시

인공지능의 안전성, 사고 시 법적책임 주체, 기술개발 윤리 등 인공지능 확산에 따라 전 세계적으로 논의가 확대되고 있는 법제도 이슈와 관련하여 각계의 의견수렴을 통해 정비 방향을 제시할 계획이다.

2. 가상현실 분야 규제혁신

가상현실에서는 개발부터 창업까지 성장단계별 규제혁신을 통해 가상현실 신산업 성장을 지원하고, VR기기 안전기준을 마련하여 이용자 안전을 확보할 계획이다.

1) VR 게임제작자의 탑승기구 제출 부담 완화

신규 VR 콘텐츠 등급 심의 때마다 탑승기구까지 제출해야 하는 문제를 개선해 PC로 콘텐츠를 확인할 수 있는 경우 탑승기구 검사를 면제한다.

2) VR 게임기기 안전기준 마련

탑승형 VR 게임 유통 활성화를 위해 게임법에 VR 게임에 대한 합리적인 안전기준을 마련하여 VR 게임 이용자 안전을 확보한다.

3) 불합리한 시설 규제 개선

사행성 콘텐츠와 음란물의 이용방지를 위해 PC방은 칸막이 높이를 1.3미터로 제한하고 있는데, 이용자 보호(몸동작으로 인한 충돌방지)를 위해 높은 칸막이가 필요한 VR 체험시설은 예외로 인정한다.

4) VR방(복합유통게임제공업소)

VR방(복합유통게임제공업소) 내에 음식점 등이 동시 입점할 경우 한 개의 영업장으로 보아 단일 비상구 설치를 허용한다.

3. 핀테크 분야 규제혁신

전통금융업 위주의 현행 규제를 혁신해 다양한 핀테크 서비스 도입을 촉진하고, 금융 소비자의 편의성·접근성을 높이기 위한 제도 정비를 추진한다.

1) 가상통화 취급업에 대한 규율체계 마련

전 세계적으로 비트코인 등 가상통화 거래가 증가하고 있는 가운데, 국내에서도 가상통화의 건전·투명한 거래가 가능하도록 가상통화 취급업에 대한 적절한 규율체계를 마련한다.

2) 핀테크 기업 단독 해외송금 서비스 운영 허용

핀테크 기업이 독자적으로 해외송금 서비스를 할 수 있도록 허용, 소비자의 송금수수료 부담 절감 등에 기여할 계획이다.

3) P2P 대출계약시 소비자의 비대면 계약내용 확인방법 확대

대출계약시 소비자의 계약내용 확인 방법을 '직접기재', '공인인증서', '음성녹취' 외에 '영상통화'를 추가로 인정해 소비자의 편의성을 높인다.

4) P2P 대출업자에 대한 총자산한도 규제 완화

대부업자의 무분별한 외형확장 방지를 위해 도입한 총자산한도 규제(자기자본의 10배 이내 자산운용)가 영업특성이 다른 P2P 영업에 일괄 적용되지 않도록 정비할 계획이다.

5) 로보어드바이저 상용화 지원

알고리즘 기반의 금융자산 관리서비스인 로보어드바이저는 안정성·유효성 테스트를 거쳐 올 상반기에 본격 출시될 예정이다.

로보어드바이저 테스트베드 운영을 위한 세부방안(모집·심사 기준 등)을 발표하여 1차 테스트베드(2016년 10월~17년 4월) 운영 중이며, 대고객 서비스도 올해 5월까지 출시할 예정이다.

6) 핀테크 스타트업 투자기준 명확화

핀테크 스타트업에 대한 벤처캐피탈 투자가능 요건을 명확히 했고 핀테크 업종에 대한 기술보증이 활성화될 수 있도록 지원한다.

7) 금융권 공동 핀테크 오픈플랫폼 이용 활성화

지난해 오픈한 '금융권 공동 핀테크 오픈 플랫폼'을 통해 다양한 핀테크 서비스가 개발될 수 있도록 조회 가능한 계좌종류를 확대하고 주문 서비스도 가능하도록 API 이용범위를 확대한다.

미래부 장관은 "제4차 산업혁명은 국가·사회 전반에 변화를 초래하므로 이를 위해서는 융합을 촉진할 수 있는 선제적인 법제도 정비가 중요하며, 미래부는 관계부처와 힘을 모아 제4차 산업혁명을 체계적으로 대응하고 지능정보사회로의 이행을 준비하겠다."고 밝혔다.

CHAPTER

02

창업의 이해

2.1 창업의 개념

2.2 창업의 종류

2.3 핵심요소

2.4 창업관련법상 창업제외 업종

2.5 기술 분야 창업업종

2.6 창업 순서와 절차

2.7 유형별 창업 절차

2.1 창업의 개념

창업은 일반적인 사업과 달리 '새로운 것을 만들어서 시작한다'는 개념이다. 즉, 창업아이템 발굴에 따른 선정을 통해서 창업자는 연구를 통해 가능한 경우 기술과 발명을 1개 이상은 확보할 수 있어야 한다. 특히 향후에 다른 창업자 또는 사업자들이 창업자의 아이템을 침해하지 못하도록 특허 또는 실용신안을 출원하여 등록을 사전에 해놓는 것이 미래를 위해 안전성을 확보하는 방법이 될 수 있다. 참고로 지식재산권은 산업재산권(특허, 실용신안, 디자인, 상표)와 저작권, 신지식재산권(IT, BT, NT 등)을 말한다.[1]

그림 2-1 창업의 개념

---

1 상세한 내용은 특허청(www.kipo.go.kr) 참조. 특히, 산업재산권 취득절차 및 국제출원, 특허심판, 국제특허 분류안내 등을 반드시 참고하여야 한다. 또한, 특허정보넷키프리스(www.kipris.or.kr)를 통하여, 국내외의 각종 특허정보검색서비스와 상표권, 특허권의 검색과 선행기술조사분석 및 다국어 번역서비스를 활용하여야 한다.

넘어지지 않는 자전거' 만든 천재 소년, 연봉 4억 포기하더니…

중국 '천재 소년'으로 불리는 개발자 즈후이쥔.[2]

"그동안 화웨이에서 일할 수 있어서 영광이었습니다." 지난날 27일 중국 '천재소년'으로 불리는 개발자 즈후이쥔(稚暉君)은 소셜네트워크서비스(SNS)를 통해 "앞으로 '새로운 사업'에 도전하겠다"고 말했다. 그는 "(사업을 시작하는 이유는) 잘할 수 있기 때문이 아니라 그간 너무나도 열렬히 소망했던 일이기 때문"이라면서 "개인적으로 화웨이에서 일할 수 있었던 것은 소중한 경험이었다. '젊은 피'에 세상물정 모르고 마지막이란 심정으로 사업에 뛰어들게 됐다"고 전했다.

대륙을 달궜던 천재 개발자 즈후이쥔이 최근 통신장비 세계 1위 업체인 중국 대표 기업 화웨이에 사표를 제출했다는 소식이 화제가 됐다. 2020년 입사 당시 획기적 발명품으로 시선을 끌며 20대 어린 나이에 최고 200만 위안(약 3억 6,000만원)에 달하는 연봉을 받는 것으로 알려져 주목받았던 그가 다시 도

---

2   https://v.daum.net/v/20230101133002868

전에 나섰다. 고연봉이 보장되는 글로벌 기업을 박차고 나온 행보에 대륙의 관심이 쏠리고 있다.

자율주행 자전거 · 수술로봇 · 초소형 TV '척척'

즈후이쥔은 소문난 천재 발명가다. 2018년 중국과학기술대학을 졸업한 이후 중국 스마트폰 제조사 오포(OPPO)에서 인공지능(AI) 업무를 담당하다 2년 전 화웨이의 '천재 소년 프로젝트'에 스카우트된 인물. 2019년 6월 화웨이 창업자 런정페이(任正非) 회장이 시작한 '고급 두뇌' 영입 프로젝트로, 매년 실시되고 있으며 현재까지 300명 넘는 인재가 채용됐다. 채용 과정만 7단계에 달하고 마지막엔 런정페이 회장의 인터뷰를 통과해야만 입사가 가능할 정도로 들어가기가 까다롭고 어렵다고 한다.

하지만 이런 과정을 통과해 입사하면 최소 억대 연봉을 받을 수 있다. 연봉 종류는 89만 6,000~201만 위안까지 세 가지로 나뉘는데 한국 돈으로 최저 1억 6,000만원에서 최고 3억 6,000만원에 달하는 급여를 받을 수 있다. 미중 기술 패권 갈등이 부각되면서 중국 기업도 기술 확보 '고삐'를 단단히 쥔 모습이다. 27세로 입사한 즈후이쥔은 화웨이 어센드(Ascend) AI 칩과 AI 알고리즘 등에 대한 개발 업무를 한 것으로 전해진다.

그가 유명해진 것은 화웨이에서 일하며 내놓은 기상천외한 발명품들 때문이다. 지난해 '절대 넘어지지 않는' 자율주행 자전거를 개발해 공개했다. 프로젝트 명은 XUAN(轩). 일반적 자전거는 균형을 잡으며 일정 속도로 주행해야 넘어지지 않는데, 그가 개발한 자전거는 제자리에서도 균형을 유지한 채 넘어지지 않고 느린 속도로 이동 가능하다. 장애물을 피해 가고 좁은 지면에서 곡예 주행도 가능할 정도로 최첨단 기능을 탑재했다. 심지어 '테슬라'에도 없는 레이저 레이더(Laser radar) 기능까지 넣었다.

투입 비용은 1만 위안(약 181만원). 휴일을 이용해 총 4개월간의 개인 시간을 들여 만들었습니다. 개발 및 설계, 용접 과정까지 모두 손수 했다. 자전거를 타다 넘어져 얼굴을 다친 계기로 '만들어 봤다'는 자율주행 자전거는 공개 이후 폭발적 관심을 받았다.

이 외에도 즈후이쥔은 사원증, 식당 카드, 교통 카드 등을 한 번에 지원하는 초소형 근접무선통신(NFC) 칩, 세상에서 가장 작은 TV, 게딱지로 만든 '화성 탐사선' 등을 만들기도 했다. 찢어진 포도 껍질을 꿰맬 수 있는 '로봇팔'을 개발하기도 했다.

'연봉 4억' 버리고 창업 도전… 로봇 회사 만드나

대단한 실력을 갖춘 그가 화웨이를 나와 창업에 나선다는 소식에 세간의 시선이 쏠리고 있다. 업계에서는 그가 최근 올린 영상이 대부분 '로봇' 관련 내용이었다는 점에서 그가 로봇 회사를 만들 것이란 관측을 내놓고 있다. 일각에선 학창 시절 이미 두 차례 창업 경험이 있는 그가 화웨이에 입사한 목적이 사실은 '제도화'된 회사 시스템을 익히기 위한 것이란 해석도 나오고 있다.

누리꾼들은 중국 로봇의 아버지라 불리는 리쩌샹(李泽湘) 홍콩과학기술대 로봇공학과 교수로부터 엔젤 투자를 받았을 것이란 추측을 내놓고 있다. 리 교수는 세계 드론 시장 1위 DJI의 첫 투자자로 널리 알려진 인물이다.

세계적 경기 침체 국면에서 천재 개발자 청년의 창업 도전 소식은 어떤 의미를 가질까? 최근 중국 후룬연구소(Hurun Research Institute)가 발표한 '2022년 상반기 글로벌 유니콘 지수(Global Unicorn Index 2022 Half-Year Report)'에 따르면 올해 상반기 유니콘(기업가치 10억 달러 이상의 스타트업) 기업 수는 1,312개를 기록했다. 이 가운데 미국은 글로벌 유니콘 기업 절반을 확보해 1위(625개), 중국이 2위(312개)로 집계됐으며 한국도 10위(15개)를 기록했다.[3]

---

3 한국경제, 2023. 1. 1. 조아라의 소프트 차이나 발췌 정리

2.2 창업의 종류

1) 창업의 종류와 운영

아래 그림과 같이 창업은 기술창업, 소셜벤처, 벤처창업, 프랜차이즈, 사회적 기업, 무점포창업, 소호창업, 생계형 창업 등 다양한 형태의 창업이 있으며, 창업의 형태에 따라 명칭이 지속적으로 추가하고 있다. 특히 창업은 대부분 창업자 본인이 창업을 하여야 한다는 전제를 가지고 있으나, 대리상 또는 위탁매매인, 중개상을 통해서 간접적으로 운영하기도 한다.

또한 창업의 운영방식은 직·간접적으로 운영하는 것 외에도 라이선스 또는 기술이전, M&A를 통해 수익을 발생시키는 창업을 하는 경우도 있다. 즉, 라이선스, 기술이전, M&A를 통해서 회사의 이익을 발생시킨 이후 새로운 기술 등을 통해서 신규 창업 또는 재창업, 사업 확대 등을 통해서 창업자 스스로를 성장시키기도 한다.

창업 아이템은 IT, 소재, 식품, 지식재산 등의 분야를 통해서 모든 창업을

그림 2-2 창업의 종류

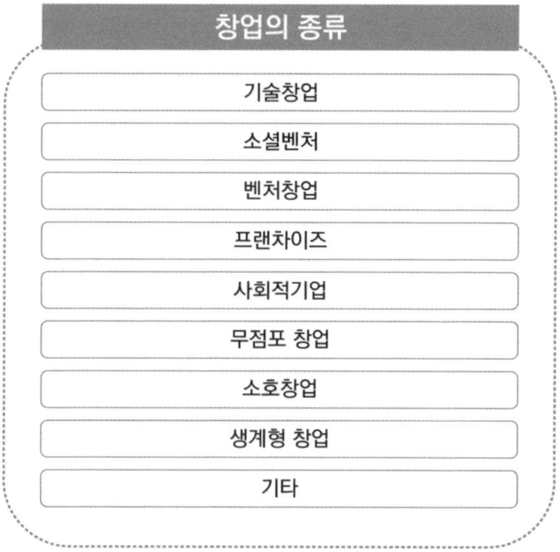

창업의 종류
기술창업
소셜벤처
벤처창업
프랜차이즈
사회적기업
무점포 창업
소호창업
생계형 창업
기타

할 수 있다는 장점이 있으나 시장성과 실현성 등을 고려하지 않을 경우에는 창업을 시작 또는 성공할 가능성이 적어 실패할 가능성이 매우 크므로 사전에 충분한 시장조사 등 사전점검을 철저히 진행해야 한다.

2) 창업 종류와 개념

(1) 기술창업

'기술창업'은 특정분야의 혁신적인 기술을 창출하는 창업을 말한다. 일반적으로 기술창업은 벤처, 기술 집약형, 기술혁신 등을 포괄하여 사용되고 있다. 또한 기술창업을 '벤처(venture)'의 개념인 '기술 집약형 중소기업'으로 이해하는 경우가 많으며, 기술창업은 창업자의 성격, 특징, 창업동기를 기준으로 일반적인 창업과는 차이점이 있다.

(2) 소셜벤처

'소셜벤처(social venture)'는 사회적으로 발생되는 문제를 해결하기 위하여 개인 또는 창업자의 창업가정신을 통해서 사회에 이바지하기 위한 목적으로 설립한 사회적 기업을 말한다. 소셜벤처는 일반적인 창업기업과 같은 경영 및 영업활동을 통해서 수익을 발생시키고 장애인 등 사회의 취약계층에게 일자리를 제공 및 사회적 서비스를 제공하여 사회의 문제점을 적극 해결하는 데 주목적이 있는 창업 형태이다.

(3) 벤처창업

벤처창업은 새로운 아이템 또는 기술 등을 사업화하기 위해 설립된 신생기업이다. 이때 사업에 대한 리스크는 존재하나 성공할 수 있는 가능성이 있어 이익을 기대해볼 수 있는 창업을 말한다. 신기술기업, 모험기업, 연구개발형기업, 하이테크기업 등으로 사용되기도 한다. 일반적으로 벤처창업은 모험이 필요하지만 높은 수익의 예상으로 향후 투자의 대상이 된다.

(4) 프랜차이즈

국내의 프랜차이즈 사업은 공정거래위원회에서 「가맹사업거래의 공정화에 관한 법률」을 제정(2002.05.13.)하여 정부에서 관리를 하고 있다. 가맹사업은 현재 국내에서 가장 많이 선호하고 있는 창업형태 중의 하나이다. 가맹본부의 노하우를 기초로 창업하는 방법으로 가맹비를 내고 사업을 쉽게 시작할 수 있다는 장점이 있다.

프랜차이즈의 가장 중요한 절차는 가맹본부(franchisor)와 가맹점사업자 또는 가맹희망자(franchisee) 간의 계약을 기초로 상거래를 하는 개념이다. 그러나 가맹본부에 의한 사기 등이 빈번히 발생하고 있다. 특히, 가맹사업법은 지속적으로 가맹본부를 관리하기 위한 방안으로 가맹계약 전에 가맹희망자에게 정보공개서를 제공하여 가맹희망자가 가맹본부의 세부적인 사항을 확인할 수 있도록 시간을 부여하고 있다. 이후 가맹계약을 체결하도록 하되, 가맹금에 대한 예치를 금융기간에 하도록 하여 일정기간 내에 가맹희망자가 계약을 해지하거나 가맹본부의 귀책사유로 인한 계약을 해지 하는 경우 예치금을 반환받을 수 있도록 규정하고 있다. 프랜차이즈에 대한 가맹본부로 활동하기 위한 중요한 요소는 가맹본부의 상호, 영업표지(상표), 노하우, 매출액 등이 기본이 됨을 인지하여 철저한 준비를 통해 창업을 시작할 경우 실패를 최소할 수 있다.

(5) 사회적 기업

'사회적 기업(social Enterprise, 社會的企業)'은 소셜벤처와 유사적 개념이다. 기존의 기업은 경제적 영리에 따른 가치만을 목적으로 기업을 운영하였다. 그러나 최근 기업은 사회적 가치를 우선으로 하여 재화나 서비스의 생산과 판매, 영업 활동 등을 수행하여 기업에 대한 이미지 개선 및 고객을 확보하는 수단으로도 활용되고 있다. 즉, 소셜벤처와 같이 사회적 기업은 취약계층에게 취업을 연결 또는 제공하고, 지역의 경제 활성화를 통한 지역경제발전에 이바지하고, 기업의 사회공헌에 따른 경영문화의 윤리적 확장과 시장을 형성하는 데목적이 있다.

정부로부터 사회적 기업으로 인증이 될 경우 컨설팅 제공, 사회보험료 지원, 세금 감면, 국·공유지의 임대, 시설비·부지 구입비 등의 지원, 융자 혜택 등을 받을 수 있다. 우리나라의 대표적인 사회적 기업은 '아름다운 가게'[4]와 '위켄'[5] 등이 있다.

(6) 무점포 창업

무점포 창업은 인터넷의 발달에 따른 전자상거래를 말하며, 무점포라 함은 별도의 점포 공간이 필요 없고, 자신이 거주하고 있는 임대차 물건 등을 통해서 쉽게 창업을 할 수 있다는 점이 가장 큰 장점이다.

무점포 창업의 경우 자금이 부족한 창업자 또는 가족 간의 창업을 희망하는 창업자들이 가장 많이 선호하는 창업이며, 쇼핑몰, 온라인마켓, O2O, 번역사업 등이 대표적이다.

(7) 소호창업

SOHO는 "Small Office, Home Office"의 약자다. 작은 공간의 사무실, 소규모 사업장, 자택 등을 통해 일반창업의 자본이나 기술의 노하우가 아닌 정보와 아이디어의 노하우로 가지고 창업을 하는 것으로 무점포 창업과 유사성이 있다.

SOHO는 넓은 의미에서는 자택이나 작은 사무실을 통해서 소기업 형태 또는 프리랜서로 활동하는 것을 말하며, 좁은 의미로는 아이디어와 컴퓨터 네트워크를 결합한 소규모의 벤처기업이다. 즉, 창업자의 자본 또는 인력 등의 부담 없이 자택 또는 작은 사무실을 통해서 인터넷을 활용한 자신의 아이디어와 경력 등의 실력만을 가지고 사업을 영위하는 새로운 스타일의 비즈니스이다. 예로서 홈케어 서비스(곰팡이, 진드기 등), 세차 서비스 등이 대표적이다.

---

4 해당 지역의 시민들이 사용하지 않는 재활용품 등을 수거하여 판매하는 방식으로 운영된다.
5 해당 지역의 지적 장애인 등을 고용하여 우리밀로 만든 과자를 생산하는 업체로 취업을 적극 지원하고 있다.

(8) 생계형(일반) 창업

생계형 창업은 일반적으로 어떠한 아이디어 또는 아이템을 가지고 체계적으로 시작하는 창업과는 달리 기존의 제품 또는 상품을 구매하여 즉시 수익을 기대하는 경우가 많다. 또한 일반적 창업이라고도 하며, 통상적인 사업을 하는 것으로 개인사업자 또는 법인사업자 중 창업자의 선택에 따른 사업자로 창업을 진행할 수 있다.

개인사업자와 상법상 법인사업자의 종류에 대하여 간략히 살펴보면 다음의 <표 2-1>과 같다.

표 2-1　개인사업자와 법인사업자의 종류 및 책임

구분		책임
개인사업자		창업에 대한 모든 책임을 사업자가 부담
법인사업자	주식회사	① 주식 발행 ② 주주가 인수한 주식의 인수가액에 한하여 책임을 짐
	유한회사	① 50명이하의 사원으로 구성 ② 각 사원이 출자한 금액의 한도 내에서 책임을 짐
	합명회사	① 무한책임사원으로 구성 ② 각 사원이 연대하여 회사의 채무를 무한책임 짐
	합자회사	① 무한 또는 유한책임사원으로 구성 ② 무한책임사원은 상기의 합명회사와 같은 책임을 짐 ③ 유한책임사원은 유한회사와 같은 책임을 짐
	유한책임회사	① 사원의 출자 및 설립등기에 의하여 설립 ② 사원은 출자금액의 한도 내에서 책임을 짐

경북도민일보 고정칼럼(2020.09.24)

김영국 계명대 벤처창업학과 교수 · 경영학박사 · Saxophonist

청년(青年)과 청산행(青山行)

현재 국내외 대학뿐만 아니라 국가별 수많은 관련 창업기관, 지자체마다 다양한 창업지원제도와 독특한 창업지원프로그램이 속속 넘치고 있다. 지원 종류와 금액도 엄청나다. 이제 창업의 형태와 종류도 천차만별이다.

청년창업과 실버창업, 골목창업, 사회적기업창업, 유투버창업과 먹방창업, 1인창업, 여성창업과 장애우창업, 농어업창업과 항공창업, 프렌차이즈창업, 반려동물창업, 이미용 뷰티창업, 전역군인창업, 바리스타창업, 음악(미술)창업, 6차산업 창업 등등에 이르기까지 업종 · 업태별로 다양하고 엄청난 창업형태가 속속 등장하여 이제는 철철 넘치고 있다.

현재 우리의 창업 교육이 과거 어느 정권에서는 정치, 경제, 문화, 사회, 역사적인 관점을 무시한 표몰이의 산물이었다면, 이제는 4차 산업혁명과 6차 산업 시대에 부응하는 검증된 정책으로 청년 일자리 창출이 속속 실천되어야 할 때다. 종종 각종 선거 때마다 일회용 청년창업 공약(空約) 정책용으로만 제안되고 있는 정책 제안은 반드시 멈추어야 한다.

네덜란드의 경우를 보자, 네덜란드가 시행하고 있는 미시적 차원의 청년창업 접근 방법은 대학과 학생, 창업기관(기업) 간에 활발한 실질적인 교류가 이어져, 3자 간에 윈 – 윈하는 협업 포인트가 분명히 되도록 하는 전략이다.

과거의 축적된 낡은 지식으로 새로운 문제를 어떻게 해결할 것인가? 아니다. 우리도 이제는 실무현장의 축적된 새로운 지식으로 지금 주어진 신·학·연·관·군에 널려진 문제 해결과, 새로운 시대에 맞는 지식 창출로 새로운 문제를 해결해야 할 때다. 철저한 현장(기업실무)형 창업교육시스템을 만들어 청년 창업교육을 해야 할 때이기 때문이다.

네덜란드의 경우, 이미 초등학교 6학년 경에 크게는 두 가지로 진로 방향을 정하고 있다, 즉, 취·창업(현장중심)트랙과 교육(교육중심)의 진로트랙 중에서 자신의 진로와 방향을 잡아 하나를 선택하여 집중하도록 하고 있다. 그야말로 '선택과 집중'이다. 네덜란드의 전통적이고 상식적인, 그러나 여전히 유효한 청년창업학습모델(ADDIE)이 있다. A(분석) – D(디자인) – D(개발) – I(적용) – E(평가)방법이다.

이 분석방법의 경우는 지금부터 향후 1~3년, 5년, 10년 후, 청년(학생) 본인의 미래를 스스로 분석(비즈니스 환경, 사회인식, 트렌드, 키워드, 문화, 정책 및 제도 등)하는 창업교육방식이다. 즉 현장의 비즈니스 생태계와 진로환경을 종합적으로 이해하고 준비하여, 자신의 미래를 스스로 설계하는 셈이다.

1975년 빌 게이츠는 하버드대학 재학 중 가정(개인)마다 최소한 컴퓨터 한 대씩 보급하는 꿈을 가지고 청년창업에 도전하였다. 당시는 큰 기업이라야 겨우 한두 대 정도의 초보형 업무용 컴퓨터가 보급되던 시절이었다. 결국 빌 게이츠는 하바드 졸업이냐? 창업이냐?를 고민하였다. 결국 그는 청년창업을 선택했다. 세계적인 마이크로소프트사로 성공한 빌 게이츠는 2007년 무려 33년 만에 하버드에서 명예졸업장을 받았다.

빌 게이츠는 '청년의 시간 관리와 자신의 우선순위'를 늘 강조하였다. 최근 필자가 참석한 어느 지자체의 일자리창출회의에서의 이야기다. 골목 창업 등 방송 인기인 백종원 팀과, 자장면과 국수 등을 무려 혼자 23인분을 단숨(30분 내)에 먹으며 유투브 1인 방송으로 유명세와 막강한 연봉을 자랑하는 먹방 프로그램의 인기인 등을 모셔와(?) 지역의 요식업 창업으로 '지역경제와 일자리를 살리자'는 실화이다.

이마 푸른 청년들이여, 지금 모두가 어렵지만 결코 고개는 숙이지 말게.

창업이 여러분 진로의 정답은 아니나, 여러분의 여러 선택지 중에 하나임을 심도 있게 고민해보자.

필자 역시 부끄럽게 예순을 훌쩍 넘어 살아보니 'Plan(계획)－Do(실행)－See(검증) 전략과, 'Nothing Ventures, Nothing Gains(실행하지 않으면, 아무 일도 일어나지 않는다)'를 늘 강조하고 싶다.

이 땅의 청년들이여!, 알찬 미래를 위한 여러분의 멋진 미래를 향한 청산행(靑山行)은 계속되어야 할 것이다, 지금 여러분이 흘린 고귀한 땀방울은, 머지않아 여러분의 '멋진 명함'이 될 것이기 때문이다. 지난 9월 19일 '청년의 날'을 기념해 그룹 방탄소년단(BTS)을 필두로 우리 사회를 향한 '공정'도 수없이 외쳐지지 않았는가? '기대가 크면 실망도 크다'는 속담이 이제는 아니기를 바라는 맘 간절하다.

핵심요소

1) 핵심요소

안정적이고 효율적인 창업을 운영하기 위해서는 ① 창업을 위한 아이템을 발굴하여 사전조사를 통한 시장성 및 실현가능성 등이 반드시 검토되어야 한다. ② 창업자를 포함한 조직적 개념의 전문적인 직원들과 자신을 지원해 줄 수 있는 인적 네트워크(사람)가 필요하다. ③ 창업을 할 때 필요한 자금으로 돈이 가능한 한 준비되어야 한다. 또한, ④ 아이템에 대한 판매 및 홍보를 위한 마케팅의 준비가 필요하다. ⑤ 해당 아이템 제품의 생산에 따른 최종 판매할 수 있는 시장이 준비되어 있어야 한다.

그러나 현실적으로 창업을 하면서 ① 내지 ⑤까지 철저하게 사전에 준비되어 창업을 하는 창업자는 많지 않으므로, 창업과정에서 현장 중심으로 발로 뛰어다니며 적극적인 준비를 해야 한다.

그림 2-3 기본적 핵심요소

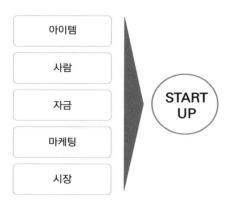

2) 핵심요소 검토

(1) 아이템

창업의 아이템은 창업자의 창업을 성공 또는 실패를 결정짓는 매우 중요한 요소다. 창업자는 창업에 대한 아이템 개발의 배경을 기초로 아이템의 구조와 편리성을 제공함에 있어서 제3자의 Needs, Demand 등을 충분히 조사하여 고려함으로써 좋은 기술과 서비스를 통해 가격 및 품질의 경쟁력을 확보하여야 한다. 그러나 창업자들은 대부분 현재 잘 팔리고 있는 제품 등을 카피 또는 벤치마킹하여 창업을 하는 경우가 많아 새로운 창업아이템의 발굴을 기대하기가 어렵고, 경우에 따라 제3자로부터 지식재산권 침해에 따른 분쟁 등이 발생하기도 한다. 즉, 창업자만의 신규성 또는 진보성적인 요소가 없다면 해당 아이템은 시장에서 이미 경쟁력을 잃거나 사장될 제품으로 판단될 가능성이 상당히 높다.

2) 사람

창업자의 아이템을 공유하면서 아이템 성장을 위한 고민을 함께 할 수 있는 팀원 또는 직원과 창업진행의 도움을 줄 수 있는 멘토 등의 인적자원인 사람이 반드시 필요하다. 처음 창업을 시작하는 창업자의 경우 자신의 창업아이템을 제3자와 공유 및 소통하여 발전시키려 노력해야 한다. 자신만의 창업세계에 빠져 무조건 창업에 성공할 수 있다는 자신감을 통해서 제3자(전문가 등)의 의견을 적극 받아들이지 못해 실패하는 경우가 많다. 따라서 창업자와 함께 아이템을 공유하며 자신의 의견과 방향성을 제시할 수 있는 조직적 분위기를 구성하고, 제3자의 의견을 수렴하여 수용할 수 있는 마음가짐도 필요하다.

(3) 자금

창업은 자금이 없으면 어려움이 발생하는 것은 현실적 문제이다. 일반적으로 창업 시 자금의 해결 방안으로 자신이 모아놓은 돈을 사용하거나, 부모 또는 친구 등에게 자금을 빌리는 경우가 대부분이다. 또한 창업자의 신용 또는 기술을 통한 대출을 고려하면서 VC 또는 엔젤투자자 등을 통한 투자유치를 고려하기도 한다. 그러나 금융기관 또는 투자자들은 창업자의 창업성공을 기대할 수 없는 상황에서 창업자에게 대출 또는 투자 등을 고려하지 않는 것이 현실이다.

(4) 마케팅

창업은 경영학에서 파생된 실무적 학문으로 경영학을 배제하고서는 창업을 생각할 수 없다. 즉, 창업자의 현재의 상황을 점검해볼 수 있는 다양한 경영 TOOL을 통해서 사전 점검과 방향성을 설정하여 경영·영업·판매·자금·광고 등의 전략을 종합적으로 사업계획을 수립할 수 있어야 한다.

(5) 시장

창업 아이템을 시제품으로 제작 후 다양한 pilot test 등을 통해서 시제품을 제품으로 양산해야 한다. 이때 최종 제품을 판매할 수 있는 시장이 존재하지 않는다면 어렵게 만들어진 제품은 판매해보지도 못한 채 한순간에 사장될 위기에 처하게 된다. 따라서 해당 제품이 양산될 경우 시장에 대한 환경을 사전에 명확히 분석하여야 한다. 필요한 경우 전문가를 통해서 시장 환경을 분석하여 전략적으로 생산 및 판매를 종합적으로 구상하여야 한다. 또한 제품을 구매 또는 판매해줄 수 있는 업체를 사전에 섭외하고 경우에 따라서 구매조건부 계약을 체결하여 판매를 시도하는 등 현실적인 다양한 전략이 필요하다.

사례
연구
3

경북도민일보 고정칼럼(2023.01.03)
김영국 계명대 벤처창업학과 교수·코리아드론(주) 자문교수

더 커지는 드론의 미소(微笑)

통상 무인기를 드론으로 간주하고 있다. 법적으로 '드론'은 '조종자가 탑승하지 않은 채 항행할 수 있는 비행체'다. 항공에 관한 기본법령인 「항공안전법」에서 규정하는 무인항공기와 무인비행장치를 드론으로 준용한다. 정부에서도 2017년 12월 드론산업 발전 기본계획을 발표하면서 드론산업 육성 방향에 대한 기반을 마련했다. 드론 택시 등 기술개발 추이와 시장변화 등에 따라 새롭게 등장할 비행체도 탄력적으로 드론으로 규정할 수 있는 근거(드론 활용 촉진 및 기반조성에 관한 법률)도 지난 2019년에 이미 마련, 2020년 11월 드론산업 육성정책 2.0을 통해 관련 기업 육성에 집중하고 있다.

이제 드론산업은 미래의 먹거리를 위한 혁신성장의 8대 핵심 선도사업이요, 항공·정보통신(ICT)·소프트웨어(SW)·센서 등 첨단 기술의 융합산업이다. 현재 미개척 시장이자 최대 유망 시장 산업으로 미국, 중국, 유럽 등 나라별로 사업용 시장 선점을 위한 경쟁이 점점 가열되고 있다. 한편으로 취미용(소형)은 성능 한계로, 군사용(대형)은 고가로 인해 사업용 적용에는 아직은 한계가 있는 편이다. 특히, 드론산업은 미래 항공 산업의 신성장동력으로 첨단기술들을 다양한 방식으로 융합하여 새로운 부가가치를 창출할 수 있는 산업이다.

그러나 저가와 소형 중심의 단순 촬영용에서 농업과 감시, 측량과 배송 등 임무 수행을 위한 고가형과 중형 중심으로 변화하는 추세다. 앞으로 대형 무인항공기의 등장과 개인형 이동 수단으로의 자율비행 드론 상용화 등 수송과 교통 분야에서 새로운 드론시장이 크게 열릴 것으로 기대되고 있다.

현재 폭발적으로 성장하고 있는 드론 산업의 중요성을 살펴보자. 첫째, 정보통신(ICT)융합산업으로서 항공·소프트웨어(SW)·통신·센서·소재 등 연관 산업의 기술 필요성이다. 둘째, 군사용에서 취미·촬영용 등 민간부문의 성장으로 안전진단, 감시·측량, 물품수송 등까지 다양한 분야로 활용 가능성이 크다. 셋째, 부품과 완제기 제조업 외에도 운용·서비스 등 후방시장을 창출하고 활용 분야에서 효율성 향상 및 비용절감 효과가 크게 기대된다. 넷째, 미래 교통혁신을 가져올 개인용 자율비행 항공기(PAV: Personal Air Vehicle) 등 미래 항공 산업의 핵심기술이다.

이제 드론은 인공지능(AI, 자율비행)과 사물인터넷(IoT, 드론간 통신), 센서·나노(복합·소형화)와 3D프린팅(기체제작) 등 4차 산업혁명의 공통 핵심기술을 적용하여 검증할 수 있는 최적 시험장(테스트베드)으로 활용 가능성이 크게 대두되고 있다.

국토부의 드론산업발전 기본계획에 따르면, 2026년 시장규모는 4조 4,000억 원으로 기술경쟁력은 세계 5위권 진입, 사업용 드론 5.3만 대 상용화가 목표다. 사업용 중심의 드론산업 생태계 조성과 공공수요를 기반으로 운영시장 육성, 글로벌 수준의 운영환경과 인프라 구축과 기술경쟁력 확보를 통해 세계시장을 선점한다는 계획이다. 추진과정에서 10년간 17만 명의 고용과 29조 원 규모의 생산·부가가치를 만들어 낼 전망이다.

한국형 K-드론 시스템의 핵심은 첫째, 5세대 이동통신(5G)·인공지능(AI) 등 첨단기술 기반 한국형 무인교통관리시스템(UTM, UAS Traffic Management)으로 K-드론 시스템 개발·구축과 둘째, 인공지능(AI, 자동관제)과 빅데이터(기형·지상정보 및 비행경로 분석). 셋째, 5세대 이동통신(5G) 기반 클라우드(실시간 드론 위치 식별·공유) 등 첨단 자동관제 서비스 구현이 목표다. 특히, 이동통신망 (LTE, 5G 등) 기반과 사용자에게 주변 드론의 비행정보(위치·고도·경로 등)와 안전정보(기상·공역혼잡도·장애물 등), 저고도(150m 이하) 공역의 비행 특성을 고려한 효율적 교통관리를 위한 전용 공역(전용로 등)을 확보해 제공할 전망이다.

최근 전 세계를 강타하고 있는 드론 전쟁이 큰 화제다. 그래서 모두가 정부의 드론발전 추진계획과 실천과정을 꼼꼼히 지켜보고 있다. 드론자격증 실무(실기)현장에서 필자(드론교관 과정 중)가 체감하는 초중고 대학생, 일반인의 드론 수요와 관심은 폭발적인 순기능의 증가 추세다. 종종 '나무만 보고 숲을 보지 못하는' 냄비 같은 섣부른 질타보다는, 때로는 기다리며 응원하는 선진형 시민정신도 필요하지 않을까 싶다.

이유는 더 커지는 드론의 미소(微笑)가 다가올 미래, 삶의 질을 한층 더 높이는 파수꾼 역할을 크게 할 것으로 기대되기 때문이다. 아울러, 애독자 여러분의 새해 건승을 독일에서 기원드린다.

2.4 창업관련법상 창업제외 업종

창업지원법 시행령 제4조에 따라 창업에서 제외되는 업종으로 규정되어 있는 산업은 다음과 같다.

① 금융 및 보험업

② 부동산업

③ 숙박 및 음식점업

④ 무도장운영업

⑤ 골프장 및 스키장운영업

⑥ 기타 갬블링 및 베팅업

⑦ 기타 개인 서비스업

⑧ 그 밖에 제조업이 아닌 업종으로서 산업통상자원부령으로 정하는 업
   종은 창업범위에서 제외된다.

기존에는 금융 및 보험업에 대하여 제외업종으로 규정하였으나 창업지원 법이 개정(2016.05.29)되면서 정보통신기술을 활용하여 금융서비스를 제공하는 업종으로서 1. 금융 및 보험업으로서 정보통신기술을 활용하여 금융서비스를 제공하는 업종을 그 주된 업종(「중소기업기본법 시행령」 제4조에 따른 주된 업종을 말함)으로 할 것, 2. 그 외 기타 여신금융업을 주된 업종으로 하지 아니할 것을 전제로 제외 업종을 구분하고 있다.

창업제외 업종과 1인 창조기업 범위에서 제외되는 업종을 표로 정리해 보면 다음과 같다.

표 2-2   창업지원법상 창업지원제외 업종

No	대상 업종	코드번호 세세분류
1	금융 및 보험업 – 정보통신기술을 활용하여 금융서비스를 제공하는 업종제외	K64~66
2	부동산업	L68
3	숙박 및 음식점업 – 호텔업, 휴양콘도 운영업, 기타 관광숙박시설 운영업 및 상시근로자 20명 이상의 법인인 음식점 제외	I55~56
4	무도장 운영업	91291
5	골프장 및 스키장 운영업	9112
6	기타 갬블링 및 베팅업	9124
7	기타 개인 서비스업(그외 기타 개인 서비스업은 제외)	96
8	그 밖에 제조업이 아닌 업종으로서 산업통상자원부령으로 정하는 업종	–

표 2-3   1인 창조기업 범위에서 제외되는 업종

구분	해당 업종	한국표준 산업분류번호
광업	석탄, 원유 및 천연가스 광업	05
	금속광업	06
	비금속광물 광업(연료용 제외)	07
	광업지원 서비스업	08
제조업	담배제조업	12
	코크스, 연탄 및 석유정제품 제조업	19
	1차 금속 제조업	24
전기, 가스, 증기 및 수도사업	전기, 가스, 증기 및 공기조절 공급업	35
	수도사업	36
하수·폐기물처리, 원료재생 및 환경복원업	하수, 폐수 및 분뇨 처리업	37

구분	해당 업종	한국표준 산업분류번호
	폐기물 수집운반, 처리 및 원료재생업	38
	환경 정화 및 복원업	39
건설업	종합건설업	41
	전문직별 공사업	42
도매 및 소매업	자동차 및 부품 판매업	45
	도매 및 상품중개업	46
	소매업(자동차 제외) - 전자상거래업은 제외한다.	47
운수업	육상운송 및 파이프라인 운송업	49
	수상 운송업	50
	항공 운송업	51
	창고 및 운송관련 서비스업	52
숙박 및 음식점업	숙박업	55
	음식점 및 주점업	56
금융 및 보험업	금융업	64
	보험 및 연금업	65
	금융 및 보험 관련 서비스업 (그 외 기타 금융지원 서비스업은 제외)	66
부동산업 및 임대업	부동산업	68
	임대업(부동산 제외)	69
보건업 및 사회복지 서비스업	보건업	86
	사회복지 서비스업	87
예술, 스포츠 및 여가관련 서비스업	스포츠 및 오락관련 서비스업	91
협회 및 단체, 수리 및 기타 개인서비스업	기타 개인 서비스업	96

※ 비고: 해당 업종의 분류는 「통계법」 제22조에 따라 통계청장이 고시하는 한국표준산업분류에 따른다
(협회 및 단체는 지원이 불가함)

2.5 기술 분야 창업업종[6]

구분	지원분야	핵심기술
신산업창출	5개 분야	17개
미래성장동력	19개 분야	77개
계	24개 분야	94개

1) 신산업창출 분야

지원분야	핵심기술	관련아이템
ICT융합	전기차	주행성능, 차체경량화, 충전서비스 등
	스마트카	스마트카관련 카메라, 센서, SW개발 등
	산업용무인기	항법장치, 고기능 기술개발 등
	지능형로봇	병원용로봇, 물류로봇 등
	웨어러블 디바이스	스마트섬유, 소재, 부품개발, 인증 등
	스마트홈	표준화, 플랫폼, 연동 주변기기 등
첨단신소재	탄소섬유	보급형·초고강도 탄소섬유 개발 등
	마그네슘	자동차, 항공기 등 관련 산업연계 소재 개발 등
	타이타늄	타이타늄 소재 제조 기술개발 등
에너지신산업	ESS(Energy Storage System)	송배전용, 소규모가정용 장치 등
	태양광	태양광관련 소재, 부품 등
	스마트그리드	스마트미터, 에너지관리시스템 등 제품-서비스-솔루션 개발 등

---

6 창업선도대학 기준

지원분야	핵심기술	관련아이템
바이오헬스케어	의약	진단·치료 또는 예방하기위해 신체구조 또는 기능에 영향을 미치는 것을 목적으로 사용되는 약품
	헬스케어	개인건강정보 통합·활용 시스템 등
	의료기기	수술기기, 체외진단기기 등 병원 연계형 의료기기 개발
의료관광서비스	의료 예약·진찰·처방 등 원스톱 서비스	질병의 치료·간호·예방·관리 및 재활을 위한 의료 서비스를 일괄적으로 제공하는 서비스
	의료 코디네이터	환자-의료진 연계, 예약관리, 홍보 및 경영개선 등에 참여하며 공항교통·숙박·관광 서비스

2) 미래성장동력 분야

지원분야	핵심기술	관련아이템
지능형 로봇	로봇지능 기술	로봇인식, 이동, 조작, 소셜, 지능 체계 등
	인지기능의 HRI기술	표정, 제스처, 대화 인식 기술 등
	로봇시스템 설계 기술	안전로봇기술, 직관적 교시 기술, 그리퍼 기술 등
	로봇부품 기술	로봇센서 기술, 로봇구동기 기술, 로봇제어기 기술 등
착용형 스마트기기	핵심부품 기술	시장수요 기반의 착용형 스마트 기기 사용자의 의도나 명령 입력 또는 출력 기술, 안전한 정보 처리기술, 가볍고 유연한 소재를 활용한 플렉시블 배터리 전원 기술 등
	응용디바이스 서비스	레저, ICT융합 상용화 기술을 접목, 안전, 의료, 재난 방지 등 특수업무 활용, 개방형 스마트교육 및 학습활동지원하여 사용자와 기기의 연결 기술 등
실감형 콘텐츠	실감형 영상콘텐츠 기술	실세계 사람 배경 등을 컴퓨터 그래픽, 비전, 3D, UHD, 홀로그램, 입체음향 등을 이용하여 전달하는 기술 등
	지능형 인터랙션 기술	실공간 혹은 가상공간의 환경구현을 위한 AR·MR·VR의 기술과 인간친화적 인터페이싱기술인 NUI·NUX 기술, 환경적응형 콘텐츠 기술 등
	인포콘텐츠 기술	사용자 성향과 환경에 적합한 콘텐츠 분석·검색, 콘텐츠의 구성과 표현에 다수가 참여하여 콘텐츠 활용 편의성 증대하는 소셜클라우드 협업 기술 등

지원분야	핵심기술	관련아이템
	감성·뉴로 콘텐츠 기술	뇌파신호 판독하여 콘텐츠와 상호작용 하는 뉴로 콘텐츠 기술, 인간-기기-공간의 자연스러운 감성·인지웨어 기술, 오감인식, 감성 UI·UX 기술 등
	빅콘텐츠 유통플랫폼 기술	콘텐츠 패키징·분산·전송, 콘텐츠 안전한 소비위한 환경, 저작권 보호기술, SNS 및 빅데이터서비스의 결합한 콘텐츠 응용서비스 등
스마트 바이오 생산시스템	마이크로나노 생산시스템	자동생산시스템, 배양시스템, 분리정제시스템 등
	에너지기계	의약품 제조기기 등
	정밀가공시스템	융복합 분석기기, 공정기기 등
가상훈련 시스템	가상체감 기술	현실감있는 가상환경 및 체감표현을 위한 SW, HW 생산 등
	원격협업기술	가상환경 저작 및 모사, 모션플랫폼 등 가상현실의 호환성 및 생태계 조성 등
	시뮬레이터	군사용, 의료용, 산업용, 스포츠용 등의 시뮬레이터 제작 등
	기능훈련 서비스	의료, 플랜트, 레저 등 기능훈련 서비스 개발 등
스마트 자동차	주변상황 인식 센싱 시스템	레이더기반 주행상황인지 모듈, 영상기반 주행상황 인지 모듈, 확장성·범용성·보안성 기반 V2X 통신모듈, 자율주행용 도로·지형속성 정보를 포함한 디지털맵, 보급형 고정밀 복합 측위 모듈 등
	클라우드기반 자율주행	클라우드맵 기반 주행상황 인지 및 플랫폼 기술, 수백Mbps급 V2X 통신 및 보안 시스템, 스마트 드라이빙 클라우드 센터 기반 서비스, 커넥티드드라이빙 컴퓨팅 시스템 등
	차세대 차량사물통신	운전자 수용성 기반 자율주행 HVI 차세대 IVN(In-Vehicle Network) 기반 제어기 기술 등
	스마트 액츄에이터 기술	Fail Safety 기반 스마트 액츄에이터 모듈, 사고원인 규명 ADR (Autonomous-driving Data Recorder) 모듈 개발 등
	스마트 자율 협력 주행 도로시스템	도로교통 상황정보 수집기술, 전자지도 플랫폼 기술, 자율협력도로 및 자동차 연계, 실증 기술 등
5G 이동통신	5G 무선전송 용량 증대	Massive MIMO, Advanced Duplex, LTE- Unlicensed, mmWave 기반 광대역통신, 차세대 Wi-Fi 기술 등
	이동 네트워크	고성능인프라, 차량간 직접통신, 차량형 이동셀 기술, 멀티플로우 (Multi-flow) 기술 등
	저지연·고신뢰 기술 및 다수 다비이스 수용	Short TTI, New Waveform, Fast 상향 링크, 대규모·다수연결 디바이스 기술 등
	5G 소형셀 기술	Ultra-Dense Network(UDN) 무선 송 기술, 무선 백홀기술, 멀티RAT, 다층셀 클라우드 RAN기술, Ultra-Dense 소형셀 가상화 구조, Advanced SON기술 등
	모바일 홀로그램 및 초다시점 서비스 플랫폼	박막형 홀로그래픽 패널 기술, 모듈형 홀로그래픽 콘텐츠 변환 기술, 콘텐츠 획득 및 고속화 기술, 콘텐츠 저작 기술, 양방향 실감 인터랙션 기술 등

지원분야	핵심기술	관련아이템
심해저 · 극한환경 해양플랜트	심해 Oil & Gas 플랜트 엔지니어링 기술	Oil & Gas 개발을 위한 해저 · 해상 통합 FEED 기술, 해저 · 해상 통합 지능형 진단 및 감시시스템,해저 · 해상 통합 지능형 진단 및 감시시스템 등
	부유식 해상플랫폼 상부공정(Topside Process) 시스템	고효율 수분 제거 (Dehydration)시스템, 고농도 CO_2 천연 가스 처리시스템, 천연가스에 다량 포함된 CO2를 처리하는 시스템, 친환경 산성가스처리(Sweetening)시스템, 신개념 NGL((Natural Gas Liquid) 회수 시스템, MEG 회수 및 주입 시스템, 해저 · 해상 통합플랜트 전력공급/제어/감시 시스템 등
	심해 Oil & Gas 플랜트 설치기술	해저 Foundation 및 StableLowering 기술, 고정밀 Dynamic Positioning 제어 및 해석 기술, 심해 URF 설치 설계/해석 기술 등
	심해저 생산 및 처리 시스템	고속대용량 심해저 원유분리 시스템, 심해저 다상유동 펌프 시스템, 심해저 해수주입 시스템, 심해용 URF(Umbilical/Riser/Flowline), 심해저 대용량 Manifold & Template 등
	극한환경 해양플랜트 통합 설계 기술	극한환경 해양플랜트 기본설계 패키지(Basic DesignPackage), 극한환경 해양플랜트 위험도 관리 기술, 극한환경 해양플랜트 위험도 관리 기술 등
	극지용 해양 플랜트 빙성능 엔지니어링 기술	구조성능 엔지니어링 기술, 빙저항 · 운동성능 엔지니어링 기술개발, 방한성능 최적화 기술 등
수직이착륙 무인항공기	엔진개발	기체, 엔진, 임무장비, 항공전자장비, 통지, 통제 지원 장비 제조기술 등
	완제기 개발	군단정찰용, 스마트무인기, 근접감시정찰용, TR-6X 틸트로터, 중고도, 사단정찰용, 차기 군단 등 무인기 개발 및 제조 등
맞춤형 웰니스 케어	빅데이터 공유 보안 기술	데이터접근 통제 기술, 익명화 기술 등
	개인건강기록 연동 · 통합, 저장 및 교환 표준체계	용어 · 코드 표준화, 건강정보 연계 기술 등
	라이프로그 데이터 획득 및 저장 기술	라이프로그 데이터 획득 기술, 데이터 전송시 정보 위 · 변조 방지, 데이터 저장을 위한 정보 모델 등
	개인 건강정보 기반 데이터 저장 · 분석 · 서비스	데이터 연계기술, 정형 · 비정형 데이터 저장, 대용량 데이터 저장 · 분석 기술 등
	개인 맞춤형 건강관리 예측 시스템	데이터 추론 기술, Alert/reminder 기술 등
직류	핵심부품	스위치, 수동소자, 제어기 등 부품 제작 등

지원분야	핵심기술	관련아이템
송배전 시스템	모듈	DC차단기, VBE(Valve Base Equipment, 제어시스템), 전력제어 차단 및 계측·감시 기능 등
	시스템	DC차단기를 결합하여 다중 Point(1:N) 연계 가능한 매쉬형 직류 송배전 시스템 등
초소형 발전 시스템	기반기술	공정설계, 시뮬레이션, 공정 효율화 기술, 소재 기술 등
	핵심기기	터빈 설계 제작 기술, 압축기 설계 제작 기술, 열교환기 설계 제작 기술 등
	발전시스템 설계·건설 운영	초임계 CO_2 발전 시스템 설계기술 등
	열원 연계와 확장 기술	원자력, 석탄화력, 복합화력, 신재생 열원연계 등
신재생 에너지 하이브리드 시스템	NRE-H 기반 고효율 융복합 분산형/독립형 발전 및 제어 기술	태양광-연료전지-ESS 하이브리드 발전/전력저장 기술, 바이오연료-NRE-H 기술, 신재생에너지 하이브리드시스템 통합제어 기술 개발, 열전소자 등 타 기술분야를 활용한 신재생 에너지 하이브리드 발전, 계간축열 기반의 열에너지 활용 기술 등
	NRE-H 고효율 MCFC 융복합발전 및 청정가스 변환시스템	MCFC-압력차발전기(Tubor Expander Gene rator) 복합발전 기술, MCFC 복합발전을 통한 고효율청정가스 생산기술 등
	제로에너지빌딩을 위한 NRE-H 통합솔루션 시스템 기술	건물의냉난방, 채광조절, 열 및 전기생산 등을 통합적으로 구현할 수 있는 다기능, 고효율의 건물 외피시스템 기술 등
	NRE-H 친환경 자동차 충전 시스템	NRE-H 고효율 전기/수소 생산 및 변환 기술 등
	NRE-H 시스템 ICT융합 플랫폼 기술	신재생에너지원 가용 환경평가 및 최적에너지 Mix 구성 Engineering 기술 등
재난 안전 시스템	스마트 재난상황 관리 시스템	스마트, 시뮬레이션, 시큐리티, 세이프티 빅보드 시스템 등
	국토관측센서 기반 감시평가 예측 기술	X-net 기반 수문정보 생성 및 예측기술, 위성기반 가뭄·하천건천화 평가 및 예측기술, 위성, radar, AWS 기반 홍수재해 평가 및 예측기술, 수자원 정보서비스 플랫폼기술 등
	재난상황 조망 시스템	ICT 기반 재난현장 무선통신망 확보 및 긴급지원 기술 등
	도시지하매설물 모니터링 관리시스템	IoT 기반 재난재해 예측 및 대응 기술, 지하매설물 실시간 전역 위험 감시 기술, 도시철도 지하구조물 및 주변 지반 감시 기술, 지하수 및 지질 환경 실시간 예측 기술 등
지능형 반도체	지능형반도체 설계기반기술	프로세서 Core 기술, 반도체 SoC IP, 반도체설계 SW Tool, SW-SoC 융합서비스 개발도구 기술 등

지원분야	핵심기술	관련아이템
	스마트 인지 · 제어 지능형반도체 (SW-SoC) 기술	지능형센서, 인지신호 처리 · 제어 SW-SoC 융합 기술, 고정밀 센서 신호처리 반도체, 웰니스케어 지능형반도체 기술 등
	스마트 통신의 지능형반도체 (SW-SoC) 기술	고속 이동통신 SW-SoC 기술, 광대역 네트워크 SW-SoC 기술, 초저전력 Connectivity SW-SoC 기술, 고신뢰성 보장을 위한 SW-SoC 융합 기술 등
	초고속 컴퓨팅의 지능형반도체 (SW-SoC) 기술	신경모사지능형컴퓨팅SW-SoC기술, 지능형 메모리 SW-SoC 기술, 지능형반도체 경량 · 고신뢰 SW 기술, 빅데이터 고속처리 SW-SoC 기술, IoT향 저전력 프로세서 기술 등
	고효율 전력에너지용 지능형반도체 기술	에너지 하베스팅 반도체기술, 에너지고효율전력관리 SW-SoC 기술, 고효율 전력변환 SW-SoC 융합 기술 등
융복합 소재	창의소재	현대판 연금술 기반 가스분리막 및 촉매소재, 휴리스틱스 최적화기술기반 LED용 형광체, 스핀궤도결합에 의한 스위칭 용이 소재, 멀티레벨 컴퓨팅 구현을 위한 스마트소재, 자기동기화 바이오 소재, 오감증진용 자기조절 자기조립 소재 기술 등
	탄소섬유복합재	탄소섬유 저가화 기술, 탄소섬유 표면처리기술, 복합재료용 열가소성 수지기술, 금속 기반 복합재료, 탄소섬유 인증 및 표준화 기술, 금속대체 소재기술, 고내열 소재 기술 등
	하이퍼 플라스틱	고내열 투명소재 기술, 구조부품용 고강성 복합소재 기술, 친환경 수퍼엔지니어링 플라스틱, 수퍼엔지니어링 플라스틱 기능성 향상 중합, 전장부품용 하이퍼 플라스틱 소재개발, UTH용 소재부품개발, 고강성/고탄성 하이퍼 플라스틱 개발 등
	타이타늄	저원가 고품질 Ti생산기술, 생활소재용 Ti산화물 제조기술, Ti중간재 제조기술, Ti제조 및 고성능 합금기술, Ti부품 제조 공정기술 등
사물 인터넷	디바이스 기술	초경량 저전력 IoT 디바이스 플랫폼 기술, 자율제어/고신뢰 IoT 디바이스 플랫폼 기술, 개방형 HW/SW 플랫폼 기술, 초소형 저전력 스마트 센서 모듈 기술 등
	네트워크 기술	다중 디바이스 연결을 위한 액세스 네트워크 기술, 자율 디바이스 연결을 위한 서비스 인지형 네트워크 기술, 이종기기간 연동을 위한 복합 IoT 게이트웨이 기술 등
	플랫폼 기술	분산구조 기반의 IoT 플랫폼 기술, 실시간성 보장형 IoT 플랫폼 기술, 이종 플랫폼의 Federation 기술 등
	보안 기술	IoT 프라이버시 보호 기술, 하드웨어기반 IoT 보안 기술, 코로스 레이어 보안기술 등
빅데이터	고성능 빅데이터 처리 및 저장 관리 기술	고속 네트워크 통합형 분산처리 고성능화 기술, 성능가속기 기반 고성능 처리 기술, 성능가속기 기반 고성능 저장 관리 기술, 다양한 응용 패턴 통합 지원 기술 등
	빅데이터 플랫폼 자원 관리 및 운영	이종의 다양한 워크로드 인지형 자원관리 기술, 작업 처리율 향상을 위한 작업 스케줄링 기술, 최적의 성능 도출형 플랫폼 운영관리

지원분야	핵심기술	관련아이템
	최적화 기술	기술 등
	예측형 시뮬레이션 및 지능 알고리즘 기반 분석 기술	지능형 예측 분석 기술, 이종 데이터소스 융합 분석 기술, 협업 분석 기술, 모사현실 모델링 프레임워크 기술 등
	빅데이터 원천기술	빅데이터 분석기술, 빅데이터 어플라이언스 구축 기술, 워크플로우 기반 적용 시나리오 구현기술, 데이터 품질 정량화 및 최적화 기술, 빅데이터 유통 인프라 구축 기술 등
첨단소재 가공시스템	첨단소재 가공시스템	첨단소재의 효율적인 가공을 위한 가공·검사 장비, 개방형 CNC, 운영 S/W 등을 패키지 개발 등
	첨단공구	첨단소재 가공성을 향상시키기 위한 공구형상 설계, 내마모성, 수명 향상을 위한 표면처리 기술을 통해 첨단소재 전용 공구개발 등
	하이퍼텍스	탄소섬유복합재 적층을 통하여 절삭가공 전단계의 CFRP 반제품 생산장비 및 성형장비개발 등

사례
연구
4

경북도민일보 고정칼럼(2022.12.29.)
김영국 계명대 벤처창업학과 교수·코리아드론㈜ 자문교수

드론이 대세(大勢)다

　　최근부터 4차 산업혁명 관련 기술의 폭발적인 발전에 따라, 우리 사회도 다양한 측면에서 급변화 중이다. 그렇듯, 필자는 지금 수만 미터 상공의 독일행 항공기에서 고정칼럼 원고를 쓰고 있다. 머지않아 인간이 생각하는 만큼 기술은 발전될 것 같다면 필자만의 착각일까?

　　최근 세간(世間)의 관심 중에 가장 큰 화두(話頭)가 바로 군사용 무인기 공격용 드론, 특히, 위력이 대단하다. 러시아와 우크라이나 전쟁을 비롯하여 며칠 전 북한의 무인기(공격용 드론)가 화제다. 이는 소형 수류탄 정도의 소형 자폭(自爆) 드론에서부터 미사일 등 적의 전차까지도 단번에 파괴할 수 있는 위력을 가진 '킬러 드론' 등 다양한 형태의 무기로 활용되고 있다. 특히, 아르메니아와 아제르바이젠 전쟁과 우크라이나 전쟁에 이르기까지 드론 공격은 워낙 정확하고 위력이 대단하여 공격용 무기로 광범위하게 사용되고 있는 실정이다.

40년여 전 젊은 시절, 최전방 GP(초소)의 ROTC 소대장으로 국방의 의무를 다한 필자로서는 며칠 전 북한의 드론 공격과 정부의 대처에 대해 심히 우려와 걱정이 앞선다. 이유는 사후약방문(死後藥方文)이라는 속담 같은 현실이기 때문이다.

그동안 각국의 군사전문가들은 소형 무인기에 생물 무기와 화학 무기 등이 장착되어 각종 테러와 전쟁에 활용될 가능성을 수없이 언급해오지 않았던가? 특히, 비행고도가 3km 이상으로 점점 높아지고 있고, 비행시간도 지속적으로 늘어나고 있다. 목표물을 설정해 놓으면, 무려 40kg짜리 탄두로 목표물에 정확하게 명중하는 게 지금의 군사용 드론기술이다. 실제 지난해 10월 우크라이나 전쟁 출현됐다. '이란제 사헤드 드론'으로 벌떼처럼 공격한 우크라이나 전쟁이다.

최근 보도에 의하면, 무려 600~800km를 시속 925km 속도로 드론 공격이 가능하다. 신형 무인 드론에 대한 무한의 연구개발이 필요한 때다. 그러나 언론에 이처럼 드론 공격이 종종 등장하면서 민초(民草) 불안은 점점 커지고 있다.

필자는 최근 드론 1종 국가자격증을 취득 후 현재 드론 교관과정 중이다. 이유는 시대의 흐름을 배우고 느껴야 한다는 작은 소망 때문이다. 적어도 드론을 연구하고 정책을 입안하는 자(者)라면, 드론 1종 정도의 자격증은 취득해야 하지 않을까 싶다. 며칠 전 강화군의 새 떼를 북한의 무인기로 오인해 헬기와 경공격기 등이 출동했고, 군청은 '무인기가 출동했다'며 '주민안전에 특히 유의하라'는 문자까지 발송됐다는 해프닝 뉴스도 화제다.

드론 전쟁 시대가 된 지는 꽤 오래전이 아닌가? 현대전은 드론 전쟁이라 해도 과언이 아니다. 선제적이고 창의적인 우리 기술로 머지않아 미사일을 요격할 드론 개발을 손꼽아 기다려본다. 마치 "고래를 잡으려면 튼튼한 고래망을, 멸치를 잡으려면 촘촘한 멸치망을 짜야 한다"던 속담이 생각나는 때다.

2.6 창업 순서와 절차

1) 창업 순서(Process)

창업을 위한 일반적인 절차는 다음과 같다.

① 사업 위한 아이디어 창출 및 계발을 통해 사업아이템을 선정한다.

창업의 스타트는 돈 되는 아이디어를 창출하는 일이며, 창출된 아이디어를 분석하여 사업 아이템을 선정하는 일이다. 핵심은 본인의 아이디어가 돈이 되는지 안 되는지에 대한 결정보다는 내가 창출한 아이디어가 사업화할 가능성이 있는지, 아이디어를 사업화하는 일이 재미나고 즐거운지를 반드시 고려해야 한다.

② 선정된 아이템에 대한 구체적이고 상세한 사업계획서를 작성한다.

선정된 아이템에 대한 구체적이고 상세한 사업계획서를 작성해야 하는데, 자신의 사업 진행과 목표, 내용 등을 파악하기 위한 자사용 사업계획서와 자금 조달 및 투자를 위한 외부 금융기관 등에 제출할 사업계획서를 작성해야 한다.

③ 사업계획서에 대한 자체 또는 외부 기관의 타당성 분석을 실시한다.

사업계획서에 대한 타당성 분석을 반드시 실시해야 한다. 자체적으로 사업에 대한 타당성 검토를 통해 문제점과 해결해야 할 일 등을 점검하고, 특히, 외부 기관에 의뢰하여 사업 계획에 따른 전문가들의 타당성 결과를 반드시 조언 받아야 한다.

④ 사업 시작에 필요한 인적 자원, 물적 자원 등에 대한 점검을 한다.

사업 계획의 타당성 검토를 통해 사업 가능성을 발견하면, 사업 시작에 필요한 인적 자원과 물적 자원 등에 대한 세부적인 점검을 한 다음, 법률적으로 문제가 없는지 등에 대한 검토와 병행하여, 사업을 시작하도록 일정계획에 따라 진행시켜 나간다.

창업을 위한 일반적인 프로세스는 다음과 같다.

그림 2-4 창업 프로세스

1단계	사업 아이디어 창출 → 사업 아이템 선정
2단계	사업 계획서 작성 (기업용/투자용)
3단계	사업계획 → 타당성 분석 (자체/외부)
4단계	인적, 물적 자원 최종 점검 → Start Up

2) 창업 계획단계 Check LIST

창업은 새로운 일들을 시작하고 진행하는 과정이므로 사전에 체크하고 준비해야 할 일들이 매우 많다. 특히, 성공적인 창업을 위해서는 계획단계에서 부터 철저한 준비와 점검이 필수적으로 진행되어야 하며, 실행 및 평가단계를 통해 수정 보완하는 방향으로 시간과 비용을 절약해야 한다.

창업을 계획하고 있는 단계에서 고려해야 할 내용들은 다음과 같다.

표 2-4 창업을 계획하고 있는 단계에서 고려해야 할 내용

계 획	Check-List
1. 개업 예정일	- 개업 예정일을 설정한다
2. 자금계획	- 목표를 세우고 개업자금을 마련한다 - 자기자금은 얼마나 만들 수 있는가 - 차입금, 출자금은 얼마나 모을 수 있는가
3. 판매전략	- 누구에게 무엇을 팔 것인가 - 어떤 방법으로 팔 것인가 - 점포, 사무실을 어떻게 마련할 것인가 - 어디에서 개업하는 것이 좋은가 - 어떤 가격과 조건으로 팔 것인가
4. 제조	- 무엇을 제조하고 무엇을 외주로 줄 것인가 - 어떤 공장이나 설비로 제조할 것인가 - 누가 얼마나 제조할 것인가
5. 종업원	- 종업원 예상 인원 수 및 동원 방법을 고려한다 - 파트타이머를 쓰는 법을 배운다
6. 사업형태	- 개인사업인가 법인사업인가 - 유한회사인가 주식회사인가 - 법인의 경우 설립등록준비 및 절차를 알아본다
7. 은행거래	- 은행거래, 수표, 어음 등에 대한 공부를 한다
8. 세금	- 세금에 대해 공부한다

2.7 유형별 창업 절차

1) 도·소매업 창업 절차

2) 서비스업 창업 절차

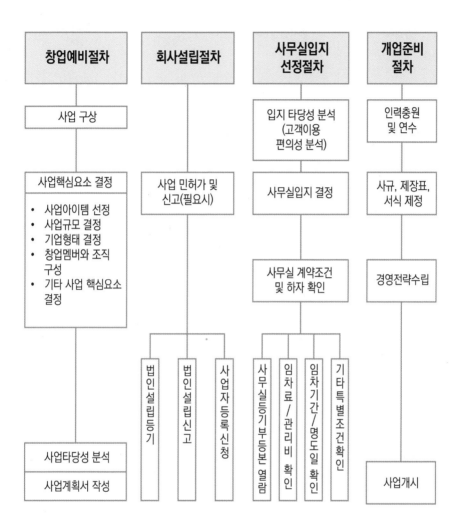

3) 제조업 창업 절차

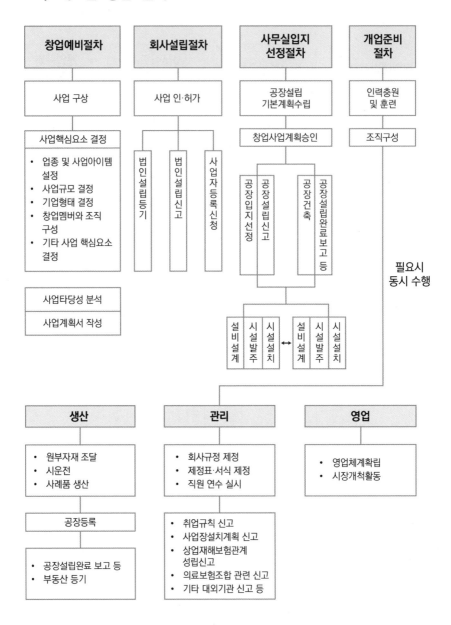

제조업 창업은 공장 시설이 필수적으로 요구된다. 제조업의 경우는 공장을 설립할 장소를 선정한 다음 관할 시·군·구청장에게 '공장설립 승인'을 얻어야 한다.

(1) 공장 부지 선정

업종과 관련되어 법적으로 설립 가능한 공장부지를 사전에 파악해 두어야
한다.

(2) 입지 검토

공장 입지는 국토이용 관리법, 농지법, 산림법 등 법률적인 검토가 필수적
이다.

표 2-5   제조업 창업 절차별 검토사항

절 차	내 용	준비서류
1. 부지선정	• 업종의 특성상 유리한 지역선정 • 도로, 전기사용이 용이한 지역 • 민원발생이 적은 지역, 공장밀집지역	-
2. 입지검토	• 창업지원법상 창업해당 여부 파악 • 공장입지파악 (국토이용관리법, 농지법, 산림법 등 법률검토) • 업종파악, 환경보전법파악(공해문제)	토지이용계획확인원. 지적도, 토지대장, 토지등기부등본, 기계시설내역
3. 부지계약	• 계약금 등으로 토지계약 • 부동산사용승낙서, 인감증명서발급	-
4. 사업계획서 작성	• 창업사업계획서 또는 공장설립사업계획서 작성 • 인·허가사항검토 • 건물배치도, 지적도 작성 • 지형도 준비	토지이용계획확인원, 지적도, 토지대장, 공시지가확인원, 토지등기부등본, 사용승낙서, 인감증명서, 법인등기부등본· 정관(법인에 한함)
5. 사업계획서 접수	• 시지역 중소기업과, 군지역 경제과 1차 검토 • 민원실 접수, 처리기간 30일 소요	-

6. 사업계획 승인	• 인·허가 관련법률에 의한 법률검토 후 승인
	  (시·군 협의부서 : 지역경제과, 환경과, 도시과,
	  농지과, 산림과, 건축과, 면사무소)
		-

7. 대체농지 임지 조성비, 각종부 담금 납부	• 승인 후 각종 부담금 전용부담금 및 대체농지 조 성비, 대체조림조성비, 국유지점용료 등 납부 • 창업승인업체 전용부담금 50%감면	-
8. 공장 건축	• 승인에 의한 공장 건축 • 공장 건축 완료보고	-

(3) 부지 계약

부동산 관련법에 따른 부지 계약 관련 서류들이 명확하게 작성되어 있어야 한다.

(4) 공장 건축

승인된 서류에 따른 공장 건축과 건축 완료 후 공장 운영에 이르기까지 철저한 점검이 필수적이다.

제조업은 다른 업종과 달리 세부적으로 검토하고 점검해야 할 사항들이 매우 많다. 특히, 공장 설립에 따른 법률적인 검토는 사전에 반드시 해 두어야 할 필수적인 요소이다.

경북도민일보 고정칼럼(2022.11.24.)

김영국 계명대 벤처창업학과 교수 · 코리아드론 교관과정 · Saxophonist

그린스마트스쿨, 드론처럼 비행하자

2년 전 교육부에서 한국판 뉴딜의 대표사업인 '그린 스마트 미래학교 사업 추진계획'을 발표했다. 즉, 공간혁신사업이다. 이 사업은 건축 후 40년이 넘은 학교 건물이 대상으로 대략 2,835동(약 1,400개교)이다. 개축이나 리모델링 후 교수학습의 혁신을 추진하는 미래교육을 위한 비즈니스모델 전환계획이다. 이 사업은 한국판 뉴딜의 대표과제 중의 하나다. 왜냐하면, 사람 중심과 디지털 전환 및 공간혁신을 포괄한다. 또 미래 교육의 백년대계를 위한 대전환을 견인할 새로운 성장 동력이 될 장밋빛 전망이기 때문이다.

<그린 스마트 미래학교 사업계획>은 포스트 코로나 시대를 선도할 미래인재 양성과 미래지향적 친환경 스마트 교육 여건의 알찬 구현이 목표였다. 비전과 목표는 첫째, 저탄소 제로 에너지를 지향하는 그린 학교와 둘째, 미래형 교수학습이 가능한 첨단 ICT 기반 스마트교실 시현. 셋째, 학생 중심의 사용자 참여와 교수 설계 등이 핵심이다. 특히, 공간혁신을 통해 지역사회와 연결하는 SOC 학교시설 복합화 활용이라는 기본원칙에 방점을 두고 있다.

이러한 취지에도 불구하고 그린스마트 미래학교를 만드는 학교시설의 개선과 혁신적인 사업모델을 둘러싸고 지금도 논란이 계속 거세지고 있다. 사업 대상으로 선정된 일부 학교의 학부모들이 학생들의 학습권 및 안전권 침해, 소통 부재 등이 주요 원인으로. 일부에서는 선정 철회를 요구해 난항이 계속되고 있는 실태다. 그린스마트스쿨은 '제2의 혁신학교'인가? 교수학습 혁신을

추구하는 사업으로, 사업안내서에도 혁신의 타당성을 평가하도록 했다. 이 사업은 혁신학교로 가기 위한 사업이 아니고 노후된 학교시설을 개축이나 리모델링하는 '하드웨어' 구축 사업인가? 결국, 일부 학교에서는 지정 철회라는 상황까지 마주하게 된 배경에는 부족한 쌍방 소통의 부재와 학생과 부모의 공감대 형성이 가장 부족한 것으로 지적되고 있지 않은가?

필자는 초등 4학년과 2학년생의 두 손자가 있다. 최근에 끈질기게 요구하던 스마트폰 대신에 코리아드론(주)에서 개발한 학습용 드론을 선물했더니, 최고의 행복(?)이라는 둥, 그간 가장 궁금했던 드론 세상을 직접 체험해본 셈이다. 지난 한평생 필자는 이론부터 먼저 배우고 가르쳤고, 현장과 실무를 따라가기엔 너무도 역부족이었음을 이제야 알 것 같다. 경험치를 돌아보면 지금의 초중등 교육은 우리네 꼰대(?)들의 수십 년 전 교육과정과는 완연히 다르지 않은가? 손자들의 드론 체험처럼, 현장과 실무 체험교육이 곧 이 시대 교육의 화두(話頭)가 되어야 하지 않을까 싶다. 왜냐하면, 스마트폰만 켜면, 부분적이기는 하지만, 가장 최근의 실전 사례들이 학교 교육 현장보다 훨씬 더 생생하게 볼 수 있기 때문이다.

창원의 CECO에서 열리고 있는 GGSE 2022 그린스마트미래학교 박람회(경남교육청)는 역내외 드론교육 선두주자인 코리아드론(주)의 드론 전시체험관이 연일 초중고생과 대학생을 비롯한 일반인 관람객들의 반응이 무척 뜨겁다. 지금 이 시대 트렌드 중 미래의 먹거리인 드론이 단연코 대세(大勢)다. 노(老)교수인 필자도 지난 여름에 젊은이들과 함께 드론 1종 국가자격증을 어렵게 취득 후 현재 교관과정 중이다. 나이와 무관하게 지금의 실전 드론 트렌드를 익히고 싶은 소망이 간절했기 때문이다.

우리 아이들의 성공적인 미래 교육의 큰 장을 위해서 가장 우선적인 고려 요소는 소비자의 의견이다. 학생과 학부모, 교사 간의 명확한 소통을 위한 삼각구도(Triangle)가 충족될 수 있도록, 세세한 쌍방향 의견 수렴을 거쳐 국가사업을 구상하고 진행해야 하지 않을까 싶다. 독일, 네덜란드, 스위스의 교육시스템을 보자. 그들의 핵심은 교육의 질(質)이요, 교육자의 역량이지, 빛좋은 개살구 같은 교육 시설이 아니지 않던가? 정답은 현장이요, 곧 학생이 키워드다.

우리 아이들의 미래와 배움의 큰 성장을 위한 쌍방향 소통과 상호작용이 바람
직한 그린스마트 스쿨을 위한 나침반이요, 신호등이 되어야 하지 않을까?

CHAPTER
03

비즈니스모델 발굴과 조사방법

3.1 창업 아이템 발굴을 위한 질문

3.2 창업 아이템 발굴 분석 Checklist

3.3 자료수집 및 시장조사 방법

3.4 비즈니스모델 Tool

3.5 자금조달 및 창업지원제도

창업은 비즈니스모델이 발굴과 선정에 따른 선택과 집중을 하는 것으로 시장에서 성장가능성이 있는지, 진입장벽은 없는지 등을 사전에 파악하여 분석하는 것이 매우 중요하다. 본 장에서는 창업아이템 발굴과 선정을 위한 실무적으로 사용되는 방법론 등을 살펴보고자 한다.

3.1 창업 아이템 발굴을 위한 질문

창업의 재미와 목표의식을 명확히 함으로써 창업진행 시 선택과 집중을 통한 성장가능성이 한층 더 높아질 수 있다. 아이템 발굴을 위한 기본적 질문은 <그림 3-1>과 같다.

그림과 같이 대부분의 창업자는 본인이 좋아하거나 경험해본 것을 기초로 창업아이템을 검증 받아 보고 싶어 한다. 특히 주변의 친구나 아는 사람들이 "이런 제품이 있었으면 좋을 것 같은데" 또는 "창업자 당신이 하고 싶은 제품 정말 좋은 것 같다. 나오면 내가 사줄게" 등의 이야기를 해주면 창업자는 꼭 해당 제품을 만들어서 판매하고자 하는 의욕만 앞서게 된다.

그림 3-1 창업 아이템 발굴을 위한 질문

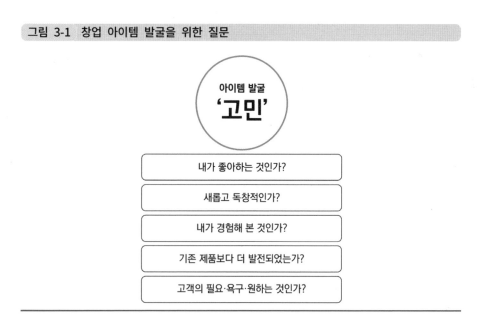

창업자가 주의해야 할 것은 해당 제품에 대한 실제 고객과 시장에 대한 검증이 없다는 문제점이다. 즉, 해당 제품이 정말 새로운 것인지 또는 기존 제품과 기술에 비해 발전된 모델인지, 주변의 친구나 아는 사람이 아닌 제3자의 고객이 정말로 필요로 하거나 원하거나 구매에 대한 욕구를 가지고 있는지를 필히 세분화하여 검토할 필요성이 있다.

따라서 창업은 주변의 지인을 위한 것이 아닌 시장과 제3의 고객 중심으로 진행되어야 하고, 창업을 준비할 때에는 창업자 본인의 욕심과 의지만 가지고서는 창업수행이 어려움을 인지하고 필요에 따라 전문가 또는 창업지원기관 등의 도움을 받을 것을 적극 권장한다.

3.2 창업 아이템 발굴 분석 Checklist

창업 아이템 발굴을 위한 질문사항을 기반으로 창업자는 창업 아이템 선정을 위한 분석 체크리스트를 사전에 고민하여 만들어 인터뷰 시 적극 활용한 점검을 해보는 과정이 현실적으로 필요하다.

이는 시장조사의 개념과 유사하다고 생각해도 되며, 머릿속으로만 정리를 하여 분석을 하거나 조사를 할 때 놓치는 부분이 분명히 발생하기 때문으로 창업자가 알고자 하는 내용에 대한 철저한 준비를 통한 진행은 필수이다.

'창업 아이템 발굴 Check list'의 예시를 다음과 같다.

표 3-1   창업 아이템 발굴 분석 Check list 예시

점검 내용	점수			비고
	상 (예)	중	하 (아니오)	
동일 또는 유사한 제품은 없는가?				
동일 또는 유사한 기술은 없는가?				
제품은 실제로 구현될 수 있는가?				
정부의 인·허가 대상인가?				
직접 생산할 수 있는가?				
주문 생산할 수 있는가?				
대체재가 있는가?				
국내시장의 진입장벽은 없는가?				
고객의 확보는 가능한가?				
시장에 형성된 가격은 어떠한가?				
자금조달 방법은 있는가?				
순이익은 어떤가?				
성장가능성은 어떤가?				
수출은 가능한가?				
경쟁사 해당 제품생명주기는 어떠한가? (도입, 성장, 성숙, 쇠퇴)				

표와 같이 창업 아이템 발굴 분석 체크리스트를 작성하여 현재의 시장과 창업자의 수준을 살펴본다면 창업 아이템에 대한 선정 유무를 어느 정도 파악할 수 있을 것이다. 이를 통해서 창업자 본인은 새로운 아이템을 발굴할 것인지, 해당 아이템을 좀 더 고도화하거나 새로운 제품으로 개발하여 시장에 진입시킬 수 있는 전략 등의 수립을 위한 선택과 집중을 명확히 할 수 있도록 기회를 도출할 수 있게 될 것이다.

경북도민일보 고정칼럼(2022.08.18.)

김영국 계명대 벤처창업학과 교수 · 코리아드론㈜ 자문교수 · Saxophonist

드론, 더 높이 날자

한국의 사회적기업은 2021년 말 현재 3,142개소가 운영되고 있다. 특히, 서울지역(558개, 17.76%)과 경기지역(544개, 17.31%)의 분포가 비교적 높은 편이다. 대구(115개소, 3.66%), 경상도는 365개소, 11.62% 수준이다. 세종(22개, 0.70%)과 제주(77개, 2.45%)는 비교적 분포가 낮은 편이다. 일자리제공형의 사회적기업은 2,091개소(66.55%)로 나타났다. 한편으로 창의·혁신형이 380개소, 지역사회 공헌형이 255개소, 사회서비스제공형이 217개소, 혼합형이 199개소 순이다.

한국의 사회적경제는 주요한 법·제도적 체계 등을 갖춘 도입기를 지나 고용·매출 등 양적으로 성장하는 단계에 진입하고 있다. 전 세계적으로 불평등과 양극화 심화 및 경제 위기 등에 따른 시장의 한계와 자본주의 한계에 대한 성찰, 새로운 대안의 모색을 위한 시도가 지속되고 있다. 특히 우리 사회 전반에 걸친 취약계층에 대한 고용과 새로운 가치 창출을 위한 사회적서비스를 수행할 수 있는 조직으로서 사회적기업이 출현하였다.

2007년 제정된 우리나라의 사회적기업육성법에 따른 후속 지원이 속속 진행되고 있는 지금, 사회적기업에 대한 긍정적, 부정적 영향의 양 날개 같은 두 측면을 포괄적으로 살펴보는 노력이 필요한 시점이다. 특히, 2000년대 들어 노동불안정성 심화, 사회서비스 수요 증가를 배경으로 사회적기업이 창업 시장에서 크게 주목받기 시작하였다. 따라서, 정부의 적극적인 사회적기업 육성정책에 힘입어 크게 양적으로 성장하고 있다.

드론 산업은 군사와 미디어, 물류와 농업, 정보통신과 보험, 의학과 기상, 과학 분야에 이르기까지 이제 산업 전 분야에 걸쳐 속속 진보(進步)되고 있다. 무인(無人) '드론'은 '낮게 웅웅거리는 소리'. 벌이 날아다니는 소리에 착안해 붙여진 이름이다. 최근 드론의 인기가 하늘을 치솟고 있고 드론전문기업들의 (예비)사회적기업인증 트렌드가 대세다. 드론의 용도가 크게 확대되면서 다양한 수요가 급증하는 추세다. 가격하락과 소형화, 특히 이동성이 강화되면서 상업적 사용이 확대되고 있다. 조만간 '1인 1드론 시대'가 도래할 거라는 전망도 속속 나오고 있다.

그야말로 드론이 지구촌을 24시간 감시하고 있는 셈이다. 드론고등학교와 대학의 드론학과도 꽤 인기다. 국토부는 드론 사고 예방과 국민의 불안감을 해소하기 위해 2014년부터 드론자격증제도를 운영 중이다. 드론 조종 자격증 취득자는 2015년 873명에서 2019년 30,423명 정도로 크게 증가하는 추세다. 지금까지는 드론 관련 기준이 세계기준과 크게 달랐다. 최근에는 전 세계 추세에 걸맞게 드론 용어는 물론, 드론의 성능을 기반으로 하는 국토교통부의 '드론조종자격제도 개선안'이 시행되었다.

최근 세계 무인기 시장은 기준 미국 54%, 유럽 15%, 아태 13%, 중동 12% 등으로 미국과 유럽이 79%를 차지하면서 과점체제를 형성하고 있다. 최다 드론 보유국인 미국은 120여종 1만 1,000여 대의 드론을 보유하고 있다.

드론으로 인한 세상의 변화 물결은 이미 빛의 속도로 진행 중이다. 이제 드론이 볍씨를 뿌리고, 자율주행 이양기가 모내기를 한 후, 스마트팜으로 가을 추수를 기다리는 4차 산업혁명의 시대다.

최근 필자는 국가공인드론자격증 1종(초경량비행장치 무인멀티콥터)과 4종 무인동력비행장치(무인비행기, 무인헬리콥터, 무인멀티콥터) 자격증 4개를 취득하였다. 이 시대의 트렌드를 따라가는 흉내를 내 볼 참이다. 드론이 바꾸는 다가올 세상의 변화가 무척 흥미롭다. 또 어디까지 진화할 것인지? 늘 독자와 함께 두런두런 지켜볼 일이다.

역내외 최고 드론 전문가요, 드론 1세대인 코리아드론교육원 진종규 원장과 한여름의 무더위와 싸우며 드론 이론과 실무의 걸작(傑作)이 될 공저와 함께, 곧 열리는 제15회 우포반딧불 축제에서 멋진 드론 시범 비행과 청소년들의 드론 체험장도 준비 중이다. 그렇다. 이제, 드론이 꿈꾸는 무한한 비상(飛上)과 함께 최고의 드론 리더를 종종 꿈꾸어 본다.

3.3 자료수집 및 시장조사 방법

'창업 아이템 발굴 분석 Check list'를 통한 조사를 하는 경우 창업자 본인의 주관적인 생각을 기준으로 조사하고 분석을 할 경우 문제가 된다. 따라서 '창업 아이템 발굴 Check list'에 따른 확인절차를 객관적으로 제시할 수 있는 근거자료를 수집하는 것이 좋으며, 시장조사에 대한 기본적인 방법은 다음과 같다.

그림 3-2 자료수집 및 시장조사 방법

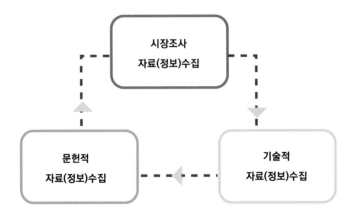

1) 문헌적 자료수집

문헌적 자료(정보)수집은 ① 논문, ② 통계자료, ③ 신문, ④ 기업 등 발표 자료 등을 통해서 창업 아이템에 관한 최신 자료와 정보 등을 수집할 수 있다. 창업자는 가능한 경우 창업자는 최신 자료를 중심으로 최소한 3년 이내의 자료 찾아 분석하고 검토할 것을 권장하며, 그 이유는 시장의 환경 및 Trend 등은 수시로 변하기 때문이다. 문헌적 자료수집을 할 수 있는 홈페이지 등을 소개하면 다음과 같다.

한국교육학술정보원	국회도서관
한국연구재단(KCI)	삼성경제연구소
LG경제연구원	현대경제연구원

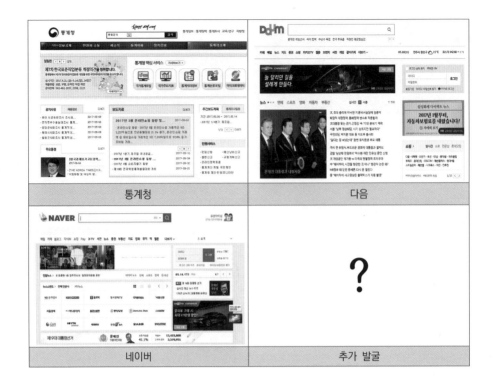

통계청	다음
네이버	추가 발굴

2) 기술적 자료수집

기술적 자료와 관련하여 해당 창업 아이템에 대한 선행 기술이 제품화 또는 준비단계 중에 있는 것은 없는지를 확인하기 위해 관련 기술 자료(정보)를 수집하고 분석 및 검토하는 데 목적이 있다. 만약 제3자의 선행기술이 있거나 제품을 생산하여 판매 중인 자로부터 자신들의 제품이 창업자의 아이템과 동일 또는 유사하다고 주장하며 지식재산권을 침해하였다고 주장할 경우 창업자는 어떻게 대처할 수 있을까?

창업자의 아이템과 동일 또는 유사한 제품에 대하여 분쟁이 제기된 경우 창업자는 적극적으로 경고장에 대한 방어를 하여야 하는데 차이점 등이 없다고 가정할 경우 창업자에게는 불리한 상황으로 손해배상 등의 책임이 발생하게 된다. 따라서 창업아이템을 발굴한 경우 필히 선행 기술과 선행 제품이 있는지를 꼼꼼히 살펴보는 것이 필요하다.

특허정보넷 키프리스	한국저작권위원회
한국연구재단(KCI)	추가 발굴

3) 시장조사 자료수집

(1) 시장조사의 필요성

창업 아이템 발굴과 관련하여 시장조사는 매우 중요한 절차이다. 창업자는 자신의 창업 아이템이 세상에서 유일하다고 생각하는 경우가 많아 타인의 말을 귀담아 듣지 않으려고 하는 성향이 강하다. 그러나 현실적으로는 이미 유사한 제품이 존재하고 이미 생산하여 판매를 하고 있는 경우가 많다는 점을 꼭 기억해 두어야 한다. 즉, 앞에서 살펴본 기술적 자료수집에 따른 방법 중 특허정보넷에 특허가 출원 또는 공개, 등록이 되어 있는 경우의 유무를 잘 살펴보아야 한다.

특허는 일반적으로 특허 등록이 완료되지 않은 경우 특허출원인의 요청으로 비공개되어 있거나 또는 출원만 된 상태에서는 제3자의 특허 출원 유무 등을 파악할 수 없고, 창업자가 시장을 통해 제품을 판매를 하던 중 특허 출원인으로부터 경고장을 받는 사례가 실제로 발생한다. 따라서 시장조사를 할 경우 문헌적, 기술적 자료 수집을 동시에 진행하여 전체를 살펴볼 것을 권장한다.

시장조사의 경우 대표적으로 ① 오프라인과 ② 온라인으로 구분되며, 최근에는 온라인을 통한 전자상거래가 활성화되어 오프라인의 상품 또는 제품이 대부분 공개 및 노출되고 있다. 따라서 관련 시장이 있다면 온라인을 기초로 유사 또는 동일한 제품군을 정리하여 살펴보고, 내용상 홍보 또는 광고를 위해 소개되고 있는 기능 등을 꼼꼼히 분석하고 검토하는 지혜도 필요하다.

이후 필요에 따라 해당 상품 또는 제품이 판매되는 매장 등을 직접방문하여 점원 또는 전문가로부터 창업자가 알고자 하는 사항과 지식 등을 확인하고, 직접 상품을 눈으로 보았을 때 창업자가 생각하는 기능과 방향성 등과 어느 정도 일치하는지, 유사한지, 동일한지, 차별성은 있는지 등을 적극적으로 검토해봄으로써 분쟁요소 및 침해요소를 최대한 제거할 수 있도록 최선을 다하여야 한다. 즉, 시장조사를 통해서 제품에 대한 다양성을 확인한다면 기존의 제품보다 한층 더 업그레이드된 제품을 개발하고 신규아이템 발굴에 많은 도움이 된다.

(2) 시장조사 분석 Check list

표 3-2 시장조사 분석 Check list 예시

시장조사 아이템 명칭				
시장조사 방법 및 목적				
시장조사 장소(기간)				
시장조사 내용	점수			비고
	상 (예)	중	하 (아니오)	
동일 또는 유사한 제품이 있는가?				제품회사 기재
동일 또는 유사한 기술이 있는가?				핵심기술 기재
창업자 아이템과 기능이 동일한가?				동일기능 기재
창업자 아이템과 차별성이 있는가?				차별성 기재
창업자가 생각하는 가격과 유사한가?				판매가격 기재

대체재가 있는가?				대체재 기재
디자인의 유사성이 있는가?				유사성 기재
경쟁사 해당 제품생명주기는 어떠한가? (도입, 성장, 성숙, 쇠퇴)				해당 제품 생명주기 기재
시장진입에 문제가 있는가?				시장진입문제기재
시장진출 시 성장가능성이 있는가?				성장가능성 기재

시장조사 내용 분석
창업자가 생각하는 아이템과 비교에 따른 - 유사제품 존재 - 기술성에 큰 차이가 없음 - 가격 상이

개선방안
창업자는 기존 제품과 기술에 대한 내용 중 차별성이라고 생각하는 사안제시

결론
보완 사항 및 개선 사항 등을 창업자 입장에서 작성

김영국의 세상풍경(한국NGO신문 고정칼럼, 2022.08.16)
김영국 계명대 · 벤처창업학과 교수 · 한국메타버스협회 고문 · 객원논설위원

규제 없는 드론 특별자유구역, 과연 이대로 좋은가?

창업정책 및 전략과 평가 전공의 필자는 최근 드론트렌드 연구에 심취해 있다. 특히, 지금의 글로벌 트렌드 중에 으뜸이 드론과 로봇이 아닐까 싶다. 지난주에는 드론국가자격 1종 시험에 두 번 만에 겨우 합격하는 기쁨을 맛보았다. 이제 다가올 드론 세상에 대한 기대감과 활용도가 크게 높기 때문에 노(老)교수의 실전(실무) 도전이 시작된 셈이다.

도전의 동기는 필자가 홍콩 소재의 DLF합작금융기관 법인장 시절에 세계 최대 규모로 드론시장의 종주국이요, 점유율이 가장 큰 중국의 드론전문회사 DJI(심천 소재)를 신디케이트 론(SYNDICATION LOAN) 주간사 현장 점검 차 며칠 동사를 방문한 적이 있기 때문이다.

이제 한국에도 규제 없는 드론자유구역, 자유 실증으로 드론 시대가 과연 앞당겨질 것인가? 무척 궁금하고 크게 기대되는 시점이다. 지난 해 7월 국토교통부가 전국의 15개 지자체 33개 구역을 「드론 특별자유화구역」으로 지정했다. 금차에 지정된 지역은 인천(옹진군), 경기(포천시), 대전(서구), 세종, 광주(북구), 울산(울주군), 제주도 등 전국 15개 지자체의 33개 구역을 「드론법」에 따른 드론 전용 규제 특구인 '드론 특별자유화구역'으로 지정됐다. 그러나 실제로 실증에 이르기까지 거쳐야 하는 많은 규제로 인해 관련 기업들에게는 엄청난 규제와 함께 불편이 있어 온 것이 사실이다.

선정 결과 최종 지정된 지자체는 1구역) 환경 모니터링(제주도, 경남 창원,

충남태안), 2구역) 드론 교통·물류배송(인천 옹진, 광주 북구, 전남 고흥), 3구역) 시설물 점검(경 북김천), 4구역) 안티드론(충남 아산), 5구역) 방역(강원 원주), 6구역) 행정안전·대민 서비스(울산 울주, 세종시, 대전서구) 등이다. 각각의 지자체 지역 특성에 적합한 새로운 미래의 먹거리 비즈니스 모델을 최적화된 환경에서 실증한다는 야심에 찬 계획이다.

특화된 서비스모델 사례 계획을 보자. 강원 원주시는 치악산 등 등산객 등 부상 시 의료장비·의료품 등 긴급구호물품을 배송하고, 열감지기를 결합하여 가축전염병 방역체계를 구축한다는 야심찬 플랜을, 대전 서구는 공공기관 긴급 물류배송 서비스, 언택트 안심귀가 서비스를 도입하고, 산업단지 내 환경관리 등에 활용을, (인천 옹진군) 해풍·해무 등 열악한 기상 조건에서 이작도·덕적도 등 도서지역 간 PAV(개인용 비행체) 서비스 실증을 통해 도심 내 PAV 실용화 추진을 특화전략으로 제시했다.

운영 기간은 2년이다. 운영 성과와 실증 지속 필요성 등을 평가하여, 필요한 경우 기간 갱신한다는 방침이다. 그러나, 1년이 지난 지금 과연 얼마나 진척되었을까? 무척 궁금하다. 민선8기 지자체장들이 금년 7월에 바뀌어, 공무원들의 인사이동이 시작된 때다. 정책이 바로 서려면, 관련 드론 정책을 입안(立案)하는 공무원들이 최소한 드론국가자격증(최소 1종)은 보유해야 하지 않을까? 드론을 날려보지도, 관련 자격증도 없이 어이 탁상공론(卓上空論)으로 정책을 입안(立案)한다는 말인가?

필자가 곳곳의 현장을 촘촘히 살펴본 결과, 드론 춘추전국시대(?)의 계획도 국토부와 국방부 및 현장의 규제 완화에 대한 크기와 속도에 관한 곳곳의 이견(異見)차이로 녹록치 않은 듯하다. 이런 때, 각 지역이 도긴개긴이 아닌, 실사구시(實事求是)를 무척 강조한 정약용 선생의 가르침을 이제는 몸소 실천할 때가 아닐까 싶다.

3.4 비즈니스모델 Tool

1) Business Model Canvas(BMC)

(1) 개념

비즈니스모델 캔버스(BMC)는 스위스 로잔 대학교 예스 피그누어대학교 예스 피그누어(Yves Pigneur) 교수와 알렉산더 오스터 왈드(Alexander Osterwalder) 가 2010년 "Business Model Generation" 저서를 통해 비즈니스모델(BM)을 소개한 툴이다. 비즈니스모델 툴을 통해서 해당 회사 조직이 제품(서비스)의 가치를 발굴하여 고객에게 소개하고 판매하여 수익을 발생시킬 수 있는지를 체계화시킨 것이다. 비즈니스모델은 4가지 영역(area)과 9가지의 블록(building blocks)으로 구성되어 있으며, 세부적인 구분은 다음과 같다.

① 4가지 영역

: WHO, WHAT, HOW, HOW MUCH

② 9가지의 블록

   ⅰ) 고객 세분화

   ⅱ) 고객 관계,

   ⅲ) 채널

   ⅳ) 가치제안

   ⅴ) 핵심 활동

   ⅵ) 핵심 역량

   ⅶ) 핵심 파트너

   ⅷ) 수익원

   ⅸ) 비용구조로 구분할 수 있다.

이를 좀 더 보기 쉽게 해당 영역과 블록으로 구조를 정리하면 다음의 그림과 같다.

그림 3-3 | BMC 구조

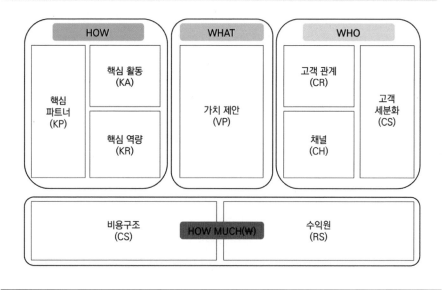

(2) BMC 주요 내용

비즈니스모델 캔버스는 ① 고객세분화, ② 가치 제안, ③ 채널, ④ 고객 관계, ⑤ 수익원, ⑥ 핵심 역량, ⑦ 핵심 활동, ⑧ 핵심 파트너, ⑨ 비용 구조의 순서로 작성하면 된다. 9가지 블록은 개별적으로 작성되나 해당 순서에 따른 관련 내용을 기준으로 해당 창업 아이템과 일관성이 있도록 작성되어야 하고, 작성된 내용을 통해서 비즈니스모델에 대한 분석과 판단에 따른 문제점 등을 도출하여 개선방안에 대한 유무를 판단하여 지속적으로 진행해야 하는지 또는 정리해야 하는지를 판단하는 중요한 지표로 사용된다.

① 고객 세분화(Customer Segments, CS)

BM과 관련하여 가장 중요한 요소는 '고객은 누구로 하는가?'이다. 즉, 고객세분화를 어떻게 하느냐에 따라서 창업 아이템에 대한 방향성이 달라진다.

고객세분화를 '좁은 범위로 할 것인가? 넓은 범위로 할 것인가?'를 창업자는 시장분석 등을 통해서 결정을 하여야 한다.

일반적으로는 STP(시장세분화전략)의 형식에 따라서 인구통계, 지역별 분류, 성별 분류, 고객가치추구, 고객심리 등의 유형으로 고객별 특성과 성향 등을 중심으로 파악하는 것이 일반적이다.

② 가치 제안(Value Propositions, VP)

고객에게 창업자의 제품에 대한 가치를 제안하는 것은 매우 중요한 요소이다. 즉, 고객이 창업자의 제품에 대한 특징과 좋은 점을 모른다면 그냥 지나치기 쉽지만 창업자의 제품에 대한 좋은 점을 직접 또는 간접적으로 알게 되었을 때에는 한 번 정도 관심을 줄 수 있기 때문이다.

가치 제안에 따른 가치는 기존의 제품 또는 서비스 등에 대한 성능, 디자인, 가격, 편의성과, 비용점감, 리스크 해결, 브랜드의 지위, 목표 등이 있다.

③ 채널(Channels, CH)

목표하는 고객에게 창업자의 제품 판매 또는 서비스 제공을 할 수 있는 방법을 말한다. 즉, 시장을 통해서 상품과 서비스가 원활하게 제공되도록 하는 것은 고객 만족을 위한 것으로 창업자는 채널을 명확히 구성 및 구축하는 것이 중요하다고 할 수 있다.

채널은 오프라인과 온라인으로 구분할 수 있으며, 오프라인은 매장 중심의 백화점, 대형할인점, 슈퍼마켓, 전문점, 도·소매점 등이 있으며, 온라인은 인터넷쇼핑몰, 오픈 마켓 등이 대표적이다. 채널은 제품과 서비스에 대한 고객의 이해도를 기초로 구매를 위한 방법, 가치에 대한 전달 및 제안 방법, A/S 등이 주요 내용이 된다.

④ 고객 관계(Customer Relationships, CR)

목표로 하는 고객과 어떠한 방법으로 관계를 지속시킬 수 있는지에 대한 방법 등을 제시하는 것을 말한다. 즉, 충성고객을 유지시키는 방법, 고객의 이탈을 방지하는 방법, 신규고객으로 유치하는 방법 등을 정리하여 방향성과 전략을 수립할 수 있다.

    i) '개별 어시스트 방식'을 통한 콜센터 상담, 판매직원 지원을 통해 고객에게 직접 상품에 대한 정보와 도움을 주고, 고객별 전담인력을 선정하여 적극적으로 응대하도록 한다.

    ii) '셀프 서비스'를 통해서 고객이 직접 필요로 하는 사항을 해결할 수 있도록 하거나, '자동화 서비스'를 통한 개인별 온라인 맞춤형 서비스를 제공할 수 있다.

    iii) 창업자는 온라인 커뮤니티를 운영하거나 '코크리에이션'을 통한 고객들의 리뷰에 대한 반영 및 제품 개발에 직접 참여시키는 방법으로 고객에게 신뢰성을 제공할 수 있고 고객 확보 및 유지에 많은 도움이 될 수 있다.

⑤ 수익원(Revenue Streams, RS)

기업이 고객으로부터 판매를 통한 수익[7]을 발생시킬 수 있는 것을 말한다. 수익원은 '물품 판매'를 통해 직접 얻거나, 서비스 이용을 위한 '이용료 또는 가입비', 일정기간 자산을 이용할 수 있도록 권리를 제공하고 받는 대가인 '대여료 또는 임대료', 지식재산권 사용에 따른 '라이선싱 비용', 중개에 따른 '중개 수수료', 제품 또는 서비스 등의 브랜드 노출에 따른 '광고비' 등이 대표적이 예이다.

⑥ 핵심 자원(Key Resources, KR)

가치에 대한 성공적 실현을 위해서는 현실적으로 필요한 핵심 자원을 다양하게 보유 및 갖추고 있으면 창업 시 매우 유리하다.

공장, 설비, 기계, 시스템, 물류 등의 '물적 자원'과 생산의 기술과 지식을 갖춘 인력, 개발자, 웹마스터, 투자자 등의 '인적 자원'이 필요하며, 지식재산권, 브랜드, 고객 DB 등의 '지적 자산', 현금, 신용, 주식 등의 '재무적 자원'을

---

7 수입 - 비용 = 수익

대표적으로 제시될 수 있다.

⑦ 핵심 활동(Key Activities, KA)

창업자가 원활한 창업을 진행하기 위해 집중적으로 실행해야 하는 활동을 말하며, 창업자 중심의 진행이 되어야 한다.

제품에 대한 모델링과 설계, 제작 등의 '생산'과 고객중심의 문제에 대한 '해결방안', '플랫폼', '네트워크' 등이 필요하다.

⑧ 핵심 파트너(Key Partnerships, KP)

창업자가 창업을 하면서 역량 또는 자원 등의 부족함과 미비점을 보완해 줄 수 있는 파트너를 찾거나 도움을 받아 창업 리스크를 해결 또는 최소화 할 수 있는 대책을 갖춘 자를 말한다.

'업무적 지원관계', '경쟁사 기반의 전략적 파트너쉽', 안정적인 '구매자와 공급자 관계' 등의 유형이 있다.

⑨ 비용구조(Cost Structure, CS)

창업을 하면서 발생되는 전반적인 비용을 말한다. 또한 가치 제안과 고객관계 유지, 수익원 창출 시 비용이 발생한다.

매출액 변동에 민감하지 않은 비용으로 4대보험 기준 인건비, 임차료, 보험료, 정기적 광고비, 감가상각비 등의 '고정비'와 매출액 변동에 민감한 원재료비, 파트타임 인건비, 비정기적 광고비 등의 '변동비'가 있다.

(3) BMC 주요 작성 예시

BMC는 위에서 살펴본 9가지 블록을 통해서 창업자와 창업아이템에 대한 현재의 상황을 분석할 수 있고, 장·단점을 파악하여 사업전략 등을 수립할 수 있으며, 해당 BMC에 대한 구조의 쉬운 이해와 내용의 예시를 최종 정리하면 다음의 그림과 같다.

그림 3-4 BMC 주요 작성 예시

⑧ 핵심 파트너 (KP)	⑦ 핵심 활동(KA)	② 가치 제안(VP)	④ 고객관계/관리(CR)	① 고객세분화 (CS)
- 핵심 파트너 - 핵심 공급업체 등	- 가치 제안을 위한 활동 사항 - 채널과 중점 활동 사항 - 매출처에 대한 활동 사항 등	- 회사 제품의 우수성 - 고객 고민 해결 - 타사제품과의 차별성 등	- 홈페이지 게시판(VOC) - SNS 활동 - A/S처리 만족 - 전문 상담원 연계	- B2C - B2B - B2G 등 고객 세부화
	⑥ 핵심 역량/자원(KR) - 기술력 - 인력 POOL - 프로젝트 수행 경력 등		③ 채널/유통(CH) - 온라인 - 오프라인(백화점 등) - 방문판매 - 인적 네트워크 등	

⑨ 비용구조(CS)	⑤ 수익원/매출구조(RS)
- 인건비 - 원재료비 - 마케팅비(광고비, 홍보비, 판촉비 등) - 연구개발비 등	- 라이선스 - 상품판매 - 광고수익 등

경북도민일보 고정칼럼(2022.08.10.)

김영국 계명대 벤처창업학과 교수 · 코리아드론㈜ 자문교수 · 색소폰니스트

'하늘을 나는 전기車와 드론'의 미소

최근 각광(脚光)을 받고 있는 두 트렌드. '하늘을 나는 전기차' 도심항공모 빌리티(UAM)와 장시간 비행과 안내와 각종 경고(警告) 방송까지 가능하여 드론 상용서비스 시대를 주도하고 있는 수소드론이 확실히 대세(大勢)다. 특히, 글로벌시장을 선점하기 위한 경쟁이 치열하다.

현대차는 수소연료전지기술과 모빌리티 개발을 토대로 하여, 전 세계 UAM시장에서 선두를 달리고 있을 정도다. 현대는 최근 롤스로이스와 제너럴 일렉트릭(GE) 등 세계3대 항공엔진제작사와 UAM공동연구를 시작했다. 핵심은 자동차용 수소연료전지시스템을 항공기까지 확대한다는 야심찬 플랜이다.

최근 모건스탠리에 따르면, 현재 UAM 시장의 규모는 240억 달러 수준. 2028년에 2,310억 달러, 2032년에 1,190억 달러, 2040년에는 무려 1조 4740억 달러 규모로 UAM시장을 전망하고 있다. 전경련에 따르면, 현재 한국의 UAM 기체 개발업체는 겨우 4개소 정도라 미국의 130개소와 영국의 25개소 등 선진 국에 비하면 한국은 아직 걸음마 수준이나 기술력은 최고 수준이라는 평가다. 무한한 시장잠재력과 생태계 조성이 신호탄인 셈이다.

필자는 얼마 전 진해 명동 소재 소고도(소쿠리섬)에서 창원시와 코리아드 론이 공동주관한 한국해양구조협회마산구조대의 '해상 익수자 인명구조 드론 모의 훈련'에 참가했다.

대형드론 1대와 중형 드론 1대, 선박 3대와 수상오토바이 3대가 인명구조

에 등장했다. '익수자 발견' 방송이 나오자마자, 드론 1세대 최고전문가인 진종규 원장(코리아드론)의 대형 드론이 독수리처럼 순식간에 바다를 가로질러 날아올라 정확하게 익수자 앞에 도착하여 레스큐튜버를 투하(投荷)하니, 수상오토바이 대원팀이 즉시 구조하는 훈련이었다. 익수자 주변에 도착 후 익수자에게 안전과 심적 부담을 줄이기 위해 자꾸 말을 시키는 세심함이 참 인상적이었다.

이제, 전기차와 드론산업이 사회적 가치 창출과 경제적 가치 창출의 두 마리 토끼를 잡을 태세다. 이는 지속 가능한 경제활성화 구현이 목표다. 특히, 제3섹터를 활용한 안정적인 일자리 창출 및 양질의 사회서비스 제공이 새로운 창업모델이다. 필자는 오랫동안 동 분야에 대한 사업성 및 경영평가와 자문 등을 해오고 있다. 특히, 최근에 주목받고 있는 주요 트렌드가 바로 드론과 전기차 연관 분야의 창업아이템이다.

왜냐하면, 4차산업혁명과 ICT, 메타버스 등 첨단 기술의 급진전 추세다. 이에 따라 전기차와 드론산업의 시장규모가 점점 커지면서, 산·학·연·관·군·정 등의 특화 및 차별화 전략에 따른 경쟁 수요가 급증하고 있기 때문이다. 전기차 초기 모델을 타고, 무더위를 잊고 드론 날리기에 심취해 있는 필자는 전기차와 드론의 미소가 곳곳에 퍼지기를 바라는 마음 간절하다. 왜냐하면, 달라지는 세상 풍경을 애독자와 함께 즐기고 싶기 때문이다.

3.5 자금조달 및 창업지원제도

　　정부에서는 창업자를 위한 창업육성을 적극적으로 추진하고 있으며, 창업
에 따른 산업발전에 기여할 수 있는 핵심 자원 등을 확보하기 위하여 다양한
방식으로 자금지원을 위한 노력을 하고 있다. 다만, 문제가 되는 것은 정부창
업지원금만을 노리는 일명 창업헌터들로 인해 실제 정상적으로 창업하고자 노
력하는 창업자들에게 피해를 발생시키고 있는 것이 현실로 정부는 창업헌터에
대한 법적 조치 및 해결 할 수 있는 규제방안을 더욱 강구할 시점이라고 생각
된다.

　　본장에서는 자금조달에 관한 사항과 창업지원제도에 대한 Map을 정리하
여 살펴보고 창업자가 자금조달을 위한 방향을 설정할 수 있도록 기초적 이해
를 위한 내용으로 살펴보고자 한다.

그림 3-5 창업지원 사이트 '창업넷'

1) 기업성장단계와 자금유치 유형[8]

창업자가 최초 자금조달을 하는 방법은 우선 ① 창업자 본인의 자금을 최대한 사용하고, 그 다음 부모님과 친구 등 지인들을 대상으로 자금을 대여하거나 투자로 유치하는 등의 행동을 한다. ② 이후 창업자는 창업관련 공모전 또는 창업지원 사업 등을 통해서 시제품제작 비용 및 마케팅 지원비 등을 받아서 업무를 진행하나 해당 공모전과 창업지원 사업은 한계성이 있다.

또한 창업자는 자금을 다 사용한 경우 ③ 2차적으로 금융기관을 통한 융자를 시도하거나 특허 등의 기술이 있을 경우 기술보증보험 또는 중소기업진흥공단 등을 통해서 벤처확인을 통한 보증을 받아 금융권으로부터 대출을 받는다.

창업자는 대출받은 자금 등을 다 사용하기 전에 미래를 위해서 ④ 3차적으로 IR 등의 참가를 통해서 투자기관을 통한 투자 유치, 벤처캐피탈에 의한 투자 유치, 엔젤투자자를 통한 투자 유치 등의 방법을 강구하나 실제 창업자

그림 3-6 자금유치 유형

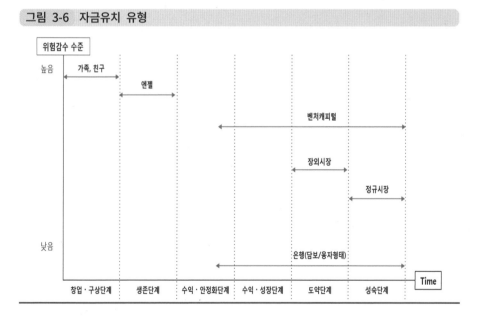

8 정보통신정책연구원, "엔젤의 유형과 엔젤자금 유치 벤처기업의 성향 분석", 2000.

의 창업 아이템이 투자로까지 연결되는 것은 정말 어렵다. 즉, 창업자는 초기에는 가족 또는 지인 등을 통해 자금을 빌려 창업에 사용을 하나 한계성이 있고, 투자자 또는 금융기관 또한 미래를 알 수 없는 창업자에 Risk를 감수하면서까지 쉽게 자금을 투자해주거나 융자 해줄 것을 기대할 수 없는 것이 현실이다.

김영국의 세상풍경(한국NGO신문 고정칼럼, 2022.08.02)

김영국 계명대·벤처창업학과 교수·한국메타버스협회 고문·객원논설위원·색소폰
니스트

드론의 규제 완화, 속도가 필요하다

최적화된 기술집약과 혁신적인 고난이도 비즈니스 모델로 크게 대두되고
있는 드론 산업. 전자공학과 항공우주공학 및 제동제어기술 등 최첨단화된 4차
산업혁명기술과 다양한 융복합 기술이 연계되어, 종합예술로 결집(結集)된 현
대 기술의 꽃 중의 꽃이 아닐까 싶다. 중국과 미국 등 드론 종주국과 비교하면,
한국의 드론 산업은 아직 초기 걸음마 단계다. 드론의 활용 가치 및 사업성과
발전 가능성이 무궁무진할 것으로 예측되어, 이제 드론의 시장규모는 갈수록
폭발적인 확대 전망이다.

이런 때. 드론 산업의 성장과 직결되는 게 바로 '정부의 규제완화의 속도'
문제다. 규제는 늘 순기능과 역기능의 양 날개가 존재하기 때문에 정책의 전
략적 접근이 관건이다. 한국의 항공법은 기본적으로 미국의 연방항공우주국의
허가제 구조와 일본의 법체계에 근거하고 있다.

드론 관련 규제의 핵심 중의 하나가, "상업용 무인기는 야간비행을 할 수
없고, 오직 조종사의 가시(可視)거리 범위 내에서만 조종해야 하고, 고도 300ft
이내에서만 비행이 가능하다"는 것이다. 다른 하나는 '실기시험 평가의 표준화
미실시 문제'다. 왜냐하면, 평가관의 애매모호한 주관적 판단에 따른 합격판정
의 개연성(蓋然性)이 크기 때문이다. 드론 비행(전진 및 후진, 삼각비행과 원주비행
, 정상접근과 측풍접근 및 비상착륙 등)의 경우 실기시험 비행 시 전후좌우 비행오

차(편차)범위가 1M 정도다.

따라서, 23개 평가 요소에 대한 합격 기준의 표준화가 시급한 실정이다. 합격점수 최저등급제(예를 들면 평균 60점/70 이상 및 과락 등)가 아니라 23개 평가 요소가 모두 통과되어야 1종 자격 합격이 결정된다는 의미다. 즉, 하나라도 부적격이면 탈락되는 게 현재의 드론 1종 국가자격증시스템 실태다. 구체적으로 정성적으로 명확한 점수 표준화가 되어 있지 않은 현재 실기시험이 구시대적 발상과 과오(過誤)가 아닐까? 왜냐하면, 통상적인 국가자격증의 합격 기준과 차이가 매우 큰 편이기 때문이다.

지난 2017년부터 시동이 걸린 드론규제의 핵심은 첫째, 불필요한 규제를 개혁한다는 것. 둘째, 드론의 가능한 항공법상 초경량비행장치사업의 범위 확대다. 주요 사업 범위는 ① 비료 또는 농약 살포, 씨앗 뿌리기 등 농업지원, ② 사진 촬영, 육상 및 해상 측량 및 탐사, ③ 산림 또는 공원 등의 관측 및 탐사 ④ 조종교육 ⑤ 그 밖에 국토부 장관이 인정하는 사항 등으로 크게 구분된다. 셋째, 포지티브 방식에서 네거티브 방식으로 전환, 넷째, 비행 승인의 절차 간소화다. 특히 비행승인은 국토부가, 촬영허가는 국방부가 담당하고 있는 등 부처 간의 드론업무 조율 등 일원화의 필요성이 크게 요구된다. 따라서, 모든 인허가절차를 온라인 원스톱 시스템으로 가능해야 한다.

최근 정부는 드론(25㎏ 이상) 안전성 인증 검사도 전수, 검사에서 모델별 검사로 전환하고, 일부 기기만 대표로 검사하면 검사 기간이 2개월에서 2주로 줄고 검사 비용도 절반 수준으로 떨어지는 등의 규제완화 계획을 발표했다. 이와 함께 개인정보 보호법을 개정해 업무용 드론을 이용한 촬영허가 기준도 완화할 계획이다.

지난주, 정부가 '경제 활력 제고와 역동성 회복을 위한 경제 규제 혁신 방안'을 50개 발표했다. 그간 기업과 산업의 성장을 크게 저해해 온 규제 문제 해결에 앞장선다는 방침이다. 모두가 세심하게 관찰해볼 일이다. 왜냐하면, 이는 특히 다양한 혁신기술과 관련한 법 개정을 통해 '신산업'육성에도 크게 기여할 것으로 기대되기 때문이다.

2) 엔젤투자 VS 벤처캐피탈

표 3-3 엔젤투자와 벤처캐피탈 비교

구분	엔젤투자 (Angel Investor)	벤처캐피탈 (Venture Capital)
투자단계	성장 초기단계 선호	창업 후 초기성장단계 선호
지원내용	노하우 및 자금지원 등	자금지원
투자동기	고수익성, 지인, 인연 등	고수익성
투자재원	개인자산(투자펀드 작음)	투자자 모집(투자펀드 큼)
자격요건	제한 없음	법적요건
위험허용도	높음	낮음
투자수익성	높음	낮음
피투자자의 위치	투자자와 근거리	제한 없음
신분노출	비공개	공개
접촉계기	우연적 만남	협의 후 만남
형태	클럽	회사 또는 조합

벤처캐피탈은 창업지원법 제16조와 동법 시행령 제11조에 의거하여 벤처조합을 결성할 경우 약정 총액의 40%를 창업 또는 벤처기업에 의무적으로 투자하도록 규정하고 있으며, 약정 총액이 10억 원인 벤처조합을 결정할 경우 4억 원에 대해서는 의무적으로 창업 또는 벤처기업에 투자하여야 한다.

엔젤투자와 벤처캐피탈을 정리하여 살펴보면 다음과 같다.

① 엔젤투자는 창업자가 '죽음의 계곡(Death Valley)' 단계에 있을 때 창업자가 엔젤투자자에게 투자설명을 하여 선정된 경우 소액의 필요한 자금을 직접 투자하는 것이다. 엔젤투자자는 창업자로부터 주식으로 대가를 받아 경영에 대한 자문과 멘토링 등을 실시하여 창업기업이 더 성장할 수 있도록 적극적인

지원을 하고 창업자의 기업 가치를 저변 확대하여 '투자이익'을 회수하는 것이 주요한 목적이다.

② 벤처캐피탈은 고위험의 창업자에게 투자하고 창업자는 VC에게 지분을 제공하여 창업자의 성장에 따른 약정된 이익을 취하는 투자전문가로 형성된 전문적 투자집단이다. 즉, 창업자가 기술은 있으나 경영운영이 미흡하거나 자본금이 낮아 추가적 성장에 어려움이 있다고 판단되는 경우 초기투자를 진행하여 적극적인 경영지원과 멘토링을 통해서 창업자를 성장시켜 투자금을 회수하는 것이 일반적인 형태이다. 투자방법으로는 창업자로부터 투자설명을 듣고 가치가 있다고 판단되는 창업자를 선정하여 창업자의 신주인수 또는 지분을 출자하거나, 무담보 전환사채 또는 무담보 신주 인수권부 사채를 인수하기도 하며, 직접적인 프로젝트 투자를 진행하기도 한다.

3) 창업지원제도 Map

창업지원제도는 ① 중앙부터 지원 사업, ② 지방자치단체 지원 사업, ③ 창업절차 및 제도로 구분되며, '창업넷' 홈페이지를 통해서 세부적인 제도 등을 살펴볼 수 있다. 창업자는 해당 창업지원제도 Map을 기반으로 자신에게

그림 3-7 창업지원 중앙부처 및 주요지원 사항

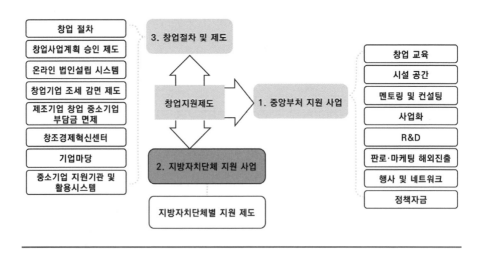

필요한 창업지원이 무엇인지를 파악하여 해당 기관 또는 해당 기관의 홈페이지를 살펴보는 노력이 필요하며, 단계적으로 창업관련 지원 사업 등을 한눈에 볼 수 있도록 구축해 놓은 '창업넷' 홈페이지를 적극 활용할 경우 창업 진행에 많은 도움이 될 것이다.

김영국의 세상풍경(한국NGO신문 고정칼럼, 2022.01.05)

김영국 계명대 벤처창업학과 교수. 한국메타버스협회 고문·Saxophonist·
　한국NGO신문 객원 논설위원.

'드론'으로 가는 고향

드론[티스토리]

　　최근 드론 창업 인기가 하늘을 치솟고 있다. 드론 산업은 군사와 미디어,
물류와 농업, 정보통신과 보험, 의학과 기상, 과학 분야에 이르기까지 이제 산
업 전 분야에 걸쳐 속속 진보되고 있다. 무인(無人) '드론'은 '낮게 웅웅거리는
소리', 벌이 날아다니며 웅웅대는 소리에 착안해 붙여진 이름이다. 애초에 군
사용으로 탄생했으나, 이제는 고공 영상 및 사진 촬영과 배달, 기상정보 수집,
농약 살포 등 다양한 분야에서 크게 활용되고 있다.

　　용도가 크게 확대되면서 수요가 급증하는 추세다. 가격하락과 소형화, 특
히 이동성이 강화되면서 상업적 사용이 확대되고 있다. 조만간 '1인 1드론 시

대'가 도래할 거라는 전망도 속속 나오고 있다. 지금껏 볼 수 없었던 위험한 현장을 카메라에 담을 수 있었던 것도 바로 드론 덕분이었다. 터키 반정부 시위의 생생한 모습도 CNN이 드론으로 촬영해 보도했다. 그야말로 드론이 이제 지구촌을 24시간 감시하고 있는 셈이다.

드론 고등학교와 대학의 드론 학과도 꽤 인기다. 드론은 통상 완구용, 군사용, 배송용, 산업용, 촬영용 드론으로 구분된다. 목적에 따라 크기와 용량 및 기능도, 무게와 가격, 조종 방법도 각양각색이다. 이유는 자체 중량이나 최대 이륙중량의 기준이 각각 다르다.

각 지자체의 드론 기본교육과 항공 교육·훈련포탈의 온·오프라인 강의 등도 인기다. 특히 드론 비행이 가능한 지역 인지의 여부(與否)가 관건이다. 승인이 필요한 지역에서는 관할 기관의 사전 승인이 필수다. 따라서 안전의식 향상과 전문성 관련의 비행이론과 항공기상, 관련 법령의 드론전문교육이 크게 요구되고 있다.

최근 세계 무인기 시장은 기준 미국 54%, 유럽 15%, 아태 13%, 중동 12% 등으로 미국과 유럽이 79%를 차지하면서 과점체제를 형성하고 있다. 최다 드론 보유국인 미국은 120여 종 1만 1,000여 대의 드론을 보유하고 있고 미국 외에도 이스라엘, 프랑스, 영국, 러시아 등이 드론 개발과 운영 중이다. 그러나 각 나라마다 국가의 규제로 상업화가 지연되고 있다는 지적도 나오고 있다.

한국은 개인의 사생활 보호와 안보 문제로 드론 상업화에 대한 명확한 기준이 모호하고 서울 도심은 대부분 비행 금지나 비행 제한구역으로 설정돼 있어 드론 활용에 제약이 있다. 드론과 관련해 해킹으로 인한 보안 문제와 사생활 침해 논란도 있다. 하지만 드론으로 인한 세상의 변화 물결은 이미 빛의 속도로 진행 중이다. 이제 드론이 볍씨도 뿌리고 산불도 감시하고, 자율주행 이양기가 모내기를, 스마트팜으로 겨울딸기를 먹고 있는 4차산업 혁명과 6차 산업의 시대다.

드론이 바꾸는 세상, 변화가 무척 흥미롭다. 또 어디까지 진화할 것인지? 새해에도 늘 환경의 파수꾼 한국NGO신문 독자와 함께 두런두런 지켜볼 일이다. 최근 드론 자격증을 취득한 노(老)교수(?)의 마음은 벌써 '드론'으로 그리운 고향을 달려가고 있다. 명산 비슬산과 화왕산 굽이굽이를 돌고 돌아, 비사벌 창녕의 절경과 아름다운 능성이를 지나 천혜의 우포늪을 따라 '드론 촬영'을 하며 '늘 그리운 고향' 가복(加福)으로 독수리처럼 훨훨 마음껏 비행(飛行)하고 있다.

CHAPTER
04

드론이론 및 실기

4.1 드론 용어의 이해

4.2 드론의 어원

4.3 드론의 이해

4.4 드론의 역사

4.5 드론의 활용

4.6 드론의 전체 구성

4.1 드론 용어의 이해[1]

초경량비행장치

항공기와 경량항공기 외에 공기의 반작용으로 뜰 수 있는 장치로서 자체중량, 좌석 수 등 국토교통부령으로 정하는 기준에 해당하는 동력비행장치, 행글라이더, 패러글라이더, 기구류 및 무인비행장치 등

동력비행장치

동력을 이용하는 것으로서 자체중량이 115킬로그램 이하, 좌석이 1개인 고정익 비행장치

행글라이더

자체중량이 70킬로그램 이하로서 체중이동, 타면조종 등의 방법으로 조종하는 비행장치

패러글라이더

자체중량이 70킬로그램 이하로서 날개에 부착된 줄을 이용하여 조종하는 비행장치

기구류

기체의 성질·온도차 등을 이용하는 비행장치(유인자유기구, 무인자유기구, 계류식(繫留式) 기구)

무인비행장치

사람이 탑승하지 아니하는 비행장치

---

1 상세한 내용은 국토교통부, 한국교통안전공단, https://drone.onestop.go.kr를 참조

가. 무인동력비행장치 : 자체중량이 150킬로그램 이하인 무인비행기, 무인헬리콥터 또는 무인멀티콥터

나. 무인비행선 : 자체중량이 180킬로그램 이하이고 길이가 20미터 이하인 무인비행선

회전익비행장치

동력비행장치의 요건을 갖춘 헬리콥터 또는 자이로플레인

동력패러글라이더

패러글라이더에 추진력을 얻는 장치를 부착한 비행장치

가. 착륙장치가 없는 비행장치

나. 착륙장치가 있는 것으로서 동력비행장치의 요건을 갖춘 비행장치

낙하산류

항력(抗力)을 발생시켜 대기(大氣) 중을 낙하하는 사람 또는 물체의 속도를 느리게 하는 비행장치

초경량비행장치 사용사업

타인의 수요에 맞추어 국토교통부령으로 정하는 초경량비행장치를 사용하여 유상으로 농약살포, 사진촬영 등 국토교통부령으로 정하는 업무를 하는 사업

관제공역

항공교통의 안전을 위하여 항공기의 비행순서·시기 및 방법 등에 관하여 국토교통부장관 또는 항공교통업무증명을 받은 자의 지시를 받아야 할 필요가 있는 공역

가. 관제권 : 비행장 또는 공항과 그 주변의 공역으로서 항공교통의 안전을 위하여 국토교통부 장관이 지정·공고한 공역(수평범위 : 비행장 또는

공항 반경 5NM, 수직범위 : 지표면으로부터 3,000ft~5,000ft)

나. 비행장 교통구역 : 관제권 외에 D등급 공역에서 시계비행을 하는 항
공기 간에 교통정보를 제공하는 공역

통제공역

항공교통의 안전을 위하여 항공기의 비행을 금지하거나 제한할 필요가
있는 공역

가. 비행금지구역(P, Prohibited Area) : P73A, P73B, P518 등 안전, 국방
상, 그 밖의 이유로 항공기의 비행을 금지하는 공역

나. 비행제한구역(R, Restricted Area) : R74, R107 등항공사격·대공사격
등으로 인한 위험으로부터 항공기의 안전을 보호하거나 그 밖의 이유
로 비행 허가를 받지 않은 항공기의 비행을 제한하는 공역

다. 초경량비행장치 비행제한구역(URA) : 초경량비행장치 비행구역(UA)
외 전 지역 초경량비행장치의 비행 안전을 확보하기 위하여 초경량
비행장치의 비행 활동에 대한 제한이 필요한 공역

주의공역

항공기의 조종사가 비행 시 특별한 주의·경계·식별 등이 필요한 공역

가. 훈련구역 : 민간항공기의 훈련공역으로서 계기비행항공기로부터 분리
를 유지할 필요가 있는 공역

나. 군 작전구역 : 군사작전을 위하여 설정된 공역으로서 계기비행 항공
기로부터 분리를 유지할 필요가 있는 공역

다. 위험구역 : 항공기의 비행시 항공기 또는 지상시설물에 대한 위험이
예상되는 공역

라. 경계구역 : 대규모 조종사의 훈련이나 비정상 형태의 항공활동이 수
행되는 공역

특별비행

야간 비행 및 가시권 밖 비행 관련 전문검사기관의 검사 결과 국토교통부장관이 고시하는 무인비행장치 특별비행을 위한 안전기준(이하 "특별비행안전기준"이라 한다)에 적합하다고 판단되는 경우에 국토교통부장관이 그 범위를 정하여 승인하는 비행을 말한다.

야간 비행

일몰 후부터 일출 전까지의 야간에 비행하는 행위를 말한다.

가시권 밖 비행

무인비행장치 조종자가 해당 무인비행장치를 육안으로 확인할 수 있는 범위의 밖에서 조종하는 행위를 말한다.

안전기준 검사

국토교통부장관이 특별비행승인 신청서를 접수한 경우에 해당 특별비행승인 신청이 특별비행 안전기준에 적합한지 여부를 확인하기 위하여 실시하는 검사를 말한다.

자동안전장치(Fail-Safe)

무인비행장치 비행 중 통신두절, 저 배터리, 시스템 이상 등이 발생하는 경우에 해당 무인비행장치가 안전하게 귀환(return to home)하거나 낙하(낙하산·에어백 등)할 수 있게 하는 장치를 말한다.

충돌방지기능

비행 중인 무인비행장치가 장애물을 감지하여 장애물을 회피할 수 있도록 하는 기능을 말한다.

충돌방지등

비행 중인 무인비행장치의 충돌방지를 위하여 주변의 다른 무인비행장치나 항공기 등에서 해당 무인비행장치를 인식할 수 있도록 하는 무선 표지장치를 말한다.

시각보조장치(First Person View)

영상송신기를 통하여 무인비행장치 시점에서 촬영한 영상을 해당 무인비행장치의 조종자 등이 실시간으로 확인할 수 있도록 하는 장치를 말한다.

무인비행기(고정익)

고정익 날개를 부착한 형태로 엔진이나 프롭의 힘으로 양력을 얻어 비행하는 무인 항공기

무인헬리콥터(회전익)

주 로터(Rotor)로 추진력을 유지하고 꼬리날개로 방향을 유지하며 비행하는 무인 항공기

무인멀티콥터(다중로터형):

2개 이상의 다중로터로 양력을 발생시켜 비행하는 무인항공기

용도: 환경감시, 환경조사, 해양감시·관리 재난·재해 수색, 경계·감시 시설물 점검·관리. 교통관리, 산림 재난 대응·예찰, 농업예찰·방제 지형정보조사 등 취미로 조종하는 소형부터 방제, 인명구조, 항공촬영, 재난안전, 택배 등 다양하게 활용 중이다.

Aileron

조종용 날개면(키면), 비행기의 전후축을 회전시키거나 또는 회전을 막아주는 역할

무인비행장치(드론)의 구조

Rudder

비행체를 수평선으로 조작시키기 위해 수직 안정판에 붙어 있는 가동 조종면

Elevator

가동 조종면, 가로축에 대한 피치(키놀이) 제어장치

Propeller(프로펠러)

무인멀티콥터에 엔진의 회전력을 추진력으로 바꾸는 장치

Motor:

전류가 흐르는 도체가 자기장 속에서 받는 힘을 이용하여 전기 에너지를 역학적 에너지로 바꾸는 장치

Arm

구조물에서 어떤 물체를 지지하는 팔 모양의 부품

Center Frame

동체의 주요 구조 부분으로서 중심에 위치하고 중요 부품(ESC, FC, 배터리 등)들이 위치하는 곳. 동체의 뼈대

ESC(전자변속기)

각종 모터(엔진)에서 발생하는 동력을 속도에 따라 필요한 회전력으로 바꾸어 전달하는 변속장치

FC(Flight Controller)

비행을 위한 제어의 구성 요소로서 비행체를 동작하는 장치(자세제어)

Gimbal

자이로스코프의 원리를 이용하여 자동으로 수직 및 수평을 잡아 카메라의 진동과 흔들림을 잡아줌으로써 안정적이고 선명한 영상을 얻게 하는 장치

4.2 드론의 어원

드론이라는 이름의 기원은 수벌을 의미하는 드론(Drone)에서 유래한다. 프로펠러가 돌아가는 소리가 마치 벌이 날갯짓을 하는 소리와 흡사하다고 하여 붙여진 이름이다. 일화에 따르면 1935년에 미 해군 제독 윌리엄 스탠들리(William Standely)가 영국 해군이 공중 사격용 과녁으로 활용하던 무인 항공기 퀸비(Queen Bee)를 보고 감명을 받아 미군에서도 무인 항공기를 활용할 것을 지시하였는데 이때 퀸비(여왕벌)와 대비되는 드론(수벌)이라는 이름을 붙였다고 한다. 그러나 '드론'이라는 이름을 받은 최초의 드론은 퀸비라 할 수 있다.

그림 4-1 드론의 변천과정

수컷 꿀벌(Drone)

영국 해군(Queen Bee)

최초의 쿼드콥터(Omnichen 2)

최초의 UAV

드론의 이해

드론은 항공기와 경량항공기 외에 비행할 수 있는 장치로서 국토교통부령으로 정하는 동력비행장치, 인력활공기, 기구류 및 무인비행장치 등이다.[2] 한편, 조종사 없이 무선 전파의 유도에 의해서 비행 및 조종이 가능한 비행기나 헬리콥터 모양의 무인 항공기로 '드론' 또는 '무인기'로 정의된다.[3]

현재 드론의 종류는 크게 군사용과 완구용, 산업(업무)용과 레이싱 드론 등으로 구분된다.

특히, 드론은 무인(Unmanned), 원격제어(Remotely Control), 초경량항공기(Ultralight Aircraft)의 개념적 요소에서 시작되어 최근 항공기 이외의 다양한 무

그림 4-2 다양한 드론의 종류

| 군사용 드론 | 완구용 드론 |
| 산업(업무)용 드론 | 레이싱 드론 |

---

2 국토교통부령, 항공안전법 제2조 참조
3 국립국어원

인이동체(지상/해상 등)로 영역을 확장 중이다.

또한, 드론의 형태에 따라 일반 비행기 모양의 '고정익(Fixed-wing)드론', 여러 개의 모터를 수평으로 장착한 '회전익(Rotary)드론', 고정익과 회전익의 복합 구조인 'VTOL(Vertical Take-off&Landing)드론'으로 다음과 같이 구분된다.

표 4-1 드론의 형태별 구분

구분	내용	적용 분야
고정익 무인기 (Fixed-Wing UAV) 	▶ 고속 및 장거리 비행이 가능 ▶ 활주로 또는 발사대를 이용하여 이륙 ▶ 주로 군수용으로 사용	군사용, 감시·정찰 등
회전익 무인기 (Rotary UAV) 	▶ 수직 이착륙 및 제자리 비행이 가능 ▶ 속도, 항속거리 등에서 고정익형 대비 불리 ▶ 주로 드론에 적용되는 멀티콥터가 회전익형의 일종	항공촬영, 방제, 소방, 감시·정찰, 맵핑 등
혼합형 무인기 (Tilt-Rotor UAV) 	▶ 고정익과 회전익의 특성을 동시 보유 ▶ 고속 비행과 수직 이착륙이 가능 ▶ 날개의 양력을 이용한 비행으로 회전익형 대비 연료 효율 양호	함상용, 군사용, 감시·정찰, 통신중계 등

4.4 드론의 역사

표 4-2 연대별 드론의 역사 주요 현황

	1960년대	1970년대	1980년대	1990년대	2000년대	2010년대
	초기무인비행체	개량형 무인비행체	무인기시스템	고성능 무인기시스템	전략 무인기 시스템	자율화수준 향상 및 상업화
주요 역할	• 베트남전 전장녹화	• 중동전 기만기, 파괴용 무인기 투입 • 중동전 전장녹화	• 저고도 및 근거리 무인 시스템출현 • 민수용(농업용) 개발	• 걸프전 전술무인기 활약 • 민수용 무인기 (농약 살포용) 실용화	• 아프간 전 요격기능 보유 무인기출현 • 민수용무인기 산업화 개발 착수 (통신중계등)	• 광역정찰, 고도 장기체공 무인기 • 상업용 무인기실 용화 무인전투기 (UCAV)
주요 기술 트렌드	• 무인 비행체 기술 전장 녹화 등 • 초기 항공전자 기술구현	• 생존성 증대기술 • 레이더 교란기술 • 아날로그데이터 링크, 관성항법 등 • 실시간 영상 전송 기술	• 실시간 정보처리 기술 • 주·야간 관측 영상	• 디지털맵 • GPS항법 및 유도 제어기술 등 • 디지털 통신	• 장기체공/스텔스 기술 • 인공지능 이미지 인식, 정밀유도 제어기술 등 • 위성통신	• 통합체계화 기술(합동 전술 개념 도입) • 자율화 • 군집화 (Swarming)
주요 Product	• AQM-34	• Mastiff • Ryan 147 • Scout	• CL-89 • Pioneer, Searcher • R50	• CL-289, Hunter • Predator • Rmax	• Predator, Reaper • Global Hwak, Fire Scout • Smart UAV, Helios 등	• X-45, X-47 • Zephyr • Solar Eagle

4.5 드론의 활용

그림 4-3 사용목적

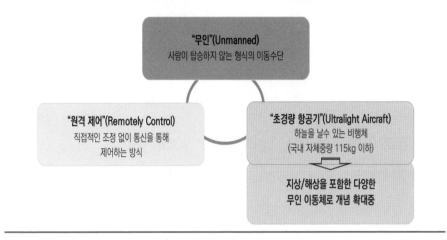

"무인"(Unmanned)
사람이 탑승하지 않는 형식의 이동수단

"원격 제어"(Remotely Control)
직접적인 조정 없이 통신을 통해
제어하는 방식

"초경량 항공기"(Ultralight Aircraft)
하늘을 날수 있는 비행체
(국내 자체중량 115kg 이하)

⬇

지상/해상을 포함한 다양한
무인 이동체로 개념 확대중

그림 4-4 용도와 다변성

<u>드론은 사용목적과 용도에 따라 다변성을 갖는다!</u>

	민수부문	국방부문
기후조사	- 기후 및 환경 생태 조사	- 정찰감시, 정보수집
촬영/맵핑	- 농경지 측량 - 생장상태 촬영 - 다양한 카메라를 활용한 촬영 - 3D 상태 맵핑	- 표적유도 - 화력요청 - 피해평가
분석	- 생장상태 분석 - 농경지 환경 분석 - 자연재해 등에 따른 피해 조사 - 무인화 장비 임무 스케줄링	
방제/방역	- 식물보호제 방제 - 다기체 운용 및 국부방제 - 구제역, AI발생 지역 등 방역	- 방역/제독 - 지뢰탐지
배송	- 긴급 구호물자 배송 - 도서지역 소형화물 배송	- 탄약수송 - 통신중계 - 난청해소 등 지휘통신
통합관제 + IoRT	- Smart Cloud / IoRT 기반 통합통제/분석 SW 운용 시스템 - 다종 다기체 무인화 장비 운용	

그림 4-5 순기능과 역기능

〈순기능〉   〈역기능〉

〈드론의 역기능 사례(몰카)〉

초고층 아파트에 드론 날려 '몰카' 30대 구속

  홍수현 기자   입력 2022.01.13 15:56

[아이뉴스24 홍수현 기자] 부산 해운대구 고층 아파트와 레지던스 일대로 드론을 날려 옷을 벗고 있는 사람들을 몰래 촬영한 30대가 구속 됐다.

13일 부산지법 동부지원 형사5단독(심우승 판사)은 성폭력범죄의처벌등에관한특례법위반 혐의로 재판에 넘겨진 A(39)씨에게 징역 8개월을 선고하고 법정 구속했다.

드론의 전체 구성

그림 4-6 드론의 전체 구성도

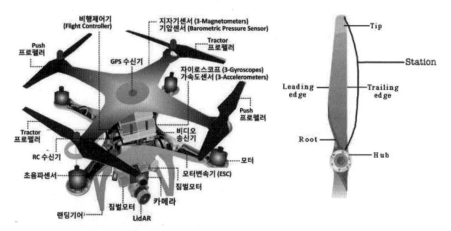

피치 : 프로펠러가 한 바퀴 돌 때 나아가는 기하학적인 거리

직경 : 프로펠러의 끝에서 끝까지의 길이(inch로 표기)

그림 4-7 드론 FC의 주요 구성도

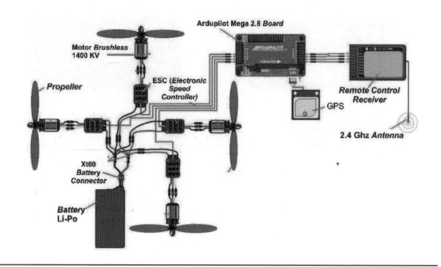

1) FC의 종류

▷ FC(Flight controller)는 기본적으로 각도의 변화를 감지하는 센서가 내장된 회로 보드이며, 드론의 두뇌라고 볼 수 있다.

▷ FC를 중심으로 각 요소의 부품들이 연결되어 있다.

▷ FC의 선택에 따라 비행 특성, 지원 기능 등 전반적인 드론의 특성이 결정된다.

그림 4-8 FC의 종류

DJI A3

DJI NAZA

Pixhawk

Jiyi K3

2) 모터의 종류

▷ 드론에 장착된 모터는 DC모터와 BLDC모터로 나뉘며 프로펠러를 회전시켜 드론을 비행시키는 역할을 담당한다.

표 4-3   모터의 장단점

종류	사진	수명	브러시 유/무	발열	가격
DC모터 (브러시 모터)		짧은 수명	있음	높음	저렴
BLDC모터 (브러시리스 모터)		긴 수명	없음	낮음	비쌈

3) 제어부

비행 제어부

▷ RC수신기로부터 받은 명령어 또는 사전에 입력된 명령어에 의한 비행 상태(위치) 값과 각종 센서로부터 받은 현재 비행 위치를 분석하여 PWM 신호 출력을 통해 구동부 제어

각종 센서부

▷ 드론의 안정적인 비행을 위해 비행 및 자세제어용 데이터 수집

▷ 회전운동상태

  ▸ 롤(Roll), 피치(Pitch), 요(Yaw)를 의미

  ▸ 3축 자이로센서(Gyroscopes), 3축 가속도센서(Acelerometers), 3축 지자기
센서(Magnetometers)

  ▸ 관성측정기(IMU, Inertial Measurement Unit)라는 단일 칩으로 제작하기도 함

▷ 병진운동상태

  ▸ 경도, 위도, 고도, 속도를 의미

  ▸ GPS 수신기와 기압센서(Barometric Pressure Sensor)를 이용

▷ 위험 회피용 데이터 수집

  ▸ 배터리 전압 모니터링, 초음파 센서, 진행방향 장애물 감지, 통신 신호 세
기 등

그림 4-9 드론 수신기

가속도센서

▷ 중력 가속도센서 - 중력의 방향과 크기를 인지

▷ 지면에 대한 기울기 정도를 측정

▷ Roll과 Pitch에 대한 각도는 측정 가능

▷ 회전력(토크)을 알 수 있음

자이로센서

▷ 자이로스코프의 원리를 이용

▷ 기울어짐의 속도를 알 수 있으나 중력은 인지하지 못하므로 현 상태에
  대한 순간적인 기울임 속도만 알 수 있음

▷ 3축 자이로를 이용하면 Roll, Pitch, Yaw에 대한 회전 속도를 알 수 있음

지자기센서

▷ 자이로센서는 회전력을 알 수 있지만 기울어진 위치를 알기 어려움

▷ 가속도센서는 Roll, Pitch에 대한 기울어진 위치를 알 수 있지만, Yaw
  에 대해서는 알 수 없음

▷ 지자기센서는 나침반과 같이 지자기의 방향을 검출하는 센서로서 진
  행 방향을 알 수 있음

그림 4-10 지자기센서의 역할

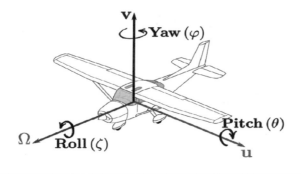

4) 구성부

전자변속기(Electronic Speed Controller, ESC)

▷ ESC, 전자속도조절기의 약자로 배터리에서 보내준 전기에너지를 조절해서 모터의 속도를 제어하는 부품

▷ 배터리의 전력을 BLDC 모터로 전달

▷ 모터의 최대 소모전류를 허용할 수 있는 전자변속기 사용

▷ 신호의 잡음이 발생할 수 있으므로 통신 및 전자장비 등에 영향이 적은 위치에 장착

전자변속기 특징 및 제어 성능

▷ 전자변속기 과열 방지를 위한 냉각(모터 과부하 시)

　▸ 냉각핀을 이용해 냉각 효과 향상 기능

　▸ 프로펠러 후류에 노출시켜서 냉각 효과 향상 기능

▷ 정밀한 자세 제어를 위한 모터 회전수 제어

　▸ 비행 안정성 확보 및 정밀 자세 제어를 위해 비행제어모듈로부터 빠른 주기의 제어 입력 인가

　▸ 호버링과 같은 정적인 기동에서도 빠른 주기의 회전수 제어 필요

　▸ 일관된(선형적) 특성의 회전수 제어 성능 필요

그림 4-11 전자변속기의 신호순서

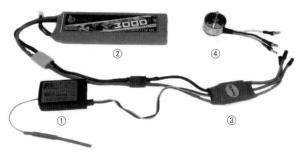

① 수신기 ⇒ ② 배터리 ⇒ ③ ESC ⇒ ④ 모터

---

5) 비행제어

쿼드콥터의 프로펠러는 대각선으로 같은 방향으로 회전하고 서로 옆에 있는 프로펠러는 다른 방향으로 회전한다. 가까운 두 프로펠러가 다른 방향으로 돌면서 작용·반작용 현상이 상쇄되어 날게 된다.

그림 4-12 멀티콥터의 모터 회전 방향

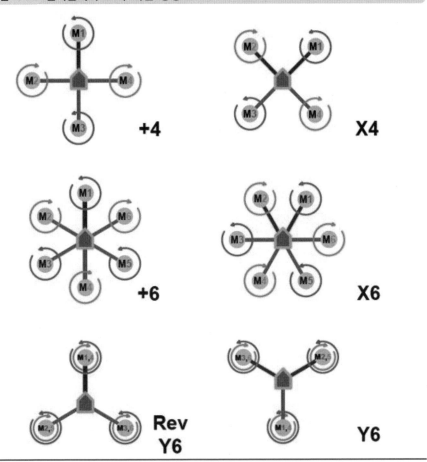

그림 4-13 모터 회전 방향 및 힘의 조절에 따른 드론의 비행 방향 변화

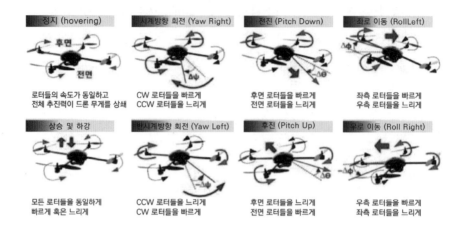

정지 (hovering)	시계방향 회전 (Yaw Right)	전진 (Pitch Down)	좌로 이동 (RollLeft)
로터들의 속도가 동일하고 전체 추진력이 드론 무게를 상쇄	CW 로터들을 빠르게 CCW 로터들을 느리게	후면 로터들을 빠르게 전면 로터들을 느리게	좌측 로터들을 빠르게 우측 로터들을 느리게
상승 및 하강	반시계방향 회전 (Yaw Left)	후진 (Pitch Up)	우로 이동 (Roll Right)
모든 로터들을 동일하게 빠르게 혹은 느리게	CCW 로터들을 느리게 CW 로터들을 빠르게	후면 로터들을 느리게 전면 로터들을 빠르게	우측 로터들을 빠르게 좌측 로터들을 느리게

드론의 비행 조정

6) 조종기

* 2.4GHz(=2,400MHz) :

• 채널 방식으로 사용하는 주파수 대역으로 최근 대부분의 멀티콥터가 사용하는 주파수이다. 다른 주파수는 특정 주파수를 고정해서 사용하고 있지만 2.4GHz는 고정된 주파수를 사용하지 않고 사용하지 않는 채널을 찾아서 (frequency hopping) 사용한다.

• 인터넷 공유기의 WiFi나 Blutooth가 페어링을 하면 노이즈 없이 계속 연결하는 것과 같은 방법이다. 따라서 많은 사람들이 동시에 기체와 조정기를 연결하거나 연결된 채널에 노이즈가 있으면 자동으로 비어있는 채널로 바꾸어 사용한다.

다만 기존에 사용하던 주파수에 비해 고주파를 사용하기 때문에 전파가 더더욱 빛의 성질을 가지게 된다. 즉 나무나 콘크리트 벽에 전파가 차단될 수 있다. 2.4GHz 조종기 사용 시 눈으로 멀티콥터를 확인할 수 있는 곳에서 비행해야 하는 이유 중 하나이다.

• DJI사의 매빅이나 인스파이어 모델의 경우 2.4GHz 대역을 영상송신

으로 사용하기 때문에 많은 채널을 한꺼번에 점유합니다. 그래서 여러 대를 동시에 운용하면 노콘(No Control, 멀티콥터가 조종 신호를 받지 못해 제어가 되지 않는 현상)이 발생할 수도 있다. 2.4GHz 대역을 영상 송신으로 사용하는 모델의 경우 근처에 비슷한 멀티 콥터가 비행 중인지 살펴야 한다. 수신기는 조종사의 송신기 조작을 전파를 통해 수신하는 역할을 한다. 주파수 대역은 2.4Ghz 대역을 사용하며 AFHSS(Adaptive Frequency Hopping Spread Spectrum)라는 주파수 호핑 기술을 통해 전파의 간섭 및 잡파를 스스로 회피하여 지정된 송신기의 신호만을 안정적으로 수신하도록 되어 있다.

그림 4-14 드론조종기의 종류

FUTABA

Radio Link

DJI Phantom 4

Parrot

7) 배터리

그림 4-15 1차 전지, 2차 전지

구분	일반전지(1차)		충전전지(2차)	
	망간전지 (일반건전지)	알카라인전지	니켈수소	리튬이온
전압	1.5V		1.2V	3.7V
가격	싼 편	망간전지보다 비쌈	보통	비싼 편
메모리 효과	해당 없음		상당히 사라짐	거의 없음 (완전 방전시 수명 감소)
용량	–	망간전지보다 3배	알카리인보다 3~4배	니켈수소보다 2배
외형	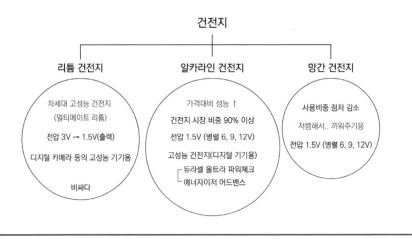			
충전기	기본적으로 1회용 (충전 불가)		반복 사용 (충전 가능)	

그림 4-16 건전지의 종류

건전지

리튬 건전지
- 차세대 고성능 건전지
  (얼티메이트 리튬)
- 전압 3V → 1.5V(출력)
- 디지털 카메라 등의 고성능 기기용
- 비싸다

알카라인 건전지
- 가격대비 성능 ↑
- 건전지 시장 비중 90% 이상
- 전압 1.5V (병렬 6, 9, 12V)
- 고성능 건전지(디지털 기기용)
  - 듀라셀 올트라 파워체크
  - 에너자이저 어드밴스

망간 건전지
- 사용비중 점차 감소
- 저렴해서.. 끼워주기용
- 전압 1.5V (병렬 6, 9, 12V)

8) 드론 배터리의 종류 및 취급방법

● 드론 배터리 종류

리튬폴리머(Lipo)

주로 드론에 사용되는 차세대 전지로 액체 전해질로 폭발 위험이 있는 리튬이온과는 달리 반고체 상태의 젤타입의 전해질을 사용한다. 따라서 폭발 위험을 보완할 수 있고, 리튬이온보다 얇고 다양한 모양으로도 제작이 가능하다. 또한 최대충전용량이 줄어드는 메모리 효과가 거의 없기 때문에 드론 및 R/C 사용자들에게 큰 호응을 얻고 있다.

리튬이온

리튬이온은 가볍고 얇아 노트북이나 휴대폰, 디지털카메라 등 여러 스마트기기에 사용되는 배터리이다. 메모리 현상이 거의 없기 때문에 수시로 충전을 통해 배터리 수명에 큰 영향을 주지 않고 중금속을 사용하지 않는다. 단, 리튬이온 안에 들어 있는 전해질이 휘발유보다 잘 타는 유기성 액체이기 때문에 폭발의 위험이 있다.

니켈카드뮴전지

지금은 많이 사용되고 있지 않으나, 추온 곳에서 강한 힘을 발휘하며 최대 500회 정도의 충전이 가능하다. 하지만 메모리 현상 때문에 배터리의 수명이 짧은 편이다.

니켈수소전지

니켈카드뮴전지를 대체하기 위해 만들어진 것으로 메모리 현상이 보완되었다. 중금속 오염물질이 없으며, 용량도 증대시킨 2차 전지로 니켈카드뮴 전지가 니켈수소전지로 대체되고 있다.

그림 4-17 드론 배터리 종류

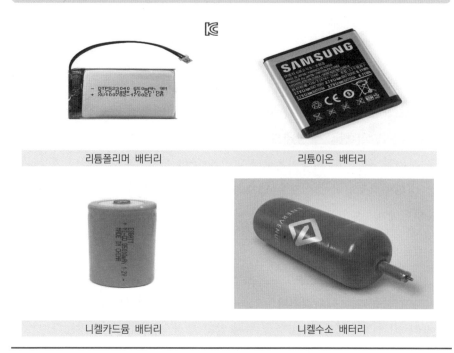

리튬폴리머 배터리	리튬이온 배터리
니켈카드뮴 배터리	니켈수소 배터리

• 취급방법

흔히 드론에는 LiPo 배터리를 사용한다. 그 이유로는 첫 번째, NiCd이나 NiMh와 같은 다른 R/C 배터리보다 안전함과 동시에 환경친화적이고, 두 번째, 가장 일반적인 고성능 R/C 배터리이며 세 번째, 현재 가격 대비 성능이 가장 좋은 배터리이기 때문이다.

LiPo 배터리 취급 시 주의사항은 다음과 같다.

1. 손상되거나 부풀어 오른 LIPO배터리는 절대로 충전, 방전, 사용 또는 보관하지 말 것.
2. 사용한 적이 있는 중고 LiPo 배터리는 구입하지 말 것.
3. 배터리 충전, 방전 시 항상 적절한 충전기를 사용할 것.
4. 장기간 LiPo배터리 보관을 위해 비행용 / 여행용 케이스 사용 금지 → 항상 소화기를 구비해 둘 것.

5. 배터리 충전 시 자리를 비우지 말 것.

6. 2주 이상 배터리를 사용하지 않을 경우 70%방전 후 보관.

7. 실온온도에서 보관(적정온도 20도).

8. 배터리 단자가 금속류, 공구에 닿지 않도록 주의.

● 리튬폴리머 배터리 보관 방법

1. LiPo 배터리로 인한 화재는 화학 화재이므로 배터리 충전, 방전 및 보관
   장소에는 나무테이블, 카펫 또는 가솔린 용기 같은 것이 없어야 할 것.

2. 과충전해서 사용하지 말 것.

3. 배터리 사용 후 배터리가 뜨거울 시 바로 충전하지 말 것.

4. LiPo 배터리는 추운 날씨에 잘 작동하지 않으므로 보온재로 감싸 두어
   어느 정도 온도를 유지해 주어야 할 것.

5. 비행기로 여행 시 항상 휴대 수화물에 LiPo 배터리를 넣고 위탁 수하
   물에는 넣지 말 것.

● 리튬폴리머 배터리 폐기 방법

1. LiPo 배터리가 파손이 되거나 부풀어 오르는 경우 반드시 폐기할 것.

2. LiPo 배터리를 완전 방전 시켜 폐기할 것.

▷ 배터리 완전 방전하는 방법

    ▸ 소금물에 배터리를 완전히 담궈 2~3일간 기포가 발생하지 않는 것을 확인.

  ▸ 드론에 장착한 후 배터리가 완전 방전될 때까지 드론 조종.

  ▸ 배터리 단자에 소형 전구를 연결시켜 불이 들어오지 않을 때까지 확인.

3. LiPo 배터리가 완전히 방전된 것을 확인한 후 폐건전지함에 넣을 것.

표 4-4　Lipo 배터리 항공 운송 규정

Lipo 배터리	100wh 미만	LiPo 배터리가 장착된 전자 장비 + 보조 배터리로 타당한 양 (개인 소지, 개인 사용 목적이 아닌 판매나 샘플 목적의 배터리는 기내 반입 금지)
	100wh 이상 ~ 160wh 미만 (항공사의 승인 필요)	LiPo 배터리가 장착된 전자장비 1개 + 보조 배터리 최대 2개 (보조 배터리는 기내 휴대만 가능)
	160wh 이상	기내 휴대 및 위탁 수하물 모두 운송 금지

출처 : 국토교통부 리튬배터리 휴대허용 기준

사례
연구
1

"군용 드론"

드론(Drone)은 초창기에 군사적으로 표적획득용 드론, 정찰 / 감시 드론이 주로 사용되다가 후반기에는 복합 임무 드론(Multi Drone)으로 발전했다. 드론은 운용 주체에 따라 군용과 민수용 드론으로 구분되며, 90% 이상 드론이 군사용으로 활용 중이다.

표 4-5 분류 및 주요 특성

분류	특성	대표 무인기
표적획 득용	• 대공사격, 유도탄 사격, 함대 / 공대공 사격 훈련 무기 개발을 위한 시험평가 등에서 표적용으로 활용 중.	그레이이글(MQ-1C)
정찰/ 감시용	• 임무장비(EO/IR/SAR/MTI) 탑재센서를 활용한 영상정보 수집 임무를 수행함. • 전장 감시 및 정찰, 표적 확인 / 위치정보 제공 및 전투피해평가(BDA) 등의 임무를 수행함.	송골매, Searcher, RQ-4 Global Hawk, RQ-1 Predator, RQ-2 Lioneer
공격용	• 미사일 공격으로 대공무기, 적지휘소, 전차 및 군수시설을 무력화시킴. • 적 레이더에서 방사되는 전파를 감지, 레이더를 추적 파괴함.	MQ-1 Predator, MQ-9 Reaper
기만용	• 1회용 드론으로 적 방공망 위치식별을 위한 기만 작전 수행, 공격 편대군의 임무 수행과 생존성을 증대시키는 역할 수행.	AGM-160 MALD
공격용	• 공격용 무정 / 전자전 장비를 장착하고 대공제압 및 중심표적 공격 임무 수행, 향후 공대공 무기체계로 발전 전망.	X-47B
전자전용	• 드론에 전자전 장비(ES/EA) 탑재, 통신 / 신호 정보 수집 임무 수행.	RQ-4 Global Hawk

※ 출처 : 드론봇 전투체계 발전방안 연구, 2021, 한국드론혁신협회

대표적 활용사례를 보면 정찰 및 감시용, 표적획득 및 화력유도용, 공격용, 기만용, 전자전 지원 및 공격용 등으로 운용 중이다.

드론 형상에 따라 고정익과 회전익 및 혼합형(복합형)으로 분류할 수 있으며, 혼합과 복합형은 고정익과 회전익의 특성이 혼합된 형태이다.

군용 드론 – 국내 전망

대한민국은 2026년까지 현재 704억원인 국내 드론 시장 규모를 4조 4,000억원으로 키우고, 기술경쟁력 세계 5위권 진입, 사업용 드론 5만 3천대 상용화를 목표로 하고 있다. 특히, 사업용 중심의 드론 산업 생태계 조성, 공공 수요 기반으로 운영시장육성, 글로벌 수준의 운영환경과 인프라 구축, 기술경쟁력 확보를 통해 세계 시장을 선점할 수 있도록 할 계획이다.

추진과정에서 10년 간 17만명의 고용과 29조원의 생산·부가가치를 만들어 낼 것으로 예상된다. 한편 5세대 이동통신(5G)·인공지능(AI) 등 첨단기술 기반 한국형 무인교통 관리시스템(UTM, UAS Traffic Management)으로 K-드론 시스템 개발·구축 중이다.

그림 4-19 드론운용 계획

출처 : 대한민국 정책브리핑(www.korea.kr)

인공지능(AI, 자동관제), 빅데이터(기형·지상정보 및 비행경로 분석), 5세대 이동통신(5G) 기반 클라우드(실시간 드론 위치 식별·공유) 등 첨단 자동관제 서비스 구현 등이 주요 핵심이다. 특히, 이동통신망(LTE, 5G 등) 기반, 사용자에게 주변 드론의 비행정보(위치·고도·경로 등)와 안전정보(기상·공역혼잡도·장애물 등) 제공과 저고도(150m 이하) 공역의 비행 특성을 고려한 효율적 교통관리를 위한 전용 공역(전용로 등)을 확보해 제공하고 있다.

드론 활용의 촉진 및 기반조성에 관한 법률을 제정[4]

'드론'의 정의를 '조종사가 탑승하지 아니한 채 항행할 수 있는 비행체'로 명문화하였고, 5년마다 기본계획 수립, 매년 산업계 실태조사 실시, 드론산업 협의체 운영을 법제화하였다.

특별자유화 구역의 지정·운영과 드론 시범사업 구역을 정규화할 수 있는 드론 산업 육성·지원 근거를 마련하여 다수의 드론 운영 또는 드론 교통에 대비한 드론교통관리 시스템을 구축하고 운영할 수 있는 근거를 마련하였다.

드론 분야 선제적 규제 혁파 단계별 계획(로드맵) 마련[5]

드론 기술발전 양상을 예측하여 단계별 시나리오 도출, 비행기술(조종 비행→자율 비행), 수송능력(화물 탑재→사람 탑승), 비행영역(인구희박→밀집지역) 등 3가지 기술 변수를 종합해 5단계 시나리오 도출, 발전단계별 규제 이슈 총 35건 발굴·정비(활용과 안전의 균형 도모)가 주요 내용이다.

2019년 과학기술정보통신부는 '2020년도 무인이동체 기술개발사업 시행계획'을 확정하였다. 앞으로 5세대(5G) 이동통신을 활용한 비가시권·군집비행이 가능한 드론 운영 기술개발, 육·해·공 공통 적용이 가능한 무인이동체 원

---

4 2019.04.05. 대한민국정책브리핑.
5 2019.10.16. 대한민국정책브리핑.

천 기술개발 및 통합운용 실증 등 혁신적인 무인이동체 기술개발 추진이 목표다.

① '무인이동체 원천기술개발사업' 추진('20~'26년, 1,702.8억 원)

② '저고도 무인비행장치 교통관리체계 기술개발' 지속 추진

③ 'DNA+ 드론기술개발' 추진('20~'24년, 450억 원)

그림 4-20 DNA+ 드론

◎ 『DNA+드론』이란?
드론 제조 산업에서 드론 활용 서비스 산업으로 전환하기 위한 데이터(D), 네트워크(N), 인공지능(A) 기술을 융합한 신개념의 드론 서비스 개발 및 이의 활용 및 확장이 가능한 개방형 플랫폼 구현 (K-뉴딜 정책 사업)

D : 드론 센서 데이터(임무데이터) 제작/수집, 데이터 모델링, 규격화
N : 5G Network, 다수 드론 운영 / 관제
A : 수집된 데이터를 A.I 기술로 가공 / 분석, 드론 실시간 분석 서비스 제공

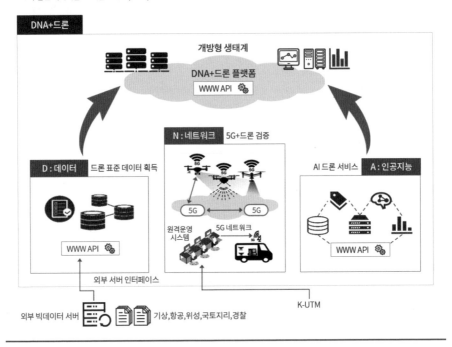

출처 : DNA+드론 표준화 포럼

국방부는 9·19 남북군사합의를 충실히 이행해 한반도 평화 정착에 기여하고, 미래를 주도하는 국방역량을 구축으로 강한 국방력을 만든다는 청사진을 발표, 9·19 남북군사합의를 이행하기 위해 북한과 '남북군사공동위원회'를

구성하는 등 올해 남북군사회담 정례화를 추진하고 전시작전통제권(전작권) 전환 작업도 가속화하였다. 또한, 국방부는 2021년 1월 21일 청와대에서 '강한 안보, 자랑스러운 군, 함께하는 국방'이라는 주제로 '2021년 국방부 업무보고'를 실시하고 핵심추진과제 7개를 선정, 핵심추진과제 중 드론 관련하여 '전방위 국방태세 확립', '미래 주도 국방역량 구축' 2개 과제가 선정되었다.

긴밀한 한미 정보공유체계 유지 및 감시태세를 강화하기 위해 고고도·중고도 무인정찰기, 군단·사단 무인정찰기, 특수작전용 드론 등 무인체계 전력화를 통한 감시·경보 기능을 강화하고, 4차 산업혁명에 걸맞은 디지털 강군 및 스마트 국방을 구현하기 위해 육군 스마트사단, 해군 스마트군항, 공군 스마트비행단 등 첨단 기술 기반의 초지능·초연결 국방인프라를 구축하는 것이 주요 목표다.

한편으로는 첨단센서, 인공지능·빅데이터, 무인체계, 신추진, 신소재, 가상현실, 고출력·신재생에너지, 사이버 등 8대 핵심기술을 적용한 첨단 무기체계를 확보하고 첨단 과학기술의 신속한 적용과 선도기술 획득을 위해 신속시범 획득제도 및 미래도전 국방기술사업 시행 등 제도개선도 병행한다.

AI, 드론, 로봇의 국방분야 적용방안 연구개발을 선도하고, 미래전의 게임체인저로서 AI와 드론, 로봇을 국방 전분야에 적용할 수 있도록 연구개발을 선도하고 이를 국가산업 성장을 추동하기 위한 최우선 과제로 인식, 국방역량을 집중할 계획이다.

군용 드론 - 해외 전망

전 세계 드론 시장은 크게 미국과 중국이 주도하고 있는 형국이며, 방산기업 및 항공기 제조업체와 더불어 IT, 전기·전자, 통신업체 등이 진출하고 있다.

특히, 미국, 중국 이외에 프랑스, 일본, 영국 등 주요 선진국에서도 드론분야에 적극 투자 중이며 군수 분야에 대해서는 미국과 이스라엘이 주도하고 있는 가운데, 상대적으로 미개척 영역이자 유망한 분야이다.

그림 4-21 육·해·공군의 2050년 대비 미래 비전

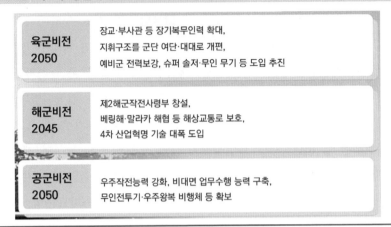

육군비전 2050	장교·부사관 등 장기복무인력 확대, 지휘구조를 군단 여단·대대로 개편, 예비군 전력보강, 슈퍼 솔저·무인 무기 등 도입 추진
해군비전 2045	제2해군작전사령부 창설, 베링해·말라카 해협 등 해상교통로 보호, 4차 산업혁명 기술 대폭 도입
공군비전 2050	우주작전능력 강화, 비대면 업무수행 능력 구축, 무인전투기·우주왕복 비행체 등 확보

출처 : 세계일보

표 4-6   주요 국가별 대표 무인기 현황

국가	민수	군수
미국	• (공통) 2013년 유무인기 통합로드맵을 수립하여 기술개발 및 제도를 개선	
	• 소형 드론 등록제 도입 • 4대 기술분야 도출, 46개 세부기술개발 지원 • NASA를 중심으로 드론 교통 관리 체계 구축	• 예산 투입 증가(2014~2018년 238.8억 달러 예산 투입) • 드론 체계 개발 지원
중국	• 10대 중점로드맵에 드론을 포함하여 육성 • 지역별 인프라 및 보조금 지급 등 다양한 정책 지원 • 민간 드론의 군 수요 전환을 통해 드론 산업 육성 모색	• 1950년대부터 소련, 이스라엘 등으로부터 드론을 입수하여 역설계를 지원 • 2000년대 미국의 아프가니스탄, 이라크 전쟁 이후 중요성을 인식하여 지원을 강화 중
유럽	• European RPAS Steering Group에서 무인기 통합로드맵을 수립하여 지원 • 각 국가별 자국 실정에 맞는 정책을 추진 중	• 예산제약 등 극복하기 위해 국가 간 공동연구개발 추진을 지원
일본	• 소형 드론 활용 및 기술개발로드맵을 마련하고 특구를 지정하여 산업화 추진 중	• 미국 노스롭그루먼, 이스라엘 IAI 등 군용 드론 글로벌 업체로부터 획득 지원

※ 출처 : 드론 및 개인용 항공기(PAV) 산업의 최근 동향과 주요 이슈

규제 및 인프라 분야에서는 세계 주요국은 소형드론 위주의 규제 완화와

더불어 거점구축 등 인프라를 마련해 빠르게 보급·상용화하려는 노력 중이다. 특히, 세계 각국의 규제수준은 크게 편차 없이 유사한 수준이며, 위험도·성능 등이 상대적으로 낮아 빠르게 상용화되고 있는 소형드론 위주로 제도정비 중이다.

대부분 비행 고도제한, 야간비행 금지, 공항 등 일정 지역 반경 비행 금지, 조종자 가시권 내 비행 허용, 무게 및 용도별 등록·신고제 운영 등이 핵심이다.

한편, 드론 시험비행장과 업계 지원 및 인증 등을 추진 중이며, 중소형 위주 특화 비행시험장 구축·운영과 드론 시설은 시험비행을 포함하여 장비구축 및 회의·운영, 조종·정비 등 교육, 창업·기술지원, 이동식 통제센터 등을 함께 갖추어 거점화 시설로 구축될 전망이다.

가. 미국

세계 최고의 드론 기술력 보유국으로 고고도 장기체공형부터 초소형 드론까지 군용/민수용까지 폭넓은 드론 개발 중이다.

기존의 방산기업 및 항공기 업체 등 제조사는 완성체 제조기술을 기반으로 한 군사목적 및 체계 소요기술 및 모든 하위 시스템까지 핵심기술 보유로 중/대형의 고고도 장기체공부터 초소형까지, 고정익에서 회전익까지 전 분야의 무인항공기 개발 및 운용이 주요 목표다.

보잉(Boeing), 노스롭 그루먼(Northrop Grumman), 록히드 마틴(Lockheed Martin) 등 방산업체의 군사용 드론 중심으로, 최근에는 Google, Amazon, Facebook, Qualcomm 등 글로벌 ICT 기업이 제조, 유통, 물류, 정보통신 분야의 드론 도입으로 패러다임 변화 추진 중이다.

세계 최대·최고 수준의 드론 시장 및 기술을 보유하고 있으며, 제도 정비와 기술혁신을 통해 산업 활성화를 도모하게 된다.

연방항공청(FAA)내에 드론관련 교육·시스템 관련 안전팀을 신설하는 한편, 유·무인기통합 로드맵을 통해 기술개발과 안전증진을 촉진한다. 소형 드론 위주의 제도정비를 통해 드론 등록제, 운항기준 등을 마련하고 가시권 밖

그림 4-22 미국 군사용 드론 : MQ-1C 그레이이글

출처 : 위키백과

비행 금지 등의 제한과 더불어 기술혁신 실증을 추진중이다.

세계 최대 드론 시장과 최고 기술 보유를 바탕으로 2013년 유·무인기 통합 로드맵하에 안전 증진과 함께 기술혁신 추구와 연방항공청(FAA) 내에 드론 관련 교육 및 시스템 개발 등 안전팀(UAST)을 신설하고 무인기 사고데이터 분석을 통해 사고 감소를 위한 조종자/운용자 교육시스템 툴을 개발하고 있다.

비관제공역은 교외지역부터 비가시권 운영 등을 우선 도입한 후 시내 지역에 교통관리체계와 함께 도입하는 방안을 추진하고, 관제공역은 고고도 계기비행 영역에서 우선 도입하고 중고도 시계비행 영역에서 도입 추진되고 있다.

나. 중국

중국은 정부 주도의 중앙집권적 드론개발, 민간 제조사 규제 완화와 적극적인 투자를 통해 기업을 육성하여 중국 기업들이 세계 민간분야 드론 시장 주도에 큰 영향력을 행사하도록 지원하고 있다.

기존의 항공기 제조, 항법 시스템, 항공전자 등 분야에서 미국 등 선진국 수준에 미치지 못하고 있으며 소형/중형 드론에 제한된 강점을 보유하는 한계점 노출로, 한계 극복을 위해 군사용 전술급 무인기 다수를 개발 및 운용 중이며, 최근 중고도 장기 체공형 무인기 Yilong과 고고도 장기 체공형 Xianglong

그림 4-23 중국 군사용 드론 : Yi-Long

출처: David Conciotti

을 개발 중이다.

중국은 2015년부터 10대 중점분야 기술 로드맵에 무인기를 포함하여 상용화를 추진 중이며 무인기 활용 확산을 위한 지원책을 추진하고 있다.

'중국제조 2025' 중점분야 기술로드맵 내 10대 중점산업에 무인기 산업화를 포함하여 무인기 상용화를 위한 R&D와 더불어 무인기 활용 확산을 위해 전력망 점검, 보조금 지급 등 지원책 추진하여, 무인기 분류 체계에 따른 비행범위, 조종자격 등을 구체화하고 공항 주변 불법 비행 등 소형 드론 안전문제에 따라 250g 이상의 드론에 대해 소유주 등록제 도입을 추진하고 있다.

중국 내 36개 연구소 및 연구센터로 구성된 항공분야 전문 연구기관, 무인기 시스템 개념·표준, 무인기 방어 시스템, 무인기 상황인식 및 충돌회피 등 드론 산업 원천기술을 지속적으로 연구 중이다.

다. 유럽

2019년까지 14개 분야의 핵심기술 R&D 추진과 더불어 유·무인 항공기 공역 통합을 위한 2028 단계적 구축 로드맵으로 제도 정비 추진한다.

(1단계) 무인기 공역의 제한적 운용 → (2단계) 일부 예외부터 전체적 확대 → (3단계) 유·무인기 공역 완전 통합(full integration)

그림 4-24 유럽 군사용 드론 : European UAS

출처: RePortDitesa

프랑스

미국, 영국에 이어 드론을 가장 많이 띄운 국가 세계 3위에 위치('15년 기준)할 정도로 활성화되어 있으며 규제 구체화 및 테스트 베드 운영으로 드론 활성화를 추진 중이다.

위험도 및 비행 범위에 따라 작성된 4개의 시나리오 기반의 규제 구체화와 더불어 보르도 서쪽 2개 지역을 테스트베드로 지정하고, 800m 활주로, 지상통제센터, 기상측정장비, 실시간 추적기, 감항증명 지원, 각종 시험 지원, 실내외 시험장소 제공, ㎝ 단위 위치 감시데이터 제공 등이다.

영국

자국 드론산업 발전을 위해 법령개정 등 제도정비와 더불어 상대적 우위를 가진 장기체공 드론 분야 활성화를 추진하여 세계 최초로 무인기 전용 비행시험장을 운영하고 있으며, 5G 통신 시험환경 제공, 창업보육, 기술개발 등을 포함한 거점으로서 Westcott 센터 구축 중이다.

독자적 드론 기체, 엔진, 탑재장비 개발 기술 보유하고 있으며 장기 체공 드론 분야에서 우위 확보하고 태양광 이용 장기체공 드론인 Zepher 개발을 통해 고고도 장기체공 드론 분야에서 우위를 점하고 있으며, 전술급 무인기 Phoenix, 무인 전투기 Taranis, 중고도 장기체공형 무인기 Mantis 등 다양한 드론을 개발 및 운용 중이다.

영국은 자국 드론 산업 발전을 위해 인프라 구축, 등록제 도입, 교통 관리 체계(UTM) 개발, 보험 적용 확대 등 법령개정 입법을 예고, 세계 최초로 무인기 전용 비행시험장을 운영 중이며 5G 통신 시험환경 제공, 창업교육, 기술개발을 위한 Westcott 센터 구축 중이다.

라. 일본

드론을 사회문제 해결 방안의 일종으로 접근하고 있으며 규제완화 및 관련 제도 기반 정비를 통해 산업 활성화 및 기술개발 추진 중이다.

드론 등 무인항공기 정의 및 안전기준 도입을 위해 법령을 개정 (2015.12) 하고 공공발주 건설사업에 드론 등 IT 기계 의무사용을 시행 (2017년~)하는 등 제도기반 정비 중이다.

2018년 무인지대에서의 가시권 밖 비행 운영체계 구축 시작, 2020년 이후 유인지대로 확장 목표로 드론특구 지정을 통한 산림감시, 인프라 관리, 드론택배 등 실증 연구를 추진하고 드론 전용시험장 운영, 연구시설 구축 등 인프라를 지원(총리 주재의 민관협의회로 범국가적 산업육성 노력('16.04)하고, 송전선 점검 센서(전력시스템+탑재기기), 시설점검 드론(센서+로봇), 정밀농업 지원(영상+드론), 드

그림 4-25 일본 군사용 드론 : SeaGuardian

출처 : DRYAD GLOBAL

론 배송(IT서비스+드론), 농작물 작황 분석(농업기기+영상해석) 등 분야 간 융·복합에 드론을 활용함으로써 신규 비즈니스 창출을 모색 중이다.

일본은 소형 무인기 기술개발 로드맵을 마련하여 적극 추진 중에 있으며, 드론 특구를 지정하고 20개 지자체와 43개 민간단체가 함께 드론 관련 프로젝트 진행하고 있다.

무인기에 대한 정의와 안전기준을 도입하고, 고령화로 인한 인력난 해소 및 건설현장 생산성 향상을 위해 2017년부터 공공발주 건설 사업에 무인기 등 IT 기계 사용을 의무화할 것을 시행, 일본 내 3곳을 드론 특구로 지정하여 산림감시(센보쿠), 인프라 관리 (이마바리), 드론 택배(치바) 등 실증 추진 및 드론 전용시험장 운영, 연구시설 구축 등 인프라를 지원한다.

소형무인기의 안전한 비행 확보와 '하늘의 산업혁명' 실현을 위한 환경정비 논의는 무인기에 대한 일본의 진흥전략과 연계하여 국가 전략 분야로 지정한 것을 확인할 수 있다.

글로벌 시장 전망

글로벌 군사용 드론 시장은 2020년 106.8억 달러에서 연평균 12.78% 성장하여 2028년에 261.2억 달러로 성장 전망되고 있다.

국경 분쟁 활동이 증가하고 여러 나라의 군사 지출이 증가하면서 시장 수요가 증가할 가능성이 높을 전망이다. 2020년 6월, 라다크 지역에서는 인도-중국 양측에서 수천 명의 군대가 대립하고 있고, 드론 기술은 양국이 고도가 높은 지역에서 정찰 작전을 위해 무인 항공기를 사용하면서 중요한 역할을 수행한다. 전 세계 국방비 지출은 미국, 중국, 인도, 러시아 등의 군사 강국을 중심으로 최근 몇 년 동안 기하급수적으로 증가하고 있다.

SIPRI 보고서에 따르면 2019년 전 세계 국방비 지출은 전년 대비 7.2% 증가했고, 여러 국가의 안전과 보안을 보장하기 위해 방어 역량을 강화하는데 초점을 맞추고 첨단 기술 시스템에 대한 수요가 증가할 것`으로 예상된다.

국경 지역에 대한 정보, 감시, 정찰 및 표적(ISRT) 시스템에 대한 투자가 급증하고 있으며, 이러한 요인은 글로벌 군사 무인 항공기 시장에 영향을 미칠 것으로 예상된다.

군용 드론 – 국내 시장 전망

국내 드론 시장 규모는 2018년 기준 2,276억 원에서 매년 20.5% 성장하여 2024년까지 6,980억 원 규모로 급성장할 전망이다. 주요내용을 요약하면 다음과 같다.

(제조 부문)
- 아직 군수요 드론 분야가 훨씬 큰 비중을 차지하고 있으며, 민수용 드론 시장은 운용성·적합성 부족, 규제 등으로 인해 잠재력을 보유한 정도에 그침

(활용 부문)
- 저가·소형 드론 보급으로 신고대수, 활용 사업체, 자격 취득 등 드론 활용 부문의 시장이 빠르게 형성되고 있으나 주로 소규모 운영에 그침
- 최근 국내 드론 산업 지원 및 규제 개선 가속화 추세(2020 K-UAM 로드맵, 2020년 5월부터 시행된 드론법, 2019 드론 분야 선제적 규제혁파 로드맵 등)
- 2016년도 기준 세계 드론 산업의 0.98% 점유, 2026년까지 세계 시장 점유율 4.9%로 성장 전망되며 정부는 2026년까지 기술경쟁력 수준 5위 목표

2019년 8월 말 기준 등록된 국내 무인기 대수가 1만 대를 넘었으며, 드론 관련 수입액은 670억 원 수준, 미국에 등록된 드론 조종사 수만 약 16만 명에 달하며, 등록된 드론 수가 150만 대를 넘는 것에 비교하면 매우 부족한 상황이다.

국내 드론 시장은 군 수요를 중심으로 형성되어 '20년까지 군사 부문 무인 항공기가 지배적이었지만 이후 산업 부문으로도 점차 확대될 전망이다.

정부는 2017년 12월 '무인이동체 기술혁신과 성장 10개년 로드맵'을 발표

하고 육·해·공 무인이동체가 공통적으로 갖춰야할 6대 공통 핵심기능기술 개발과 5대 용도별 플랫폼 개발 계획을 발표하였다.

2030년까지 드론 관련 기술경쟁력 세계 3위, 세계 시장점유율 10%, 수출액 160억 달러 달성이라는 구체적인 목표를 제시하였다.

CHAPTER
05

드론 자격증

5.1 종별 드론 자격증 취득 기준

5.2 종별 드론 자격증 활용 범위

5.3 학과시험과 필기시험

5.4 실기코스

5.5 조종자 증명 업무범위

5.6 무인비행기 자격증 취득 기본 응시요건

5.7 드론 자격증 취득 방법

5.8 드론조종법

5.9 드론조종모드

5.1 종별 드론 자격증 취득 기준

표 5-1 종별 드론 자격증 취득 기준

구분	학과교육	시물레이션 교육	비행시간	실기시험	실기시험 장소
1종	20시간	20시간	20시간	1종 실기시험	전국전문교육기관/ 전국상설시험장
2종	20시간	10시간	1종 또는 2종 기체를 조종한 시간 10시간	2종 실기시험	전국전문교육기관/ 전국상설시험장
3종	20시간	6시간	1종 또는 2종·3종 기체를 조종한 시간 6시간	X	X
4종	온라인교육 6시간 (수료증 발급)	X	X	X	한국교통 안전공단 배움터 (https://edu.kotsa.or.kr/user/Main.do)
지도 조종자	2박 3일 (수료증 발급)	X	1종 자격증 취득 후 80시간 (총100시간)	X	경기도 시흥시 서울대학로 173
실기 평가 조종자	X	X	지도조종자 수료 후 50시간 (총150시간)	1종 실기시험 (자세모드)	경기도 화성시 송산면 삼존로 200

5.2 종별 드론 자격증 활용 범위

표 5-2 종별 드론 자격증 활용 범위

구분	기체 최대이륙중량	활용 범위	기체 신고 여부
1종	25kg 초과~150kg 이하	최대이륙중량 150kg 이하의 모든 기체 운용(대형방제용 드론, 산업용 드론, 택배용 드론 등)	O
2종	7kg 초과~25kg 이하	최대이륙중량 25kg 이하의 모든 기체 운용(중형방제용 드론, 중형촬영용 드론 등)	O
3종	2kg 초과~7kg 이하	최대이륙중량 7kg 이하의 모든 기체 운용(중소형촬영용 드론, 측량 드론 등)	O
4종	250g 초과~ 2kg 이하	최대이륙중량 2kg 이하의 모든 기체 운용(소형촬영용 드론, 수색용 드론 등)	X (영리적 목적의 경우 신고)
지도 조종자	1종과 동일	최대이륙중량 150kg 이하의 모든 기체 운용 및 타인에게 비행지도, 비행경력증명서 발급 가능	-
실기 평가 조종자	1종과 동일	최대이륙중량 150kg 이하의 모든 기체 운용 및 초경량비행장치 전문교육기관 설립 가능	-

5.3 학과시험과 필기시험

표 5-3 학과 시험 주요 내용

구분	• 초경량비행장치 조종자(통합 1과목 40문제, 70점 이상 합격)
항공법규	• 해당 업무에 필요한 항공 법규
항공기상	• 항공기상의 기초지식 • 항공에 활용되는 일반기상의 이해 등(무인비행장치에 한함)
비행이론 및 운용	• 비행장치의 비행기초원리 • 비행장치의 구조와 기능에 관한 지식 등 • 비행장치의 지상활주 등 • 비행장치의 이 · 착륙 • 비행장치 공중조작 등 • 비행장치 비상절차 등 • 비행장치 안전관리에 관한 지식 등

표 5-4 실기시험 주요 내용

구분	초경량비행장치 무인멀티콥터 조종자(모든 항목 만족해야 합격)	
범위	• 기체에 관련한 사항 • 조종자에 관련한 사항 • 공역 및 비행장에 관련한 사항 • 일반지식 및 비상절차 등 • 이륙 중 엔진고장 및 이륙포기 • 비행 전 점검 • 기체의 시동 • 이륙 전 점검 • 이륙비행 • 공중 정지비행(호버링)(2종 제외) • 직진 및 후진 수평비행 • 삼각비행	• 원주비행 (러더턴)(2종은 마름모비행) • 비상조작 (2종 제외) • 정상접근 및 착륙(ATTI모드)(2종 제외) • 측풍접근 및 착륙 • 비행 후 점검 • 비행기록 • 안전거리 유지 • 계획성 • 판단력 • 규칙의 준수 • 조작의 원활성

5.4 실기코스

그림 5-1 드론 국가자격시험 실기 코스(1종)

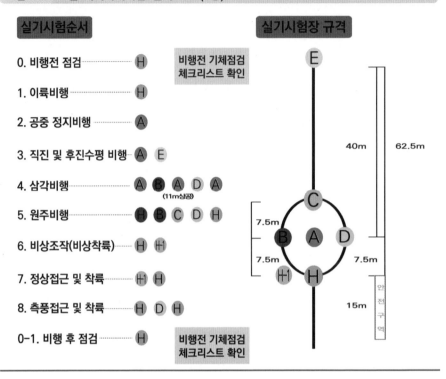

실기시험순서

0. 비행전 점검 ·········· Ⓗ | 비행전 기체점검 체크리스트 확인

1. 이륙비행 ·········· Ⓗ

2. 공중 정지비행 ·········· Ⓐ

3. 직진 및 후진수평 비행 · Ⓐ Ⓔ

4. 삼각비행 ·········· Ⓐ Ⓑ Ⓐ Ⓓ Ⓐ
(11m상공)

5. 원주비행 ·········· Ⓗ Ⓑ Ⓒ Ⓓ Ⓗ

6. 비상조작(비상착륙) · Ⓗ Ⓗ

7. 정상접근 및 착륙 ·· Ⓗ Ⓗ

8. 측풍접근 및 착륙 ···· Ⓗ Ⓓ Ⓗ

0-1. 비행 후 점검 ·········· Ⓗ | 비행전 기체점검 체크리스트 확인

실기시험장 규격

40m
62.5m

7.5m
7.5m   7.5m

15m   안전구역

그림 5-2 국가자격시험 실기 코스(2종 기준)

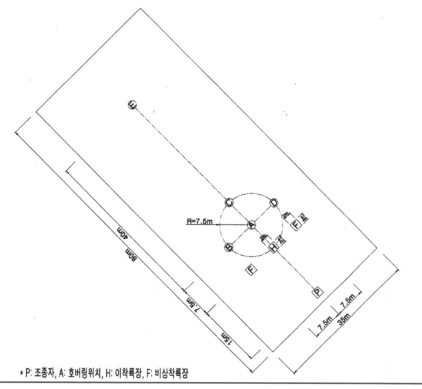

R=7.5m

* P: 조종자, A: 호버링위치, H: 이착륙장, F: 비상착륙장

출처 : 한국교통안전공단

1. 이륙비행

2. 직진 및 후진 수평비행

3. 삼각비행

4. 마름모비행

5. 측풍접근 및 착륙

드론 국가자격시험 실기 코스(3종 기준)

1. 이륙비행

2. 직진 및 후진 수평비행

3. 삼각비행

조종자 증명 업무범위

구분별 조종자 증명 업무범위

- 1종 무인동력비행장치 : 해당 종류의 1종 기체를 조종하는 행위(2종 업무범위 포함)
- 2종 무인동력비행장치 : 해당 종류의 2종 기체를 조종하는 행위(3종 업무범위 포함)
- 3종 무인동력비행장치 : 해당 종류의 3종 기체를 조종하는 행위(4종 업무범위 포함)
- 4종 무인동력비행장치 : 해당 종류의 4종 기체를 조종하는 행위

표 5-5 드론 자격증 취득 공통사항

자격	세부응시조건
초경량비행장치 조종자(1~3종)	비행경력은 안전성 인증검사, 비행승인 등의 적법한 기준 및 절차를 따른 경력을 말함 2종 보통이상의 유효한 운전면허증(운전면허증 내 적성검사기간 또는 갱신기간이 유효한 경우 또는 이를 발급받기 위한 신체검사증명서) 연령제한 : 만 14세 이상
초경량비행장치 조종자(4종)	비행경력 없음 연령제한 : 만 10세 이상
초경량비행장치 지도조종자	비행경력 100시간 연령제한 : 만 18세 이상
초경량비행장치 실기평가조종자	비행경력 150시간 연령제한 : 만 18세 이상

5.6 무인비행기 자격증 취득 기본 응시요건

표 5-6   무인비행기 자격증 취득 공통사항

자격		응시기준	항공 종사자 자격 보유	전문 교육기관 이수
무인 비행기	1종	해당종류 총 비행경력 20시간(2종 무인비행기 자격 소지자는 15시간 이상, 3종 무인비행기 자격소지자는 17시간 이상) 최대이륙중량이 25kg을 초과하고 연료의 중량을 제외한 자체중량이 150kg 이하인 비행장치	해당 사항 없음	전문교육기관 해당 과정 이수
	2종	1종 또는 2종 무인비행기 비행시간 10시간(3종 무인비행기 자격소지자 7시간 이상) 최대이륙중량이 7kg을 초과하고 25kg 이하인 비행장치	해당 사항 없음	전문교육기관 해당 과정 이수
	3종	1종/2종/3종 무인비행기 중 어느 하나의 비행시간 6시간 최대이륙중량이 2kg을 초과하고 7kg 이하인 비행장치	해당 사항 없음	전문교육기관 해당 과정 이수
	4종	해당종류 온라인 교육과정 이수로 대체 TS배움터 (edu.kotsa.or.kr)에서 온리안 강의 이수(만 10세 이상인 사람)	해당 사항 없음	전문교육기관 해당 과정 이수

5.7 드론자격증 취득 방법

| 표 5-7 | 무인멀티콥터 자격증 취득 공통사항 |

무인멀티 콥터	1종	해당종류 비행시간 20시간(2종 무인멀티콥터 자격 소지자는 15시간 이상, 3종 무인멀리콥터 자격소 지자는 17시간 이상, 1종 무인헬티콥터 자격소지 자는 10시간 이상)최대이륙중량이 25kg을 초과하 고 연료의 중량을 제외한 자체중량이 150kg 이하 인 비행장치	해당 사항 없음	전문교육기관 해당 과정 이수
	2종	1종 또는 2종 무인멀티콥터 비행시간 10시간(3종 무인멀티콥터 자격소지자 7시간 이상, 2종 무인헬 티콥터 자격소지자는 5시간 이상) 최대이륙중량이 7kg을 초과하고 25kg 이하인 비행장치	해당 사항 없음	전문교육기관 해당 과정 이수
	3종	1종/2종/3종 무인멀리콥터 중 어느 하나의 비행 시간 6시간(3종 무인헬티콥터 자격소지자는 3시간 이상) 최대이륙중량이 2kg을 초과하고 7kg 이하 인 비행장치	해당 사항 없음	전문교육기관 해당 과정 이수
	4종	해당종류 온라인 교육과정 이수로 대체 TS배움터 (edu.kotsa.or.kr)에서 온리안 강의 이수(만 10세 이상인 사람)	해당 사항 없음	전문교육기관 해당 과정 이수

※ 4종 무인동력비행장치(무인비행기, 무인헬리콥터, 무인멀티콥터) 온라인 교육 수강방법

한국교통안전공단배움터(https://edu.kotsa.or.kr) 접속 → 로그인(회원가입 필수) → 온라인 강의
실 → 수강신청 → 해당교육과정 신청 및 수강 → 교육이수증명서(수료증) 발급

1) 응시자격 신청방법

신청기간 : 학과시험 접수 전부터(학과시험 합격 무관)~실기시험 접수 전까지

처리기간 : 신청일로부터 업무일 기준 3~7일정도 소요(실기시험 접수 전까지 미리 신청)

장소 : TS국가자격시험 홈페이지 [응시자격신청] 메뉴 이용

대상 : 초경량비행장치 조종자 증명시험 응시자

효력 : 최종합격 전까지 한번만 신청하면 유효

* 학과시험 유효기간 2년이 지난 경우 제출서류가 미비하면 다시 제출

* 제출서류에 문제가 있는 경우 합격했더라도 취소 및 민·형사상 처벌 가능

신청절차 : [응시자] 제출서류 스캔파일 등록 → [응시자] 해당자격 신청 → [공단] 응시조건/면제조건 확인/검토 → [공단] 응시자격처리(부여/기각) → [공단] 처리결과 통보(SMS) → [응시자] 처리결과 홈페이지 확인

2) 드론 자격증 응시자격 제출서류

(필수) 비행경력증명서 1부

(필수) 유효한 보통2종 이상 운전면허 사본 1부

*유효한 2종 보통이상 운전면허 신체검사증명서 또는 항공신체검사증명서도 가능

(추가) 전문교육기관 이수증명서 1부(전문교육기관 이수자에 한함).

3) 드론자격증 학과시험

표 5-8 드론자격증 학과시험 면제기준

구분	응시하고자 하는 자격	보유자격	면제대상
다른 종류의 자격을 보유한 경우	무인멀티콥터(1~3종)	무인멀티콥터(1~3종)	무인멀티콥터(1~3종) 학과시험*유효기간: 보유자격 취득일로부터 2년)
	무인헬리콥터(1~3종)	무인헬리콥터(1~3종)	무인헬리콥터(1~3종) 학과시험*유효기간: 보유자격 취득일로부터 2년)
전문교육기관을 이수한 경우	초경량비행장치조종자 (무인비행기 제외)	해당 종류 교육과정 이수	해당종류 학과시험
	무인비행장치 조종자	해당 종류 교육과정 이수	해당종류 학과시험*유효기간: 교육이수일로부터 2년

드론자격증 학과시험 접수방법
인터넷 : 공단 홈페이지 항공종사자 자격시험 페이지
결제수단 : 인터넷(신용카드, 계좌이체), 방문(신용카드, 현금)

학과시험 응시수수료
응시수수료 : 48,400원(부가세 포함)

학과시험 환불기준
환불기준 : 수수료를 과오납한 경우, 공단의 귀책사유 등으로 시험을 시행하지 못한 경우, 학과 시험 시행일자 기준 2일 전날 23:59까지 또는 접수가능 기간까지 취소하는 경우
*예시 : 시험일(1월 10일), 환불마감일(1월 8일 23:59까지)
환불금액 : 100% 전액
환불시기 : 신청즉시(실제 환부확인은 카드사나 은행에 따라 5~6일 소요)

표 5-9   드론자격증 학과시험 시험과목 및 범위

자격종류	과목	범위
초경량 비행장치 조종자 (통합 1과목 40문제)	항공법규	해당 업무에 필요한 항공법규
	항공기상	가. 항공기상의 기초지식 나. 항공기상 통보와 일기도의 해독 등(무인비행장치는 제외) 다. 항공에 활용되는 일반기상의 이해 등(무인비행장치에 한함)
	비행이론 및 운용	가. 해당 비행장치의 비행 기초 원리 나. 해당 비행장치의 구조와 기능에 관한 지식 등 다. 해당 비행장치 지상활주(지상활동) 등 라. 해당 비행장치 이 · 착륙 마. 해당 비행장치 공중조작 등 바. 해당 비행장치 비상절차 등 사. 해당 비행장치 안전관리에 관한 지식 등

학과시험 합격발표

발표방법 : 시험 종료 즉시 시험 컴퓨터에서 확인

발표시간 : 시험 종료 즉시 결과확인(공식적인 결과발표는 홈페이지로 18:00 발표)

합격기준 : 70% 이상 합격(과목당 합격 유효)

합격취소 : 응시자격 미달 또는 부정한 방법으로 시험에 합격한 경우 합격 취소

유효기간 : 학과시험 합격일로부터 2년간 유효(실기접수 유효기간은 학과시험 합격일로부터 2년간 접수 가능)

4) 드론자격증 실기시험

드론자격증 실기시험 접수방법

인터넷 : TS국가자격시험 홈페이지

결제수단 : 인터넷(신용카드, 계좌이체), 방문(신용카드, 현금)

실기시험 응시수수료

응시수수료 : 72,600원(부가세 포함)

드론자격증 실기시험 시행방법

시행담당 : 031－645－2103, 2104(초경량 실비행시험)

시행방법 : 구술시험 및 실비행시험

시작시간 : 공단에서 확정 통보된 시작시간(시험접수 후 별도 SMS 통보)

응시제한 및 부정행위 처리

① 사전 허락 없이 시험 시작시간 이후에 시험장에 도착한 사람은 응시 불가

② 시험위원 허락 없이 시험 도중 무단으로 퇴장한 사람은 해당 시험 종료처리

③ 부정행위 또는 주의사항이나 시험감독의 지시에 따르지 아니하는 사람은 즉각 퇴장조치 및 무효처리하며, 향후 2년간 공단에서 시행하는 자격시험의 응시자격 정지

실기시험 합격발표

발표방법 : 시험 종료 후 인터넷 홈페이지에서 확인

발표시간 : 시험당일 18:00

합격기준 : 채점항목의 모든 항목에서 "S"등급이어야 합격

합격취소 : 응시자격 미달 또는 부정한 방법으로 시험에서 합격한 경우 합격 취소

5) 드론자격증 발급

드론자격증 발급 수수료 :13,530원(부가세, 배송비 포함) 발급 신청 시 증명 사진 제출 필수

결제수단 : 인터넷(신용카드, 계좌이체), 방문(신용카드, 현금)

신청기간

최종합격발표 이후(인터넷 : 24시간, 방문 : 근무시간)

드론자격증 신청방법

인터넷 : TS국가자격시험 홈페이지 항공자격 페이지

방문 : 드론자격시험센터 사무실(평일 09:00~18:00)

*주소 : 경기도 하성시 송산면 삼존로 200 드론자격시험센터

항공자격처 사무실(평일 09:00~18:00)

*주소 : 서울 마포구 구룡길 15 상암동 1733번지 상암자동차검사소 3층

처리기간

인터넷(3~4일 소요), 방문(10~20분)

드론자격증 발급절차

(신청자) 발급신청(자격사항, 인적사항, 배송지 등) → (신청자) 제출 소류 스캔 파일 등록 (사진 등) → (공단) 신청명단 확인 후 자격증 발급 → (공단)

5.8 드론조종법

1) Mode 1

그림 5-3 | Mode 1 조종방법

엘리베이터(Elevator)

전진, 후진

러더(Rudder)

좌회전, 우회전

스로틀(Throttle)

상승, 하강

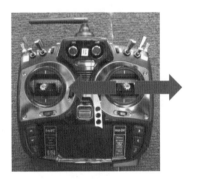

에일러론(Aileron)

좌우 이동

이와 관련된 Mode 1에 관한 주요 조종법의 특징을 살펴보자.

Mode 1 조종법 특징

무인멀티콥터가 본격적으로 도입되기 이전에 주로 일본의 영향을 받은 RC헬기, 모형 항공기 조종에 사용되는 모드이다. 무인멀티콥터에도 사용되는데, RC 기체를 조종하던 사람들이 무인멀티콥터도 같이 다루기 시작할 때 자연스럽게 넘어왔다.

엘리베이터와 러더 조작을 왼손으로만 할 수 있어 스틱 하나로 전진을 하면서 기수를 트는 곡선 주행이 가능하기 때문에 무인헬리콥터나 레이싱드론을 조종할 때 자주 쓰이는 조종 모드다.

2) Mode 2

그림 5-4 Mode 2 조종방법

스로틀(Throttle)

상승, 하강

러더(Rudder)

좌회전, 우회전

엘리베이터(Elevator)

전진, 후진

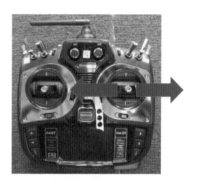

에일러론(Aileron)

좌우 이동

이와 관련된 Mode 2에 관한 주요 조종법의 특징을 살펴보자.

Mode 2 조종법 특징

무인멀티콥터가 본격적으로 도입되면서 주로 사용되는 모드이며 대부분의 무인멀티콥터를 조종할 때 쓰이는 모드다. 미국이나 유럽 등지에서 모드2 조종법을 많이 사용한다.

오른손으로만 전후좌우 모든 방향 이동이 가능하고 동시에 왼손으로 조종기 모니터의 조작을 쉽게 할 수 있어 드론 항공 촬영을 할 때 주로 사용한다. 마찬가지로 한 손으로만 방향 전환을 쉽게 할 수 있기 때문에 드론 조종 초보자들이 쉽게 드론 조종에 익숙해질 수 있는 조종법이다.

3) Mode 3

그림 5-5 Mode 3 조종방법

엘리베이터(Elevator)

전진, 후진

에일러론(Aileron)

좌우 이동

스로틀(Throttle)

상승, 하강

러더(Rudder)

좌회전, 우회전

이와 관련된 Mode 3에 관한 주요 조종법의 특징을 살펴보자.

Mode 3 특징

모드2 조종법에서 양쪽 스틱이 서로 뒤바뀐 모드다. 현재 거의 사용되지 않는 모드지만 모드1 조종법에 익숙한 사람이 드론 항공 촬영을 용이하게 하고 싶을 때 사용하는 조종법이다.

모드2와 마찬가지로 드론 항공 촬영을 할 때 한 손으로만 방향 전환이 가능하여 다른 한 손으로 촬영에 필요한 동작(촬영 모니터 터치)을 할 수 있기 때문이다.

4) Mode 4

그림 5-6 | Mode 4 조종방법

스로틀(Throttle)

상승, 하강

에일러론(Aileron)

좌우 이동

엘리베이터(Elevator)

전진, 후진

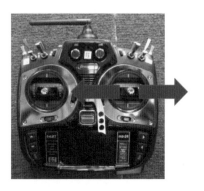

러더(Rudder)

좌회전, 우회전

이와 관련된 Mode 4에 관한 주요 조종법의 특징을 살펴보자.

Mode 4 특징

모드1 조종법에서 대비해서 양쪽 스틱이 서로 뒤바뀐 모드이다. 모드3와 마찬가지로 현재 거의 사용되지 않는 모드다. 모드4 조종법을 사용하는 경우는 모드2 조종법이 익숙한 사람이 FPV드론(1인칭 시점 촬영용 드론) 조종을 연습할 때이다. 오른손 한 손으로만 곡선 주행이 가능하기 때문에 곡선 주행을 하는 동안 고도를 쉽게 변경할 수 있기 때문이다.

1) GPS(포지셔닝 모드)

▷ GPS 신호를 받아 고도와 위치를 유지한다.

▷ 실내에서는 신호가 잡히지 않아 사용이 불가능하다.

▷ GPS 센서가 장착되어 있는 대부분의 드론이 GPS가 감지되지 않으면
자동으로 ATTI모드로 전환된다.

그림 5-7 P가 포지셔닝의 약자로 GPS모드를 의미

2) 자세제어 모드(Attitude)

▷ 자세제어 모드, 통칭 '에띠모드'라 부른다.

▷ 수평유지, 고도유지가 가능하나 GPS모드처럼 완전히 고정되지 못한다.

▷ 조종자의 개입이 없으면 드론이 제자리에 서있지 못한다.

▷ GPS모드에서 오류가 발생할 시 ATTI모드로 조종 가능하다.

그림 5-8 A가 Attitude의 약자로 자세제어 모드를 의미

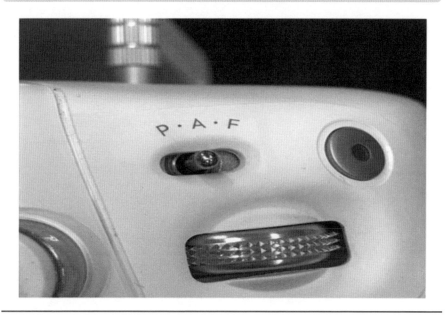

3) 매뉴얼 모드(Manual)

▷ 기체의 수평만 잡아주고 고도와 위치를 잡아주지 않는다.

▷ 높이와 위치를 잡아주지 않기 때문에 조종자의 개입이 없으면 드론이
   추락하게 된다.

▷ 조종자의 능력에 따라 더 정밀한 조종이 가능하기 때문에 레이싱 드론
   이나 축구 드론 등에 쓰이는 모드이다.

그림 5-9 매뉴얼 모드를 사용하는 레이싱 드론

4) 스포츠 모드(Sport)

▷ 촬영용, 방제용 드론에 있는 모드이다.

▷ 드론의 기울기가 조금 더 커지면서 비행 속도가 증가하게 된다.

▷ 출력이 높아져 배터리 소모량이 커진다.

▷ 스포츠 모드로 전환하면 드론에 장착된 충돌방지센서가 꺼진다.

그림 5-10 스포츠 모드 전환 스위치

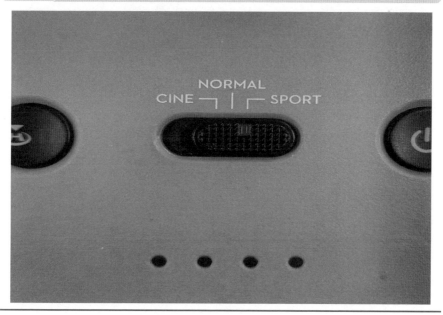

CHAPTER
06

항공법규

6.1 항공법의 목적

6.2 항공안전법 개요

6.3 항공안전법의 이해

6.4 초경량비행장치조종자 준수사항

6.5 항공사업법

6.6 초경량비행장치 조종자 증명 종류

6.7 초경량비행장치 비행증명서 기재

6.8 주의사항

6.9 초경량비행장치 사고 조치

6.10 비행승인

6.11 위반 시 벌금

6.12 공역 및 항공안전

6.13 초경량비행장치 신고 및 안전성인증

6.14 초경량비행장치 사고/조사

6.15 초경량비행장치 비행 시 필요사항

6.16 예시문제

6.1 항공법의 목적

1. 항공법의 목적

1) 목적(항공안전법 제1조)

이 법은 『국제민간항공협약』 및 같은 협약의 부속서에서 채택된 표준과 권고되는 방식에 따라 항공기, 경량항공기 또는 초경량비행장치가 안전하게 항행하기 위한 방법을 정함으로써 생명과 재산을 보호하고, 항공기술 발전에 이바지함을 목적으로 한다.

2) 정의(제2조 3항)

『초경량비행장치』란 항공기와 경량항공기 외에 공기의 반작용으로 뜰 수 있는 장치로서 자체중량, 좌석수 등 국토교통부령으로 정하는 기준에 해당하는 동력비행장치, 행글라이더, 패러글라이더, 기구류 및 무인비행장치 등을 말한다.

2. 초경량비행장치 범위 및 종류

① 우리나라 법상 초경량비행장치란 동력비행장치, 인력 활공기 및 기구류 등을 말하며, 1인승의 경우 자체 중량과 연료용량이 각각 150kg과 19L 이하로 규정하고 있다. 그 이상의 규격을 가진 항공기는 일반비행기에 속한다. 세계 각국은 각 나라별로 자체 중량 및 연료 용량이 다르게 규정되어 있다.

② 항공법상 항공기로 취급되나 감항증명도 취득할 수 없고 등록번호도 부여되지 않는다. 운항에는 여러 제한이 따른다.

3. 종류

초경량 비행장치의 주요 종류는 <그림 6-1>과 같다.

그림 6-1 초경량 비행장치의 종류

동력 비행장치	동력 즉 엔진을 이용하여 프로펠러를 회전시켜 추진력을 얻는 비행장치 타면조종형 체중이동형 비행장치
회전익 비행장치	1개 이상의 회전익을 이용하여 양력을 얻는 비행장치 초경량 헬리콥터 초경량 자이로플레인
동력 패러글라이더	낙하산류에 추진력을 얻는 장치를 부착한 비행장치
낙하산류	항력을 발생시켜 대기 중을 낙하하는 사람 또는 물체의 속도를 느리게 하는 비행장치 낙하산

6.2 항공안전법 개요

✓ 항공기 발달 → 타국에서 비행 증가 → 국가간 비행의 국제적 법률관계 발생(표준화 필요)

✓ 시카고 조약 : 1944년 12월 ICAO에서 제정, 미국 시카고에서 서명 (1952년 12월 가입)

✓ 조약(체약국 상공비행, ICAO조직운영, 분쟁과 위약)과 부속서(Annex)[1]로 구성

항공법이란?

✓ 1961년 3월 대한민국 항공법 최초 제정

✓ 항공(안전)법 구성

✓ 헌법 → 법률(항공법) → 항공법 시행령 → 항공법 시행규칙 → 고시, 훈련, 예규 → 지침

✓ 총 12장 167개조로 구성되어 있으며, 제 10장 초경량비행장치내 무인비행장치로 포함

✓ 초경량비행장치 신고, 안전성 인증 검사, 조종자 증명, 비행 승인 등 10개 관련조항 구성

항공법 분법 시행

✓ 2017년 3월 30일, 기존 항공법을 항공 안전법, 항공 사업법, 공항 시설법으로 분법

✓ 초경량비행장치 제122조~제131조(신고, 인증, 비행승인, 전문교육기관 등)
항공 안전법 → 항공기 기술기준, 종사자, 항공교통, 초경량비행장치
항공 사업법 → 항공운송사업, 사용사업, 교통이용자 보호 등
공항 시설법 → 공항 및 비행장의 개발, 항행안전시설 등

---

1 Annex : 조약을 이행하기 위해 필요한 표준과 방식, Annex 1 (Licensing) ~ Annex19(Safety management)

항공안전법의 이해

항공안전법의 이해를 위해서는 항공안전법 시행규칙과 초경량 비행장치 조종자 등의 주의 사항을 반드시 이해해야 한다.

표 6-1　항공안전법 시행규칙

제5조(초경량비행장치의 기준) 법 제2조 제3호에서 "자체 중량, 좌석수 등 국토교통부령으로 정하는 기준에 해당하는 동력비행장치, 행글라이더, 패러글라이더, 기구류 및 무인비행장치 등"이란 다음 각 호의 기준을 충족하는 동력비행장치, 행글라이더, 패러글라이더, 기구류, 무인비행장치, 회전익비행장치, 동력패러글라이더 및 낙하산류 등을 말한다.

1. 동력비행장치
2. 행글라이더
3. 패러글라이더
4. 기구류
5. 무인비행장치 : 사람이 탑승하지 아니하는 것으로서 다음 각 목의 비행장치
　가. 무인동력비행장치 : 연료의 중량을 제외한 자체 중량이 150킬로그램 이하인 무인비행기, 무인헬리콥터 또는 무인멀티콥터.
　나. 무인비행선 : 연료의 중량을 제외한 자체 중량이 180킬로그램 이하이고 길이가 20미터 이하인 무인비행선
6. 회전익비행장치
7. 동력패러글라이더
8. 낙하산류
9. 그 밖에 국토교통부장관이 종류, 크기, 중량, 용도 등을 고려하여 정하여 고시하는 비행장치

초경량비행장치 조종자 등의 준수사항(제129조)

① 초경량비행장치의 조종자는 초경량비행장치로 인하여 인명이나 재산에 피해가 발생하지 아니하도록 국토교통부령으로 정하는 준수사항을 지켜야 한다.

② 초경량비행장치 조종자는 무인자유기구를 비행 시켜선 아니 된다. 다

만, 국토교통부령으로 정하는 바에 따라 국토교통부장관의 허가를 받은 경우에는 그러하지 아니하다.

③ 초경량비행장치 조종자는 초경량비행장치사고가 발생하였을 때에는 국토교통부령으로 정하는 바에 따라 지체없이 국토교통부장관에게 그 사실을 보고하여야 한다. 다만 초경량비행장치 조종자가 보고할 수 없을 때에는 그 초경량비행장치 소유자 등이 초경량비행장치사고를 보고하여야 한다.

④ 무인비행장치를 사용하여 『개인정보 보호법』 제2조제1호에 따른 개인정보(이하 "개인정보"라한다) 또는 『위지 정보의 보호 및 이용 등에 관한 법률』 제2조제2호에 따른 개인위치정보(이하 "개인위치정보"라 한다)를 수집하거나 이를 전송하는 경우 개인정보 및 개인위치정보의 보호에 관하여는 각각 해당법률에서 정하는 바에 따른다.

6.4 초경량비행장치조종자 준수사항

그림 6-2 조종자 준수사항

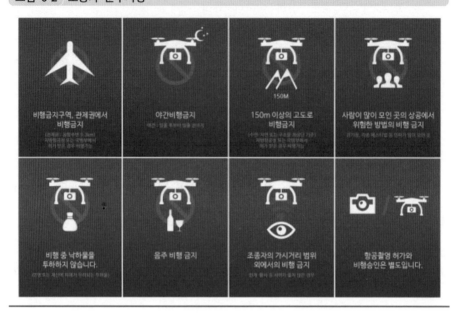

가. 인명이나 재산에 위험을 초래할 우려가 있는 낙하물을 투하하는 행위

나. 인구가 밀집된 지역이나 그 밖에 사람이 많이 모인 장소의 상공에서 인명 또는 재산에 위험을 초래할 우려가 있는 방법으로 비행하는 행위

다. 관제공역·통제공역·주의공역에서 비행하는 행위. 다만 비행승인을 받은 경우와 다음 각 목의 행위는 제외한다.

① 군사목적으로 사용되는 초경량비행장치를 비행하는 행위.

② 다음의 어느 하나에 해당하는 비행장치를 관제권 또는 비행금지구역이 아닌 곳에서 최저비행고도(150m) 미만의 고도에서 비행하는 행위.

   – 무인비행기, 무인헬리콥터 또는 무인멀티콥터 중 최대이륙중량이 25Kg 이하인 것.

   – 무인비행선 중 연료의 무게를 제외한 자체 무게가 12kg 이하이고 길이가 7m 이하인 것.

라. 일몰 후부터 일출 전까지의 야간에 비행하는 행위. 단 최저비행고도 (150m) 미만의 고도에서 운영하는 계류식기구 또는 허가를 받아 비행하는 초경량비행장치는 제외한다.

마. 주류, 마약류 또는 환각물질 등(이하 '주류 등')의 영향으로 조종업무를 정상적으로 수행할 수 없는 상태에서 조종하는 행위 또는 비행 중 주류 등을 섭취하거나 사용하는 행위

바. 그 밖에 비정상적인 방법으로 비행하는 행위

① 초경량비행장치 조종자는 항공기 또는 경량항공기를 육안으로 식별하여 미리 피할 수 있도록 주의하며 비행하여야 한다.

② 동력을 이용하는 초경량비행장치조종자는 모든 항공기, 경량항공기 및 동력을 이용하지 아니하는 초경량비행장치에 대하여 진로를 양보하여야 한다.

③ 무인비행장치 조종사는 해당 무인비행장치를 육안으로 확인할 수 있는 범위에서 조종하여야 한다. 다만, 허가를 받아 비행하는 경우는 제외한다.

6.5 항공사업법

전문교육기관 지정

제126조(초경량비행장치 전문교육기관의 지정 등)

① 국토교통부장관은 초경량비행장치 조종자를 양성하기 위하여 국토교통부령으로 정하는 바에 따라 초경량비행장치 전문교육기관(이하 "초경량비행장치 전문교육기관"이라 한다)을 지정할 수 있다.

② 국토교통부장관은 초경량비행장치 전문교육기관이 초경량비행장치 조종자를 양성하는 경우에는 예산의 범위에서 필요한 경비의 전부 또는 일부를 지원할 수 있다.

③ 초경량비행장치 전문교육기관의 교육 과목, 교육방법, 인력, 시설 및 장비 등의 지정 기준은 국토교통부령으로 정한다.

④ 국토교통부장관은 초경량비행장치 전문교육기관으로 지정 받은 자가 다음 각 호의 어느 하나에 해당하는 경우에는 그 지정을 취소할 수 있다. 다만, 제1호에 해당하는 경우에는 그 지정을 취소하여야 한다.

A. 거짓이나 그 밖의 부정한 방법으로 초경량비행장치 전문교육기관으로 지정 받은 경우

B. 제3항에 따른 초경량비행장치 전문교육기관의 지정기준 중 국토교통부령으로 정하는 기준에 미달하는 경우

6.6 초경량비행장치 조종자 증명 종류

제6조(조종자증명의 종류 등) 조종자증명의 종류는 다음 각 호와 같다.

1. 동력비행장치(MOTOR FLYING VEHICLE)

2. 행글라이더(HANG-GLIDER)

3. 패러글라이더(PARAGLIDER)

4. 낙하산류(PARACHUTE)

5. 유인자유기구(MANNED FREE BALLOON)

6. 무인비행기(UNMANNED AEROPLANE)

7. 무인헬리콥터(UNMANNED HELICOPTER)

8. 무인멀티콥터(UNMANNED MULTICOPTER)

9. 무인비행선(UNMANNED AIRSHIP)

10. 회전익비행장치(ROTOR FLYING VEHICLE)

11. 동력패러글라이더(POWERED PARAGLIDER)

그림 6-3 초경량비행장치의 종류

동력비행장치
좌석 1개,
자체중량 115kg 이하

동력패러글라이더
착륙 장치가 없는 비행장치(2인승 포함)
또는 착륙 장치가 있는 것으로서 좌석이 1개,
자체중량 115kg 이하

회전익비행장치
좌석 1개, 자체중량 115kg 이하인
초경량자이로플레인,
초경량헬리콥터

인력활공기
자체중량 70kg 이하인
행글라이더와
패러글라이더

6.7 초경량비행장치 비행증명서 기재

비행증명서 기재요령

1. 흑색 또는 청남색으로 바르게 기재해야 한다.
2. ①항은 년, 월, 일로 기재해야 한다. (예-07-01.01)
3. ②항은 해당 일자의 총 비행횟수를 기재한다.
4. ③항은 해당 초경량비행장치 종류(무인비행기, 무인헬리콥터, 무인멀티콥터, 무인비행선), 형식(모델명), 신고번호, 해당일자에 비행 할 당시 초경량비행장치의 최종 인증검사일을 기재한다.
* 안전성인증검사 면제대상인 기체는 최종 인증검사일에 "면제"로 기재할 것.
* 자체중량(연료제외)과 최대이륙중량은 지방항공청에 신고할 때 중량을 기재할 것.
5. ④항 비행장소는 해당 비행장치로 비행한 장소를 기재한다.
*예 : 경남 창원
6. ⑤항 비행시간(hrs)은 해당 일자에 비행한 총 비행시간을 시간(HOUR) 단위로 기재한다.
7. ⑥항 비행 임무 별 비행시간은 다음과 같다.
－ 기장시간 : 조종자증명을 받은 사람은 단독 또는 지도조종자와 함께 비행한 시간을 기재하고, 조종자증명을 받지 않은 사람은 지도조종자의 교육하에 단독으로 비행한 시간(HOUR) 단위로 기재한다.
－ 훈련시간 : 지도조종자와 함께 비행한 교육시간을 시간(HOUR) 단위로 기재
－ 교관시간 : 지도조종자가 비행교육을 목적으로 교육생을 실기 교육한 비행시간을 시간(HOUR)단위로 기재한다.
8. ⑦항은 조종자증명을 받은 사람은 비행목적을 기재하고, 조종자증명을 받지 않은 사람은 훈련내용을 기재한다.

9. ⑧항은 조종자 증명을 받지 않은 사람은 비행 교육을 실시한 지도조종
   자의 성명, 자격번호 및 서명을 기재해야 한다.

6.8 주의사항

그림 6-4 비행경력 증명서

발급번호 : 전문 - 2022-00-00

비행경력증명서 (Certificate of Flight Experience)

1.성명(Name): 홍길동　2. 소속(Company): ㈜코리아드론전문교육원　3. 생년월일(D.O.B)/여권번호(Passport No.): 1990년 01월 01일　4.연락처(Phone No.): 010-1234-5678

① 일자 (Date)	② 비행 횟수 (No. of Flight)	③ 초경량비행장치 (Ultra-light Vehicle)						④ 비행장소 (An Airfield)	⑤ 비행시간(hrs)(Flight Time)	⑥ 임무별 비행시간 (Flight Time of Duty)				⑦ 비행 목적 (Purpose of Flight)(훈련 내용)(Contents of Training)	⑧ 지도조종자 (Instructor)		
		종류 (Category)	형식 (Type)	신고번호 (Report No.)	최종인증검사일 (Last Date of Vehicle Inspection.)	자체중량(kg) (Empty Weight)	최대이륙중량(kg) (MTOW)			기장 (Solo)	훈련 (Training)	교관 (Trainer)	소계 (Total)		성명 (Name)	자격번호 (No. of the License)	서명 (Signature)
2022.01.01	10	무인멀티콥터	E616P	C4CM0001111	2022.01.01	20.8kg	37kg	창원 운동장	2.0	1.0	1.0		1.0	기본조작	김철수	91-004986	
2022.01.02	10	무인멀티콥터	E616P	C4CM0001112	2022.01.01	20.8kg	37kg	창원 운동장	2.0	2.0			2.0	종합비행	김철수	91-004986	
계 (Total)	20								4.0	3.0	1.0		3.0				

「무인비행장치 조종자 증명 운영세칙」제9조에 따라 위와 같이 비행경력을 증명합니다.
This is to certify that above person has the flight experience in accordance with article 9 of the Operational Detailed Rules of Pilot of Unmanned Aerial Vehicle.

발급일(Date of Issue): 2022. 01. 02.　발급기관명(Issuing Organization)/주소(Address) : ㈜코리아드론전문교육원/경남 창원시 성산구 중앙대로 49, 310호

발급책임자: 갑을병 (서명 또는 인)　전화번호(Phone No.): 010-6765-4321

비행증명서 기재 시 주의사항

1. 해당 일자에 초경량 비행장치 최종인증검사일로부터 유효기간이 경과된 비행장치로 행한 비행시간은 인정되지 않는다. (인증검사 면제대상인 기체 제외)
2. 비행 임무별 비행시간 중 훈련시간은 지도조종자로부터 교육을 받은 시간만 비행경력으로 인정한다.
3. 접수된 서류는 일체 반환하지 않으며, 시험(심사)에 합격한 후 허위기재 사실이 발견되거나 또는 응시자격에 해당되지 않는 경우에는 합격을 취소한다.

6.9 초경량비행장치 사고 조치

1. 사고발생 시 조치사항

① 인명구호를 위해 신속히 필요한 조치를 취할 것.
② 사고 조사를 위해 기체, 현장을 보존할 것.
 a. 사고 현장 유지
 b. 현장 및 장비 사진 촬영
 c. 현장 및 장비 동영상 촬영
 ③ 사고 조사의 보상 처리 사고 발생 시 지체 없이 가입 보험사의 보험대리점 담당자에게 연락하여 보상/수리 절차를 진행한다. 이때 사고 현장에 대한 영상자료들이 정확히 제시되어야 한다.

2. 사고의 보고

초경량비행장치 조종자 및 소유자는 초경량비행장치 사고 발생 시 지체 없이 그 사실을 보고해야 한다. 통상 사람의 부상 이상의 중사고가 발생 시 반드시 관할 항공청에 보고해야 한다. (항공안전법 시행규칙 제312조)

① 보고사항
 a. 조종자 및 그 초경량비행장치 소유자의 성명 또는 명칭
 b. 사고가 발생한 일시 및 장소
 c. 초경량비행장치의 종류 및 신고번호
 d. 사고의 경위
 e. 사람의 사상 또는 물건의 파손 개요
 f. 사상자의 성명 등 사상자의 인적사항 파악을 위하여 참고가 될 사항

6.10 비행승인

비행승인 법규 안내

▶ 최대 이륙 중량 25kg 초과 기체

전 공역에서 사전 비행승인 필요 → 3일 전까지 지방항공청 신고

▶ 최대 이륙 중량 25kg 이하 기체

고도 150m 이상, 비행 금지 구역 및 관제권에서 사전 비행승인 필요

▶ 초경량 비행장치 전용공역(UA)

비행승인 없이 비행 가능

▶ 공역이 2개 이상 겹칠 경우

각 기관 허가사항 모두 적용

▶ 고도150m 이상 비행이 필요한 경우

공역에 관계없이 사전 비행승인 필요

▶ 야간에 비행하는 경우

무인비행장치 특별비행승인 필요

비행계획승인

가. 동력비행장치 등 국토교통부령으로정하는 초경량비행장치를 사용하여 국토교통부장관이 고시하는 초경량비행장치 비행제한공역에서 비행하려는 사람은 국토교통부령으로 정하는 바에 따라 미리 국토교통부장관으로부터 비행승인을 받아야 한다.

그림 6-5 드론 원스탑 민원포탈서비스

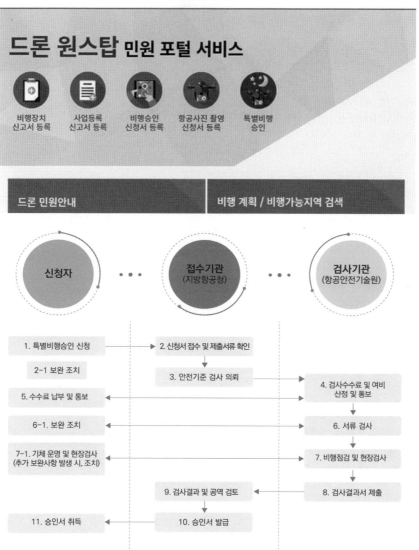

※ 가축 전염병 예방, 확산 방지를 위한 소독 방역 업무 등에 긴급하게 사용하는 경우 불필요
출처 : drone.onestop.go.kr

6.11 위반 시 벌금

표 6-2 항공안전법 위반 시 처벌기준

위반사항	처벌조항	처벌기준
항공안전법 제122조 또는 제123조를 위반 : 초경량비행장치의 신고 또는 변경 신고를 하지 아니하고 비행을 한 자	항공안전법 제161조 제3항 (초경량비행장치 불법 사용 등의 죄)	6개월 이하의 징역 또는 500만원 이하의 벌금
항공안전법 제124조를 위반 : 안전성인증을 받지 아니하고 초경량 비행장치를 이용하여 비행한 자	항공안전법 166조 제1항제10호	500만원 이하의 과태료 1차 : 250 2차 : 375 3차 : 500
항공안전법 제125조제1항을 위반 : 조종자 증명을 받지 아니하고 초경량 비행장치를 이용하여 비행을 한 자	항공안전법 166조제2항 제3호	400만원 이하의 과태료 1차 : 200 2차 : 300 3차 : 400
항공안전법 제129조 제1항을 위반 : 준수사항을 따르지 아니하고 초경량 비행장치를 이용하여 비행한 사람(주류섭취)	항공안전법 166조 제3항제8호	300만원 이하의 과태료 1차 : 150 2차 : 225 3차 : 300
항공안전법 제127조 제3항을 위반 : 승인을 받지 아니하고 초경량비행 장치를 이용하여 비행한 자	항공안전법 166조 제3항제9호	300만원 이하의 과태료 1차 : 150 2차 : 225 3차 : 300
항공안전법 제129조 제5항을 위반 : 승인한 범위 외에서 비행한 자	항공안전법 166조 제3항제10호	200만원 이하의 과태료 1차 : 100 2차 : 150 3차 : 200
항공안전법 제122조 제5항을 위반 : 신고번호를 해당 초경량비행장치에 표시하지 아니하거나 거짓으로 표시한 초경량비행장치소유자 등	항공안전법 166조 제4항제4호2	100만원 이하의 과태료 1차 : 50 2차 : 75 3차 : 100
항공안전법 제128조를 위반 : 국토교통부령으로 정하는 장비를 장착하거나 휴대하지 아니하고 초경량 비행장치를 사용하여 비행을 한 자	항공안전법 166조 제4항제5호	100만원 이하의 과태료 1차 : 50 2차 : 75

위반사항		처벌조항	처벌기준
			3차 : 100
항공안전법 제123조 제4항을 위반: 초경량비행장치의 말소신고를 하지 아니한 초경량비행장치소유자 등		항공안전법 166조 제6항제1호	30만원 이하의 과태료 1차 : 15 2차 : 22.5 3차 : 30
항공안전법 제129조 제3항을 위반: 초경량비행장치사고에 관한 보고를 하지 아니하거나 거짓으로 보고한 초경량비행장치 조종자 또는 그 초경량 비행장치소유자 등		항공안전법 166조 제6항제2호	30만원 이하의 과태료 1차 : 15 2차 : 22.5 3차 : 30
항공사업법 제70조제5항에 따른 자료를 제출하지 않거나 거짓으로 자료를 제출한 경우	1) 자료를 제출하지 않은 경우	항공사업법 제84조 제2항제22호	500만원 이하의 과태료 1차 : 150 2차 : 300 3차 : 500
	2) 거짓으로 자료를 제출한 경우		500만원 이하의 과태료 1차 : 250 2차 : 375 3차 : 500
음주 비행, 비행중 음주 및 음주 측정 요구에 따르지 아니한 자		항공안전법 제131조	3년 이하의 징역 또는 3천만원 이하의 벌금
안전성 인증을 받지 아니한 비행장치를 사용하여 조종자 증명을 받지 아니하고 조종한 자		항공안전법 제124조, 항공안전법 제125조 제1항	1년 이하의 징역 또는 1천만원 이하의 벌금
비행장치의 신고 또는 변경신고를 하지 아니하고 비행한 자		항공안전법 제161조 제3항	6개월 이하의 징역 또는 500만원 이하의 벌금
국토교통부장관의 허가를 받지 아니하고 무인자유기구를 비행한 자		항공안전법 제129조 제2항	500만원 이하의 벌금
국토교통부장관의 승인을 받지 아니하고 초경량비행장치 비행제한공역을 비행한 자		항공안전법 제127조 제2항	500만원 이하의 벌금

6.12 공역 및 항공안전

비행가능공역, 비행금지구역

22개 초경량비행장치 비행공역(UA)에서는 비행승인 없이 비행이 가능하며, 기본적으로 그 외 지역은 비행 불가 지역이나, 최대이륙중량 25kg 이하 드론은 관제권 및 비행금지공역을 제외한 지역에서는 150m 미만의 고도에서는 비행승인 없이 비행이 가능하다.[2]

비행제한구역(R-75) 및 관제권내 지역인 신정교, 가양대교 북단의 드론 비행장소는 서울지방항공청, 수도방위사령부 및 한국모형항공협회의 협의를 통하여 무인비행장치 자율순찰대원(한국모형항공협회 지도조종자 중 선정)의 지도·

그림 6-6 비행가능공역과 비행금지구역 주요 현황

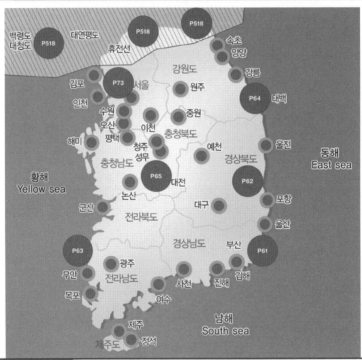

2 비행가능 공역, 비행금지공역 및 관제권 현황은 국토교통부에서 제작한 스마트폰 어플 Ready to Fly 또는 드론원스탑 홈페이지 (http://https://drone.onestop.go.kr/)에서 확인 가능하다.

통제하에서 150m 미만의 고도로 비행할 경우 별도 비행승인 및 공역사용 허가 없이 비행이 가능하다.

관제권 및 비행금지공역 현황

- 관제권은 통상 비행장 중심으로부터 반경 5NM(9.3km)으로 고도는 비행장 별로 상이하다.
- 육군 관제권(비행장교통구역)의 경우 통상 비행장 반경 3NM.(5.6km)

그림 6-7 초경량 비행장치 비행불가 사항

출처: 한국공항공사

공역 및 비행제한구역

가. 비행금지구역

① 안전, 국방상, 그 밖의 이유로 항공기의 비행을 금지하는 공역

나. 비행제한구역

① 항공사격 · 대공사격 등으로 인한 위험으로부터 항공기의 안전을 보호하거나 그 밖의 이유로 비행허가를 받지 않는 항공기의 비행을 제한하는 공역

다. 관제권

① 항공안전법 제2조 제25호에 따른 공역으로서 비행정보구역 내의 B, C

또는 D등급 공역 중에서 시계 및 계기비행을 하는 항공기에 대하여
항공교통관제업무를 제공하는 공역

공역의 설정기준

가. 항공법 제38조 제4항
① 국가안전보장과 항공안전을 고려할 것
② 항공교통에 관한 서비스의 제공여부를 고려할 것
나. 제공하는 항공교통업무에 따른 구분
① 이용자의 편의에 적합하게 공역을 구분할 것
② 공역이 효율적이고 경제적으로 활용될 수 있을 것

그림 6-8 공역의 구분

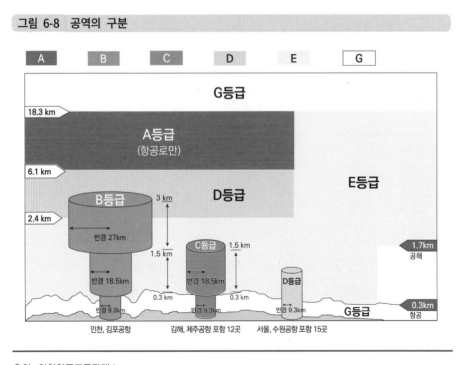

출처: 인천항공교통관재소

6.13 초경량비행장치 신고 및 안전성인증

1. 초경량비행장치의 신고 및 안전성인증

가. 초경량비행장치의 신고

① 초경량비행장치소유자 등은 안전성인증을 받기 전까지 초경량비행장치 신고서에 다음 각 호의 서류를 첨부하여 지방항공청장에게 제출하여야 한다. 이 경우 신고서 및 첨부서류는 팩스 또는 정보통신을 이용하여 제출할 수 있다.

나. 초경량비행장치의안전성 인증 대상

① 무인비행기, 무인헬리콥터 또는 무인멀티콥터 중에서 최대이륙중량이 25Kg을 초과하는 것.

2. 초경량비행장치신고 시 한국교통안전공단에 제출할 서류

① 초경량비행장치를 소유하고 있음을 증명하는 서류.
② 초경량비행장치의 제원 및 성능표.
③ 초경량비행장치의 보험가입을 증명할 수 있는 서류.

3. 신고를 요하지 않는 초경량비행장치

가. 무인동력비행장치중에서 최대이륙중량이 2Kg(2021년 이후) 이하인 것.
나. 연구기관 등이 시험·조사·연구 또는 개발을 위하여 제작한 초경량비행장치.
다. 제작자 등이 판매를 목적으로 제작하였으나 판매되지 아니한 것으로서 비행에 사용되지 아니하는 초경량비행장치.
라. 군사목적으로 사용되는 초경량비행장치.

그림 6-9 초경량 비행장치 신고증명서

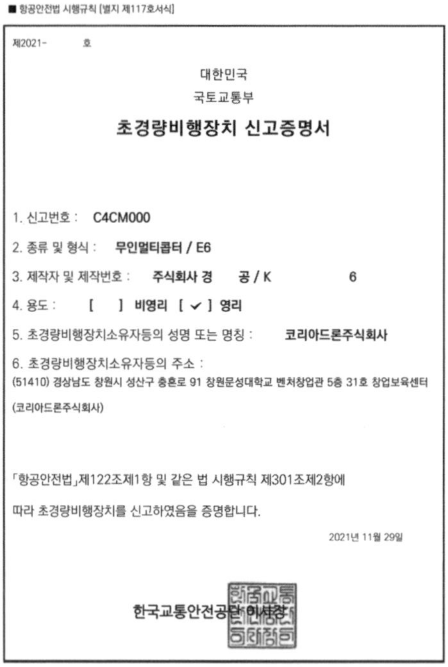

■ 항공안전법 시행규칙 [별지 제117호서식]

제2021~   호

대한민국
국토교통부

초경량비행장치 신고증명서

1. 신고번호 : **C4CM000**

2. 종류 및 형식 : **무인멀티콥터 / E6**

3. 제작자 및 제작번호 : **주식회사 경   공 / K   6**

4. 용도 :   [   ] 비영리 [✓] 영리

5. 초경량비행장치소유자등의 성명 또는 명칭 :   **코리아드론주식회사**

6. 초경량비행장치소유자등의 주소 :
(51410) 경상남도 창원시 성산구 충훈로 91 창원문성대학교 벤처창업관 5층 31호 창업보육센터
(코리아드론주식회사)

「항공안전법」제122조제1항 및 같은 법 시행규칙 제301조제2항에

따라 초경량비행장치를 신고하였음을 증명합니다.

2021년 11월 29일

한국교통안전공단 이사장

4. 초경량비행장치 변경/이전/말소

가. 초경량비행장치 변경

① 초경량비행장치 소유자 등은 신고한 초경량비행장치의 용도, 소유자의
성명 등 국토교통부령으로 정하는 사항을 변경하려는 경우에는 국토
교통부령으로 정하는 바에 따라 국토교통부장관에게 변경신고를 하여
야 한다.

나. 초경량비행장치말소

① 초경량비행장치 소유자 등은 신고한 초경량비행장치가 망실되었거나
그 초경량비행장치를해체(정비, 수송 또는 보관하기 위한 해체는 제외한다)한 경
우에는 그 사유가 발생한 날부터 15일 이내에 국토교통부장관에게 말
소신고를 하여야 한다.

다. 변경신고 사항

① 초경량비행장치의 용도.

② 초경량비행장치 소유자 등의 성명, 명칭 또는 주소.

③ 초경량비행장치의 보관 장소.

라. 초경량비행장치 변경/이전/말소는 지방항공청장에게 신고하여야 한다.

6.14 초경량비행장치 사고/조사

가. 초경량비행장치 사고를 일으킨 조종자 또는 그 초경량비행장치 소유자 등은 다음 각 호의 사항을 지방항공청장에게 보고하여야 한다(항공철도사고조사위원회).

① 조종자 및 그 초경량비행장치소유자 등의 성명 또는 명칭

② 사고가 발생한 일시 및 장소

③ 초경량비행장치의종류 및 신고번호

④ 사고의 경위

⑤ 사람의 사상 또는 물건의 파손 개요

⑥ 사상자의 성명 등 사상자의 인적사항을 파악을 위하여 참고가 될 사항

6.15 초경량비행장치 비행 시 필요사항

초경량비행장치비행 시 필요 사항

① 비행할 지역의 비행 승인.
② 초경량비행장치조종 자격증 소지.(최대이륙중량 250g 이하의 초경량비행장치는
   제외)
③ 기상 상태 확인.
④ 보호장비 착용.
⑤ 비행할 초경량비행장치점검.
⑥ 주위의 장애물 및 안전거리 확보.

표 6-3   비행 전 준비 및 점검사항

1	기체 외관 점검 및 프로펠러, 카메라 장착(모터 유격, 프로펠러, 스키드 유격, 나사 풀림)
2	카메라 렌즈 이물 및 SD카드 장착 확인(이륙 전 사진 촬영 테스트)
3	지구자기장지수 및 기상 상태 확인(지구자기장지수 5 이상 시 비행금지권고, 풍속 확인)
4	기체와 조종기 배터리 충전상태 확인(배터리 예열 및 GPS신호수신 확인)
5	태블릿PC나 스마트폰에 드론 제어 애플리케이션 연결 확인
6	콤파스 캘리브레이션 실시(비행 전 콤파스 캘리브레이션 권장)
7	기체 상태 모니터링(비행 모드, 카메라 설정, 에러 등을 확인)
8	GPS 수신상태 확인(위성 신호가 4개 이상 잡힌 후 비행 권장, 홈포인트 확인)
9	이륙 전 주변 지형지물 파악 후 이륙(고압전선, 가로수, 가로등, 건축물 등)
10	착륙지점 확인 후 착륙(착륙지점 지면 상태, 장애물 확인. 착륙 후 모터 정지 확인)

6.16 예시문제

1. 초경량비행장치를 소유한 자는 지방항공청장에게 신고할 때 첨부하여야 할 것이 아닌 것은? [정답률 : 73.4%]
① 초경량동력비행장치를 소유하고 있음을 증명하는 서류
② 비행안전을 확보하기 위한 기술상의 기준에 적합함을 증명하는 서류
③ 초경량동력비행장치의 설계도, 설계 개요서, 부품목록
④ 제원 및 성능표

2. 다음 중 항공법상 초경량비행장치라고 할 수 없는 것은? [정답률 : 78.72%]
① 낙하산류에 추진력을 얻는 장치를 부착한 동력 패러글라이더
② 하나 이상의 회전익에서 양력을 얻는 초경량 자이로플랜
③ 좌석이 2개인 비행장치로서 자체 중량 115kg을 초과하는 동력비행장치
④ 기체의 성질과 온도차를 이용한 유인 또는 계류식기구류

3. 항공법상에 규정하는 무인비행장치사용사업을 위해 꼭 가입해야 하는 보험은 어떤 보험인가? [정답률 : 85.11%]
① 대인기체보험
② 대인/대물 배상 책임보험
③ 기체대물보험
④ 파손보험

4. 우리나라 항공법의 목적은 무엇인가? [정답률 : 80.85%]
① 항공기의 안전한 항행과 항공운송사업 등의 질서 확립
② 항공기 등 안전항행기준을 법으로 정함
③ 국제 민간항공의 안전 항행과 발전 도모
④ 국내 민간항공의 안전 항행과 발전 도모

5. 우리나라 항공법의 기본이 되는 국제법은? [정답률 : 91.49%]

① 일본 동경협약

② 국제민간항공조약 및 같은 조약의 부속서

③ 미국의 항공법

④ 중국의 항공법

법규 - 학과시험 예시문제

6. 초경량비행장치조종자의 준수사항에 어긋나는 것은? [정답률: 80.95%]

① 항공기 또는 경량 항공기를 육안으로 식별하여 미리 피하여야 한다.

② 해당 무인비행장치를 육안으로 확인할 수 있는 범위 내에서 조종해야 한다.

③ 모든 항공기, 경량항공기 및 동력을 이용하지 아니하는 초경량비행장치에 대하여 우선권을 가지고 비행하여야 한다.

④ 레저스포츠사업에 종사하는 초경량비행장치조종자는 비행 전 비행안전사항을 동승자에게 충분히 설명하여야 한다.

7. 초경량비행장치의신고 시 지방항공청장에게 첨부하여 제출할 서류가 아닌 것은? [정답률: 61.9%]

① 초경량비행장치를 소유하고 있음을 증명하는 서류

② 초경량비행장치를 운용할 조종사, 정비사 인적사항

③ 초경량비행장치의 제원 및 성능표

④ 초경량비행장치의 보험 가입을 증명할 수 있는 서류

8. 공역의 설정기준에 어긋나는 것은? [정답률 : 82.14%]

① 국가 안전보장과 항공 안전을 고려한다.

② 항공교통에 관한 서비스의 제공여부를 고려해야 한다.

③ 공역의 구분이 이용자 보다는 설정자가 쉽게 설정할 수 있어야 한다.

④ 공역의 활용에 효율성과 경제성이 있어야 한다.

> A. 지상에 있어서 운행중인 항공기
>
> B. 착륙을 위하여 최종진입의 진로에 있는 항공기
>
> C. 착륙 조작을 행하고 있는 항공기
>
> D. 비행중의 항공기

9. 다음 보기에서 항공기의 진로 우선순위 중 맞는 것은? [정답률 : 72.62%]

① D − C − A − B

② B − A − C − D

③ C − B − A − D

④ B − C − A − D

CHAPTER
07

항공역학

7.1 기체 조종면

7.2 모터

7.3 비행모드

7.4 힘 작용

7.5 지면효과

7.6 예상문제

7.1 기체 조종면

조종면

① 비행기를 세 개의 축에 대해서 운동하도록 하기 위해서 조종실에서 움직일 수 있는 항공역학적 표면.

② 3축운동 : X, Y, Z 축의 회전을 통해 기체의 공중조작을 컨트롤 한다.

그림 7-1 항공기의 3축운동

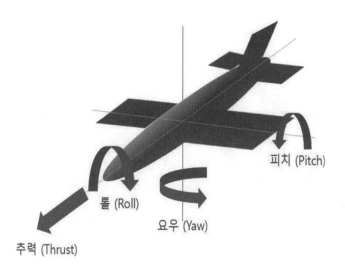

피치 (Pitch)

롤 (Roll)

요우 (Yaw)

추력 (Thrust)

7.2 모터

가. DC모터 : 영구자석이 회전. 브러쉬와 마찰에 의한 동력손실 및 내구
도 저하, 소음발생. 가격이 저렴. 제어가 간편하며 응답성이 더 높다.

나. BLDC모터 : 전자석이 회전. 브러쉬가 없어져 DC모터의 단점을 보완,
반영구적 수명. 가격이 비쌈. 소음이 적으며 정밀한 구동이 가능하다.

그림 7-2 | 모터의 종류

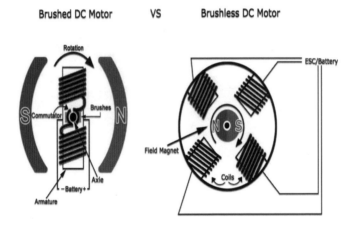

Brushed DC Motor   VS   Brushless DC Motor

비행모드

가. 멀티콥터의 비행모드 : GPS모드, 자세모드(Atti모드), 수동모드(Manual 모드)

나. 드론의 회전면에 따른 기체의 움직임

① 전진비행 : 앞쪽의 모터는 느려지고 뒤쪽의 모터는 빨라진다.

② 후진비행 : 뒤쪽의 모터는 느려지고 앞쪽의 모터는 빨라진다.

③ 좌측비행 : 우측의 모터가 빨라지고 좌측의 모터는 느려진다.

④ 우측비행 : 좌측의 모터가 빨라지고 우측의 모터는 느려진다.

⑤ 좌측회전 : 시계방향 모터는 빨라지고 반시계방향 모터는 느려진다.

⑥ 우측회전 : 시계방향 모터는 느려지고 반시계방향 모터는 빨라진다.

⑦ 상승 : 모터 전체의 속도가 빨라진다.

⑧ 하강 : 모터 전체의 속도가 느려진다.

그림 7-3 드론의 비행원리

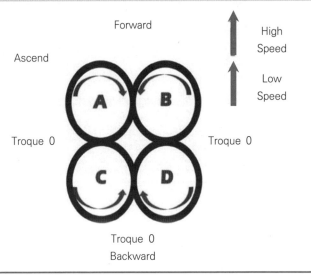

Chapter 07 항공역학 **231**

7.4 힘 작용

항공기에 작용하는 4가지 힘

① 양력 : 공기의 흐름을 이용하여 상승하는 힘.

② 중력 : 지구중심으로 작용하는 힘.

③ 추력 : 기체의 이동방향으로 작용하는 힘.

④ 항력 : 기체 이동방향의 반대방향으로 작용하는 힘.

그림 7-4 항공기에 작용하는 네 가지 힘

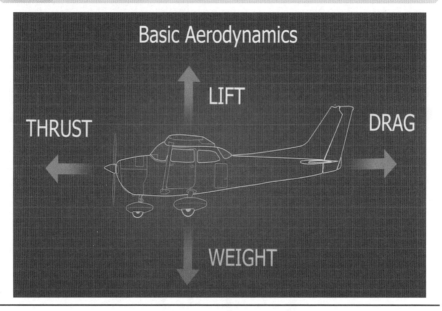

https://pilotinstitute.com/what-is-drag/

토크와 반토크

① 토크 : 프로펠러의 회전방향의 반작용으로 반대방향으로 회전하는 힘
② 반토크 : 회전익 기체의 토크 현상을 막기 위해 테일로터 또는 동축반
   전의 형태로 작용시키는 힘

항력의 종류

① 형상항력(날개 앞 모양에 따른 항력)
② 마찰항력(표면의 거칠기에 따른 항력)
③ 유도항력(양력의 영향으로 생기는 항력)
④ 조파항력(공기의 압축성충격파에 의한 항력)

그림 7-5 항력의 종류

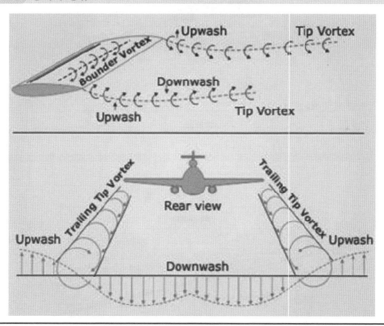

에어포일(airfoil)

① 날개골이라고도 한다. 유선형의 형상을 갖고 있는 익형은, 유체 내에서 운동하면서 공력을 발생시키기 때문에 비행기의 날개뿐만 아니라 헬리콥터의 회전 날개의 단면이나 프로펠러의 단면 등 다양하게 활용되고 있다.

② 바람방향에 대한 시위선의 각을 받음각이라고 한다.

③ 동체의 기준선. 즉, 동체 세로축선과 시위선이 이루는 각을 붙임각이라고 한다.

그림 7-6 붙임각과 받음각

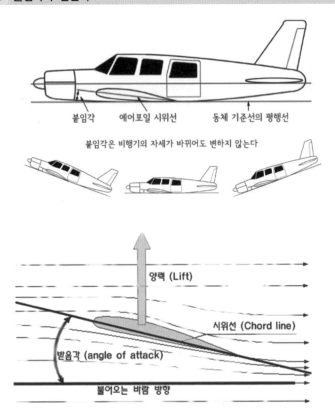

붙임각   에어포일 시위선   동체 기준선의 평행선

붙임각은 비행기의 자세가 바뀌어도 변하지 않는다

양력 (Lift)

시위선 (Chord line)

받음각 (angle of attack)

불어오는 바람 방향

지면효과

가. 지면효과

항공기가 지면과 가까울 때 하강기류가 지면에 부딪히면서 생기는 양력의 상승효과.

나. 후류

날개를 따라 지나는 공기의 흐름이 날개 뒤쪽을 지나 박리가 생겨 소용돌이 치는 공기의 흐름.

다. 날개 끝 와류

날개 끝에서 생기는 공기의 소용돌이를 날개 끝 와류라고 한다.

라. 윙렛(winglet)

날개 끝 장치의 하나로서 비행기 날개 끝을 살짝 위쪽으로 꺾거나 이중 날개 등으로 설계하여 날개에 의해 갈라진 공기의 와류를 줄여주고 유도항력을 감소시킨다.

그림 7-7   지면효과

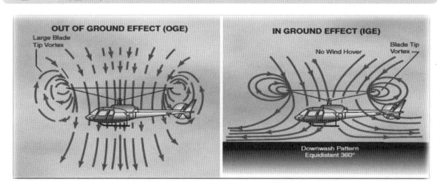

1. 비행장치에 작용하는 힘은? [정답률 : 90.43%]

① 양력, 중력, 추력, 항력

② 양력, 중력, 무게, 추력

③ 양력, 무게, 동력, 마찰

④ 양력, 마찰, 추력, 항력 .

2. 날개의 붙임각에 대한 설명으로 옳은 것은? [정답률 : 52.13%]

① 날개의 시위와 공기흐름의 방향과 이루는 각이다.

② 날개의 중심선과 공기흐름 방향과 이루는 각이다.

③ 날개 중심선과 수평축이 이루는 각이다.

④ 날개 시위선과 비행기 세로축선이 이루는 각이다.

3. wing let(윙렛) 설치 목적은 무엇인가? [정답률 : 69.15%]

① 형상항력감소

② 유도항력감소

③ 간섭항력감소

④ 마찰항력감소

4. 실속 속도를 설명한 것으로 틀린 것은 어느 것인가? [정답률 : 52.13%]

① 상승할 수 있는 최소의 속도이다.

② 수평비행을 유지할 수 있는 최소의 속도이다.

③ 하중이 증가하면 실제 실속속도는 커진다.

④ 실속속도가 크면 이·착륙 활주거리가 길어진다.

5. 동력비행장치의 성능에서 상승력에 관한 설명이다. 맞는 것을 고르시오.

[정답률 : 46.81%]

① 필요마력이 작고 이용마력이 크면 상승력이 좋다.

② 이용마력이 작고 여유마력이 크면 상승력이 좋다.

③ 여유마력이 작고 이용마력이 작으면 상승력이 좋다.

④ 필요마력이 크고 여유마력이 작으면 상승력이 좋다.

6. 동력비행장치가 비행 중 어느 한쪽으로 쏠림이 생기면 조종사는 계속 조종간
   을 한쪽으로 힘을 주고 있어야 한다. 이런 경우 조종력을 "0"으로 해주거나
   조종력을 경감하는 장치는 다음 중 어느 것인가? [정답률 : 71.28%]

① 도움날개

② 트림(Trim)

③ 플랩(Flap)

④ 승강타

7. 무인비행장치비행모드 중에서 자동복귀에 대한 설명으로 맞는 것은?

[정답률 : 84.52%]

① 자동으로 자세를 잡아주면서 수평을 유지시켜주는 비행모드

② 자세제어에 GPS를 이용한 위치제어가 포함되어 위치와 자세를 잡아
   준다.

③ 설정된 경로에 따라 자동으로 비행하는 비행 모드

④ 비행 중 통신두절 상태가 발생했을 이륙 위치나 이륙 전 설정한 위치
   로 자동 복귀한다.

8. 다음 중 산악지형 등 이착륙 공간이 좁은 지형에서 사용되는 이착륙 방식에
   적합한 비행체 형태와 거리가 가장 먼 것은? [정답률 : 76.19%]

① 고정익 비행기

② 헬리콥터

③ 다중 로터형 수직이착륙기

④ 틸트로터형 수직이착륙기

9. 양력을 발생시키는 원리를 설명할 수 있는 법칙은? [정답률 : 85.71%]

① 파스칼 원리

② 에너지 보존법칙

③ 베르누이 정리

④ 작용 반작용 법칙

10. 비행 중 항력이 추력보다 크면? [정답률 : 75.58%]

① 가속도 운동

② 감속도 운동

③ 등속도 운동

④ 정지

CHAPTER
08

항공기상

8.1 대기권

8.2 기온과 기압

8.3 바람과 지형

8.4 구름

8.5 고기압과 저기압

8.6 기단

8.7 전선

8.8 예시문제

8.1 대기권

① 대류권 : 지상에서 약 0~10Km의 대기층(지구 대기권의 가장 낮은 부분)

　　전체 대기 질량의 약 75~90% 차지

　　대류 운동이 활발하고 기상 현상이 발생

　　1Km 상승할 때마다 온도가 약 6.5도 하강(1,000ft당 2도 하강)

　　대류권의 온도는 지표면에서 올라오는 태양 복사열에 좌우됨

② 성층권 : 지상에서 약 10~50Km 사이의 대기층

　　대류 현상이 거의 없으며 대형 여객기나 군용 정찰기의 항로

　　대류권계면에서 35Km 상공까지 온도 변화가 거의 없음

③ 중간권 : 지상에서 50~90Km 사이의 대기층

　　대류 현상이 거의 없으며 일부 전리층을 포함

　　고도가 상승할수록 온도가 하강

　　유성이 중간권에서 마찰로 인해 타올라 사라짐

④ 열권 : 지상에서 약 80~1,000Km 사이의 대기층

　　대부분의 전리층을 포함

　　오로라가 발생하며 인공위성의 궤도

　　고도가 상승할수록 온도가 상승

그림 8-1 대기권의 구성

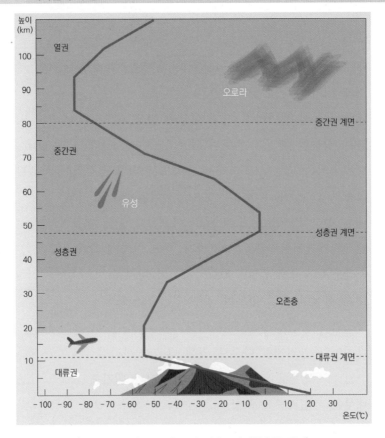

(고도가 상승할수록 온도가 상승, 하강할수록 하강)

출처 : 두산백과사전

8.2 기온과 기압

① 기온 측정 높이 1.5m(백엽상)

② 기상의 7대 요소 : 기압, 기온, 습도, 구름, 강수, 바람, 시정

③ 해수면 표준기압 : 기온 15℃ 기압 1013.25hPa＝29.92inchHg＝1기압
   (atm)＝760mmHg

④ 섭씨와 화씨 : 섭씨 0℃는 화씨 32℃(섭씨 100℃는 화씨 212℃)

⑤ 온도가 증가할수록 기압과 밀도는 낮아지고 습도는 증가

⑥ 비열 : 물질 1g의 온도를 1℃ 올리는 데 요구되는 열

| 그림 8-2 백엽상 |

기온 측정

8.3 바람과 지형

가. 바람이 부는 주요 원인 : 태양 복사열의 불균형, 지구의 자전

나. 바람의 종류
① 푄현상 : 바람이 산 표면에 닿아 그 바람이 산을 넘어 하강 기류로 내려와 따뜻하고 건조한 바람이 불고 그 부근의 기온이 오르는 현상
② 계절풍 : 대륙과 해양의 비열 차이로 발생. 1년 동안 계절에 따라 바뀌는 바람
③ 편서풍 : 중위도 지방의 남위 및 북위 35~65도의 상공에서 1년 내내 서에서 동으로 치우쳐 부는 바람
④ 곡풍 : 낮에 산비탈을 향해 부는 바람(낮에 산꼭대기의 공기가 더 일찍 가열되기 때문)
⑤ 산풍 : 밤에 산비탈에서 불어나가는 바람(밤에 산꼭대기의 공기가 더 빨리 냉각되기 때문.)

다. 안개
① 안개 : 대기에 떠다니는 작은 물방울 모임중에서 지표면과 접촉하여 가시거리가 1Km 이하가 되는 현상. 구름과의 차이점은 AGL(절대고도) 50ft 이상에서 발생 시 구름, 50ft 이하에서 발생 시 안개
② 황사 : 사막에 있는 모래와 먼지가 상승하여 편서풍을 타고 멀리 날아가 서서히 가라앉는 현상
③ 스모그 : 차량 배기가스나 화력발전소, 공장 등에서 나오는 대기 오염 물질이 대기중에 떠다니는 현상

그림 8-3 푄현상(국립산림과학원)

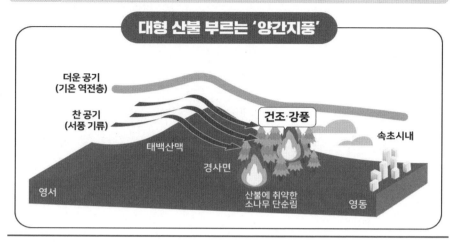

출처: 국립산림과학원

8.4 구름

구름의 종류

가. 상층운 : 지상 5천~1만 3천m의 대류권의 저온부에서 형성

① 권운 : 매우 작은 얼음의 결정으로 되어 있으며 가는 선, 흰 조각, 좁은 띠 모양을 띄고 있음

② 권층운 : 태양이나 달의 무리를 나타나게 하는 반투명의 흰 베일과 같은 구름

③ 권적운 : 양털 모양의 작은 덩어리 구름. 무지갯빛 구름이나 코로나를 볼 수 있음

나. 중층운 : 지상 2~7천m 높이에서 형성

① 고층운 : 층 모양의 엷은 흑색 구름. 두께가 수백에서 수천m에 이름

② 고적운 : 양떼가 줄을 지은 모양의 구름. 구름의 입자가 대부분 작은 물방울로 빙정도를 나타남

다. 하층운 : 지상 2천m 이하 높이에서 형성

하층운이 땅에 닿으면 안개로 부름

① 층운 : 층 모양의 구름. 안개가 공중으로 떠오른 것 같은 형태의 작은 물방울 집합체

② 층적운 : 두껍거나 편평한 덩어리 모양의 구름. 더 이상 수직으로 올라가지 못하고 수평으로 발달

③ 난층운 : 두껍고 눈, 비가 내리는 검은 회색 구름. 주로 지상 2~7천m 이하 높이에서 형성. 하늘 전체를 덮고 두꺼운 층을 이룸

그림 8-4 구름의 종류

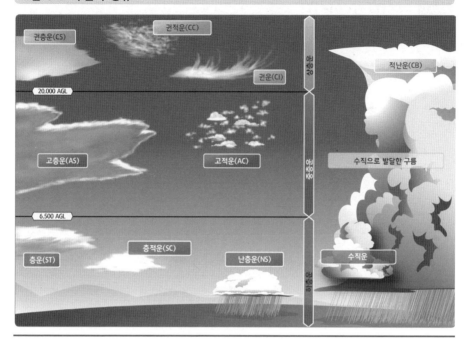

권층운(CS)

권적운(CC)

권운(CI)

20,000 AGL

고층운(AS)

고적운(AC)

6,500 AGL

층운(ST)

층적운(SC)

난층운(NS)

상층운

중층운

하층운

적난운(CB)

수직으로 발달한 구름

수직운

출처: 항공안전연구소

8.5 고기압과 저기압

가. 고기압 : 주위보다 상대적으로 기압이 높은 곳.

① 보통 하강기류가 있으므로 고기압의 영향을 받을 땐 날씨가 맑음. 소멸 단계의 고기압 또는 고기압 후면에서 하층이 가열되면 대기가 불안정하여 적란운이 발생하고 심하면 소나기나 뇌우를 동반하는 경우도 있음

② 일반적으로 바람은 기압이 높은 곳에서 낮은 곳으로 불며 이때 고기압은 북반구에서 시계방향으로 회전하며 남반구에선 시계반대방향으로 회전함

③ 풍속은 중심에 가까워질수록 약해진다.

④ 이동성 고기압을 제외하면 대체로 아주 느리게 이동하거나 제자리에 위치한다.

나. 한랭고기압 : 방사 냉각이 강하여 지표 부근의 공기의 밀도가 커져서 생기는 고기압. (예 : 겨울의 시베리아 고기압이 있음)

다. 온난고기압 : 대기 순환 중에서 공기가 막혀 그 지표에 형성되는 고기압. (예 : 여름의 북태평양 고기압이 있음)

라. 이동성 고기압 : 두 저기압 사이를 빠른 속도로 이동하는 고기압. 봄과 가을에 한랭고기압과 온난고기압이 약해질 때 주로 나타남

마. 저기압 : 주위에 비해 기압이 낮은 곳을 말함

저기압은 그 생성 방법에 따라 몇 가지 종류로 나눌 수 있으며 저기압 중에서 가장 빈번하게 발생하고, 더욱이 발생하면 폭풍우를 동반하는 것은

한대전선상에서 발생. 이 저기압을 온대 저기압 또는 전선성 저기압이라
고 한다.

바. 태풍 : 북태평양 서쪽 열대 해상에서 발생하는 열대 저기압의 한 종류
　　　로, 중심풍속이 17.2m/s 이상 되었을 때 태풍이라 판정하고, 세력이
　　　약해지면 열대저압부라고 부른다.

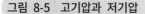
그림 8-5　고기압과 저기압

	고기압	저기압
주위보다 상대적으로	기압이 높은곳▲	기압이 낮은곳▼
바람방향	시계 방향	반시계 방향
기류	하강기류	상승기류
날씨	대체로 맑음	비나 눈 내리는 경우 많음

출처 : 기상청

그림 8-6 2017년 21호 태풍 <란>

출처 : 기상청

8.6 기단

가. 북태평양 기단 : 해양성 열대 기단으로, 태평양 아열대기단의서부에 해당하여 주로 여름철에 발달한다.

나. 시베리아 기단 : 대륙성 한대 기단으로 시베리아의 넓은 지역에서 발달한다. 주로 겨울철에 발달한다.

다. 오호츠크해 기단 : 해양성 한대 기단으로 오호츠크해 방면의 차가운 해상에서 발생한다. 장마나 가을비가 내리는 시기에 한반도 동쪽에 이 기단이 자리잡는다.

라. 양쯔강 기단 : 중국 앙쯔강유역에서 발원하여 봄과 가을에 한반도에 영향을 준다.

마. 적도 기단 : 적도 부근에 위치하는 고온 다습한 기단으로 태풍과 함께 북상하여 한반도에 영향을 준다.

그림 8-7 우리나라의 기단

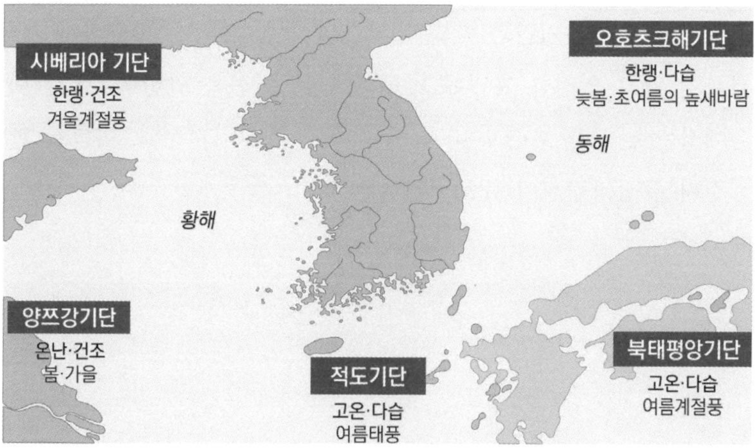

출처 : 두디피아

8.7 전선

가. 전선면과 지표면이 만나는 선을 전선이라고 한다. 기단이 발원지를 떠나 이동하여 다른 기단과 만나게 되어 두 기단의 경계를 전선면이라고 한다.

① 온난전선 : 전선 중에서 따뜻한 기단이 차가운 기단 쪽으로 이동하는 전선을 말한다. 두 기단의 경계면의 경사는 완만하다. 권층운, 고층운 등이 나타나고 다음에 난층운이 와서 비 또는 눈이 오게 된다. 온난전선이 지나간 다음에는 일반적으로 기압이 감소한다.

② 한랭전선 : 찬 기단이 따뜻한 기단 밑으로 파고들면서 밀어내는 전선이다. 경사는 온난전선보다 크다. 적운 또는 적란운이 대부분이기 때문에 소나기성 비가 내린다. 뇌우를 동반하는 경우가 많고 상승기류가 있기 때문에 전선이 가까이 오면 기압은 하강한다.

③ 폐색전선 : 한랭전선과 온난전선이 겹쳐진 전선을 말한다. 계속해서 진행되면 공기는 안정되어 온대저기압은 소멸한다. 폐색전선에 따른 날씨는 한랭전선과 온난전선에서 나타나는 날씨와 비슷하게 나타난다.

④ 정체전선 : 찬 기단과 따뜻한 기단의 양쪽 세력이 비슷하여 거의 이동하지 않고 일정한 자리에 머물러 있는 전선을 말한다. 정체전선 근처에서는 날씨가 흐리고 비가 오는 시간도 길어지는데, 여름철 한반도에 걸치는 장마전선이 대표적인 예이다.

그림 8-8 전선의 종류

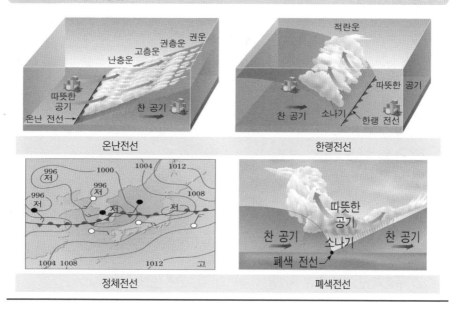

출처: 위키백과

8.8 예시문제

1. 다음 중 구름을 구분한 것 중 가장 적절하게 분류한 것은 어느 것인가?
   [정답률 : 71.28%]
   ① 높이에 따른 상층운, 중층운, 하층운, 수직으로 발달한 구름
   ② 층운, 적운, 난운, 권운
   ③ 층운, 적란운, 권운
   ④ 운량에 따라 작은 구름, 중간 구름, 큰 구름 그리고 수직으로 발달한 구름

2. 구름과 안개의 구분 시 발생 높이의 기준은? [정답률 : 73.4%]
   ① 구름의 발생이 AGL 50ft 이상 시 구름, 50ft 이하에서 발생 시 안개
   ② 구름의 발생이 AGL 70ft 이상 시 구름, 70ft 이하에서 발생 시 안개
   ③ 구름의 발생이 AGL 90ft 이상 시 구름, 90ft 이하에서 발생 시 안개
   ④ 구름의 발생이 AGL 120ft 이상 시 구름, 120ft 하에서 발생 시 안개

3. 산바람과 골바람에 대한 설명 중 맞는 것은? [정답률 : 70.21%]
   ① 산악지역에서 낮에 형성되는 바람은 골바람으로 산 아래에서 산 정상으로 부는 바람이다.
   ② 산바람은 산 정상부분으로 불고 골바람은 산 정상에서 아래로 부는 바람이다.
   ③ 산바람과 골바람 모두 산의 경사 정도에 따라 가열되는 정도에 따른 바람이다.
   ④ 산바람은 낮에 그리고 골바람은 밤에 형성된다.

4. 태풍에 관한 설명으로 옳지 않은 것은? [정답률 : 75.53%]

① 열대지방(해양)을 발원지로하고 폭풍우를 동반한 저기압을 총칭해서 열대성 저기압이라고 한다.

② 미국을 강타하는 "허리케인"과 인도지방을 강타하는 "싸이클론"이 있다.

③ 발생수는 7월경부터 증가하여 8월에 가장 왕성하고 9.10월에 서서히 줄어든다.

④ 하층에는 태풍진행 방향의 좌측반원에서는 태풍기류와 일반기류와 같은 방향이 되기 때문에 풍속이 더욱 강해진다.

4. 지구의 기상이 일어나는 가장 근본적인 원인은 무엇인가? [정답률 : 81.91%]

① 해수면의 온도 상승

② 구름의 양

③ 바람

④ 지구 표면의 태양 에너지의 불균형

5. 한랭전선의 특징이 아닌 것은? [정답률 : 65.96%]

① 적운형 구름

② 따뜻한 기단 위에 형성된다.

③ 좁은 지역에 소나기나 우박이 내린다.

④ 온난전선에 비해 이동 속도가 빠르다.

6. 공기는 고기압에서 저기압으로 흐른다. 이러한 흐름을 직접적으로 방해하는 힘은? [정답률 : 67.02%]

① 구심력

② 원심력

③ 전향력

④ 마찰력

7. 태풍경보는 어떤 상황일 때 발령되는가? [정답률 : 52.13%]

① 태풍으로 인하여 풍속이 15㎧ 이상, 강우량이 80mm 이상 시

② 태풍으로 인하여 풍속이 17㎧ 이상, 강우량이 100mm 이상 시

③ 태풍으로 인하여 풍속이 20㎧ 이상, 강우량이 120mm 이상 시

④ 태풍으로 인하여 풍속이 25㎧ 이상, 강우량이 150mm 이상 시

8. 지표면에서 기온역전이 가장 잘 일어날 수 있는 조건은? [정답률 : 66.67%]

① 바람이 많고 기온차가 매우 높은 낮

② 약한 바람이 불고 구름이 많은 밤

③ 강한 바람과 함께 강한 비가 내리는 낮

④ 맑고 약한 바람이 존재하는 서늘한 밤

9. 평균 해면에서의 온도가 20℃일 때 1,000ft에서의 온도는 얼마인가?

   [정답률 : 84.88%]

① 40°C

② 18°C

③ 22°C

④ 0°C

CHAPTER
09

사례연구

김영국의 세상풍경(한국NGO신문 고정칼럼, 2022.01.03)
김영국 계명대 벤처창업학과 교수·한국메타버스협회 고문·Saxophonist·한국
NGO신문 논설위원.

왜 '메타버스'에 열광하는가?

속칭 '2번째 지구'로 불리는 가상세계의 주류인 메타버스(Metaverse) 트렌드가 대세(大勢)다. '첫 번째 버스는 놓쳐도 메타버스는 반드시 탑승해야 한다'는 우스갯소리가 나올 정도다. 혹자들은 최근 모후보의 '매타버스(매주 타는 버스)가 아니냐?'는 문의가 한국메타버스협회에 종종 올 정도다.

이미 지난 한 해 동안 메타버스는 글로벌 트렌드로 크게 자리를 잡고 있다. 교육과 게임, 소셜과 금융, 레저와 엔터테인먼트 등 전 산업군에 걸쳐 다양하고 빠른 속도로 산업계 전반의 지형을 무분별하게 강타하고 있다.

최근 페이스북이 '메타'로 개명(改名)하고, '로블록스'는 넷플릭스 시리즈 '오징어 게임'에 열광하는 전세계 플레이어들의 플랫폼으로, 네이버제트의 '제페토'는 부캐 열풍에 환호하는 MZ세대들의 큰 호응을 끌어내고 있다. 넥슨과 넷마블 등 국내 게임을 선도하는 유수기업들도 서로 앞다퉈 메타버스 투자와 광풍 같은 열풍에 선택과 집중으로 큰 흐름을 주도하고 있다.

금융권의 경우도 마찬가지다. MZ세대를 타깃으로 은행과 증권사가 앞다투어 경쟁적으로 '메타버스' 관련 상품을 속속 출시하고 있다. 우리은행의 경우, 글로벌 메타버스 전문업체인 '오비스(oVice)'와 공동으로 메타버스 공간에서 소상공인들의 편의성 증대를 감안해, 온라인으로 실제 업무를 볼 수 있는 '우리메타브랜치'를 금융권 최초로 오픈했다.

이는 은행이 현재 운영 중인 '소상공인 종합지원센터'를 '메타버스'로 구현한 셈이다. 전담직원이 정책금융대출과 상권과 입지 분석 등을 비롯하여 각종 사업계획 수립 지원 등 소상공인을 위한 1대 1 맞춤 컨설팅을 인터넷으로 제공한다. 곧 모바일 버전도 출시할 예정이다.

향후, 은행의 모든 금융서비스를 고객이 메타버스 공간에서 처리가 가능한 플랫폼도 조만간에 구축될 전망이다. 곧 한국청년기업가정신재단의 'K－메타버스 엑스포 2021'도 열린다. 왜 메타버스에 열광하는가? 새로운 트렌드에 대한 융합형 비즈니스 모델의 등장과 시장에서의 비교우위 선점(先占) 경쟁, 4차 산업혁명의 시대의 빠른 진전에 따른 연관 기술과 높아지는 소비자의 욕구, 위드 코로나 시대의 장기화 등에 따른 산업계의 지형변화로 인해 빛의 속도로 진화하고 있는 게 지금의 '메타버스 세상 풍경'이 아닐까?

앞만 보고 달리는 경주마도 종종 멈추어 물과 풀을 먹고 말발굽을 점검해야 하듯, 메타버스에 대한 정책과 규제의 '방향과 속도 검증' 등 풀어야 할 실타래가 곳곳에 산재해 있다. 이런 때일수록 '선택과 집중'의 엄격한 잣대가 종종 필요하다면, 필자만의 고집일까? 그렇다. 우리는 지금 '만화 같은 세상을 꿈꾸며' 살고 있지 않은가?

사례
연구
2

[특별기획] 경영자가 본 〈시시각각 트렌드〉 1회(한국NGO신문 고정칼럼, 2022.01.15.)
김영국 계명대 벤처창업학과 교수 · 한국메타버스협회 고문 · Saxophonist · 객원논
설위원

트렌드, 과연 약(藥)일까? 독(毒)일까?

전 산업분야에 걸쳐 곳곳마다 온통 트렌드가 대세다. 트렌드는 곧 시대의
흐름이요, 최대 관심사다. 최근 트렌드의 주축은 4차 산업혁명과 전기자동차,
메타버스, 드론, 핀테크, 6차 산업, 먹방과 MZ, 인구노령화, 노후의 삶과 워라
벨(일과 삶의 균형) 등이다. 최근까지 라스베이거스에서 열린 세계 최대 가전 전
시회인 '2022 CES'는 그야말로 최고의 트렌드 신기술들이 모여, 최강 제품들
의 불꽃 튀는 경쟁이 전쟁터 같은 현장이었다. 이에 한국NGO신문은 산업현
장에서 실시간으로 변화무상하게 진화되고 있는 '트렌드(Trend)'를 신속히 전달
하기 위해 계명대학교 글로벌창업대학원에서 산학협동으로 공부하고 있는 각
분야 주요 경영자들의 경험과 혜안을 "경영자가 본 〈시시각각 트렌드〉"로
여러 차례에 걸쳐 싣고자 한다. 그 첫회를 한국NGO신문 객원 논설위원이자
학교에서 트렌드 분석 수업을 진행하고 있는 계명대학교 김영국 교수님의 '트
렌드, 과연 약(藥)일까? 독(毒)일까?'로 시작한다.

위드 코로나 시대의 변화가 곳곳에서 일어나는 때, 우리의 생활과 소비
패턴 채널의 트렌드가 크게 다양화되고 있다. 왜냐하면, 트렌드는 그야말로
무궁무진할 정도로 각양각색이다. 이런 때의 변화는 두 가지 상반된 측면이

있다. 왜냐하면, 온라인과 비대면 및 오프라인과 대면의 양 날개가 상존(常存)
때문이다.

올해 CES에서 보여준 대부분의 혁신 기술이 코로나 19로 빠르게 진화한
기술이 특징이다. 특히, 코로나19로 전시회가 어려우면서도, 오히려 그렇기 때
문에 CES가 더 주목받는 역설적인 측면이 있는 것 같다.

트렌드(Trend)는 보통, 한 시대의 경향과 여론 및 사태 등의 동향을 모은
대세적인 추세(趨勢)와 유행이 핵심키워드가 된다. 특히, 대선이 다가올 때면,
정치판에서조차 온갖 공약(空約) 트렌드가 난무(亂舞)하고 있다.

네덜란드의 경우를 보자. 미시적 차원의 네덜란드식 창업 트렌드 접근 방
법은 대학(원)과 중고생, 창업기관(기업) 간의 활발한 트라이앵글(삼각 구도)이 실
질 교류로 이어져 3자 간의 윈-윈 협업 포인트가 곧 트렌드가 되게 하는 것
이다.

어떻게 지금까지 축적된 낡은 지식으로 새로운 트렌드의 방향과 속도의
아방가르드, 즉 새로운 창조를 모색할 수 있단 말인가? 그렇다. 우리도 이제는
실무(현장) 중심의 새로운 창업교육기법으로 곳곳의 새로운 트렌드에서 나타나
는 사회적인 현상, 순기능과 역기능의 균형문제들을 해결해야 할 것이다.

메타버스, NFT, 우주 기술이 금번 2022 CES의 새로운 키워드임에는 이론
(異論)의 여지가 없을 정도다. 그 외에는 기존에도 있었던 주요 기술 흐름인 디
스플레이나 인공지능이나 모빌리티나 스마트홈. 그리고 디지털 헬스 등이 주
요 트렌드다.

코로나19와 신종바이러스의 장기화 추세로, 이미 소비자의 소비 패턴과
채널이 크게 변하고 있다. 이런 때, 우리는 '스마트, 프리미엄, 서비스 시대' 세
가지 트렌드 키워드를 어떻게 또 적응해야 할까? 왜냐하면, 트렌드는 종종 약
(藥)이요, 독(毒)이기 때문이다.

사례
연구
3

[특별기획] 경영자가 본 〈시시각각 트렌드〉 14회 (한국NGO신문, 2022.07.08.)
진종규 코리아드론㈜ 대표이사/코리아드론전문교육원 원장

드론으로 열리는 신세계

드론, 4차 산업혁명의 주역… 세상의 변화를 만드는 종합예술

필자는 한국의 드론 전문가 1세대다. 지난 2019년. 필자의 코리아드론㈜
가 국가드론자격증과정 지정 전문기업, 전문교육 및 R&D센터로 지정되었다.
최근 드론의 활용 범위가 점점 넓어지는 추세다. 방송에서는 사람과 크레인
카메라(지미집)가 담을 수 없는 다양한 풍경을 하늘을 가르며 촬영하고 있다.

농촌에서는 방제나 종자용 살포를 하며 무더위 속 사람의 수고를 크게 덜
어주고 있다. 학교에서는 드론이 아이들의 재미있는 장난감이라, 수업을 더욱
흥미롭게 하고 있다. 또 군(軍)에서는 Army Tiger(미래형 전투체계 전략) 등, 드론
의 무궁무진한 활용성을 더하여 정찰, 감시, 폭격 등에 널리 사용되고 있는 실
정이다.

드론의 탄생은 1849년 7월 오스트리아에서 군사 목적으로 무인 풍선에
폭탄을 매달아 날린 것이 시초로 알려지고 있다. 이후 드론은 군사 목적으로
진보하다 2010년대 이후 IT기술이 급속히 발전함에 따라 민간 용도로 점차 진
화했다. 드론은 인터넷이나 GPS, 통조림, 전자레인지 등 군에서 발명된 발명
품들 중의 하나다. 드론이 민간 용도로 사용은 지난 2010년대 이후부터 급변
하기 시작했다.

드론의 활용 분야는 크게 촬영, 방제, 배송, 레저·스포츠 등이 있다. 사람의 눈으로 볼 수 없는 각도에서의 영상을 만들어 시청자들의 눈을 즐겁게 해주고 있다. 또 실종자 수색, 감시, 열화상 카메라를 탑재한 드론으로 태양광 패널 점검 등이다. 방제 분야에선 논밭 위를 날아다니며 사람의 15배 속도로 농약살포 및 소나무 재선충, 조류 독감, 소화탄을 탑재해 화재진압까지 진출한 상태다. 한편, 레저·스포츠 분야의 드론은 군집 드론, 드론 레이싱, 드론 축구, 드론 낚시, 드론 클래쉬(드론 격투) 등에서 활용되고 있어 코리아드론의 교육과정도 점차 다양화되고 있다.

코리아드론(주) 드론전문교육장

향후, 드론은 우리 일상생활에서 빠지지 않고 등장할 것이다. 드론 시장 규모는 2025년에 1조 원 규모로 예측되고 있다. 앞으로 드론이 어떻게 진화하고 많은 이들이 생각지도 못한 분야에서 어떻게 진화될지? 활용될지? 무척 흥미롭다. 이제 4차 산업혁명의 도래에 따른 주역은 곧 드론이 아닐까?

또한 지상에서 공중으로의 세상의 변화를 만드는 종합예술이 곧 드론이 아닐까 싶다. 따라서 4차 산업혁명 시대에 발맞춰 드론의 시대를 맞이할 준비를 하고, 이를 위해 드론에 대한 다양한 경험과 지식을 쌓아야 하지 않을까? 배움이 인생 3미(味) 중의 하나다. 드론이 곧 그 선봉장의 역할을 할 것으로 전망된다.

특별기획 〈시시각각 트렌드〉 18회(한국NGO신문, 2022.08.02)
이동근 코리아드론㈜ 부장· 한국해양구조협회 마산구조대원

FPV 드론과 센서 드론의 기대효과

최근 각광받는 드론 트렌드의 대세(大勢)는 FPV 드론과 센서 드론이다. 일반적으로 항공촬영용 드론 중에 안정적인 운용에는 센서 드론을 사용하고, 역동적이고 동시에 스릴의 극대화 등에는 주로 FPV 드론이 사용된다. 즉 FPV(First Person View) 드론은 조종자가 직접 디지털 고글을 착용하여, 드론에 설치된 카메라를 통해 실시간으로 영상을 촬영하여, 실제로 조종자가 마치 파일럿이 된 것 같은 짜릿함을 느낄 수 있다.

한편, 센서 드론은 GPS를 포함하여 각종 다양한 센서의 기능을 활용하여, 비교적 간편하게 조종할 수 있는 드론이다. 주로 풍광 사진 촬영이나 각종 다큐멘터리, 예능 등에서 가장 많이 활용되고 있다. 또한, 스마트폰이나 태블릿에 연결하여 큰 화면을 보면서 조종하는 방식이며, 화면을 터치하면 화면에 나타나는 각종 정보와 기능을 설정하여 활용할 수 있는 방식이다.

센서 드론은 제조사마다 다르지만 좌우 아래에 기체 센서가 달려있어 사람이나 주위의 장애물을 인식하여, 기체 추락이나 인적 물적 피해를 사전에 방지할 수 있는 첨단 기능이 장착되어 있는 셈이다. 또한 다양한 촬영용 설정 기능이 있는데 자동 이착륙부터 사물을 중심에 놓고 먼 거리에서 회전하며 촬영을 하는 P.O.I(point of interest:선회비행) 기능이 있고, 지정한 사물을 따라가고 장애물을 회피하며 촬영하는 액티브 트랙 등 다양한 기능이 있다.

일반인이 쉽게 운용을 할 수 있고 풍광이나 움직이는 피사체를 찍거나 평

〈센서드론〉   〈FPV드론〉

온하고 조용한 분위기를 연출하는 데 좋다. 단점은 빠르게 움직이는 피사체를 따라가기 힘들며 자가 수리가 힘들어 고장 및 파손 시 많은 비용과 시간이 소요된다.

　　최근 필자는 센서 드론으로 진해 소쿠리섬에서 해양 구조 대원으로 드론 구조활동을 했다. 하계휴양소 휴양객의 안전 활동 및 위험 방지를 위한 감시 활동을 코리아드론 구조 대원들과 함께 한 값진 봉사활동이다. 최첨단 드론의 기대효과를 직접 체험했다. 이제 드론으로 일상이 크게 달라지는 세상이다. 드론이 여름철 바닷가 휴양객의 안전 지킴이와 파수꾼의 역할을 톡톡히 하고 있는 셈이다. 한여름 무더위 속에서 필자의 드론 감시가 시민의 안전에 더욱 큰 역할을 다하기를 기대해 본다.

한국해양구조협회 마산구조대 코리아드론(주) 감시활동 현장

사례
연구
5

특별기획 〈시시각각 트렌드〉 17회(한국NGO신문, 2022.07.25)
전은주 경도종건㈜ 소장/코리아드론㈜ 교관과정

사회적기업과 드론 창업의 현주소

최근 각광(脚光)을 받고 있는 사회적기업의 창업. 사회적기업은 영리기업과 비영리기업의 중간 형태다. 취약계층에게 사회서비스(교육, 보건, 사회복지, 환경 및 문화 분야의 서비스) 등 일자리를 제공하거나 지역사회에 공헌함으로써 지역주민의 삶의 질을 높이는 사회적 목적을 추구한다. 또, 재화 및 서비스의 생산·판매 등 영업활동을 하는 기업으로서 사회적기업으로 인증(고용노동부 장관)을 받은 자다.

즉 영리기업의 이윤 추구와는 달리, 사회적기업의 주요 영역은 사회적 가치 창출과 경제적 가치 창출의 두 마리 토끼를 잡는 셈이다. 사회적기업 육성을 통해 지속 가능한 경제, 사회통합 구현이 목표다. 2000년대에 들어 고용없는 성장의 구조화, 사회서비스 수요의 증가 등에 대한 대안으로 유럽의 사회적기업 제도 도입과 관련한 논의가 본격화되었다. 특히, 비영리법인·단체 등 제3섹터를 활용한 안정적인 일자리 창출 및 양질의 사회서비스 제공이 새로운 창업모델이다. 사회적기업의 도입에 대한 활발한 논의로 새로운 창업모델이 속속 등장하면서 수요가 급증하고 있다.

한국형 사회적기업은 통상적으로 다섯 가지로 구분된다. 첫째, 일자리 제공형은 조직의 주된 목적이 취약계층의 일자리 제공이 목표다. 둘째, 사회서비스 제공형은 취약계층에게 사회서비스를 제공한다. 셋째, 혼합형은 취약계층 일자리 제공과 사회서비스 제공의 혼합이다. 넷째, 지역사회 공헌형은 지역사회공헌이 중심이다. 마지막으로 기타형(창의·혁신)은 사회적 목적의 실현 여부를 계량화하여 판단하기 곤란한 경우로 복합공익단체나 문화예술 기업 등이 해당된다.

4차산업혁명과 ICT, 메타버스 등 첨단 기술의 급진전에 따라, 환경 및 산불감시부터 교통과 유괴범 수색, 군사용, 농어업용, 배달용, 취미용, 교육용, 실버용, 치료용 등에 이르기까지 각양각색의 활용에 따라 드론산업의 시장규모가 점점 커지면서, 기업 및 기관(지자체) 등의 특화 및 차별화 전략에 따른 경쟁 수요가 급증하고 있기 때문이다.

우리나라는 지난 6월 말 기준으로 사회적기업은 총 3,974개소가 인증되어, 현재 3,342개소가 활동 중이다. 조직 형태는 영리 2,648개소(79.2%), 비영리 694개소(20.8%). 사회적목적의 실현 유형별로는 일자리 제공형−사회서비스 제공형−기타(창의·혁신)형−지역사회공헌형 순이다. 또한 총 10개 부처(산림청, 통일부, 국토교통부, 환경부, 보건복지부, 문화재청, 농림축산식품부, 여성가족부, 문화체육관광부, 고용노동부)별로 각각 '예비사회적기업 지정제'를 도입·운영하고 있을 정도라, 사회적기업 정책의 통합운용이 무척 난제(難題)인 모양새다.

최근 지속 가능한 일자리 창출을 기반으로 네덜란드와 스위스, 미국과 일본 같은 선진국형 사회적경제기업의 중요성과 미래형 먹거리로 일자리창출과 사회공헌이 크게 강조됨에 따라, 범부처 사회적경제 활성화 추진 정책과 노력이 더욱 커지고 목표(기대)치도 점점 높아지고 있다.

모두가 정부의 '선택과 집중' 정책을 꼼꼼히 지켜볼 일이다. 관련 정책의 불시착(不時着) 비행이 아니라 가장 안전하고 신속한 이·착륙을 기대해본다. 필자는 배움의 끈을 놓지 않기 위해, 지금 국가자격증인 코리아드론교관과정의 만학도로서 비지땀을 기분 좋게 흘리고 있다. 이유는 새로운 도전은 늘 삶의 활력소가 되기 때문이다.

사례
연구
6

특별기획 〈시시각각 트렌드〉 16회(한국NGO신문, 2022.07.23)
이곡지 공학/경영학박사 · 코리아드론㈜교관과정 · 한국메타버스협회 수석부회장

중년의 여성에게 삶의 생동감과 박진감을 주는 드론

　한여름의 무더위 속에 평소 열망해오던 국가자격증(드론 1종 실기)을 마침내 취득했다. 여성의 사고력과 기기 조작 및 인지력의 한계(?) 탓인지, 수차례 낙방 후의 쾌거다. 달라지는 드론이 몰고 올 미래의 세상. 참 흥미롭다. 최근 들어 드론이 우리 생활의 큰 축과 최대 관심거리로 슬금슬금 다가오기 시작했다.

　초중고등학교와 대학, 각 지자체와 전문교육원, 학원 등에서 다양한 드론 전문프로그램과 전공 등이 속속 등장하더니, 이제는 국비(지자체) 과정까지 생겼다. 지금까지는 오락과 스포츠와 취미 같은 드론 트렌드. 이제는 드론이 새로운 창업과 비즈니스 모델로 큰 역할을 하고 있는 셈이다. 특히, 중년의 여성에게 드론 비행은 평소에 느끼지 못했던 삶의 생동감과 박진감을 더해준다. 공중을 날아다니고 조종하며, 활보하는 신나는 새로운 세상이요, 짜릿한 체험장이다.

　드론의 전진과 후진, 정지비행과 삼각비행, 원주비행과 정상접근 및 측풍접근과 비상착륙 등 드론 비행의 세계는 값진 도전이요, 새로운 경험이었다. 특히, 실습장이 도심 속의 산성산 기슭의 쾌적하고 넓은 푸른 잔디밭 속의 주민운동장에 있어 무척 쾌적하다. 이제 이곳은 영남지역의 드론 명소요, 접근성과 주변 환경뿐만 아니라, 드론교육전문가 1세대요, 선두주자인 원장과 교관들의 전문성 및 친절 등으로 크게 유명세다. 최신 드론의 도입으로 드론국가

자격증 합격률이 크게 높아 남녀노소의 각광을 받고 있는 큰 이유다.

최근 맞춤형 프로그램개발과 추진전략이 한국드론산업의 발전과 신 레저스포츠 문화를 선도하고 있다. 한편, 에어택시(Air Taxi)의 상용화를 위하여 UAM(도심항공교통)의 실증화사업도 본격화되는 추세다. 이는 국내 유수기업과 기관 등 124개소가 참가할 정도로 큰 관심거리다.

지난 4월 초. 구글계열사인 '윙'이 드론으로 왕복 20Km를 날아 의약품을 배달해 화제다. '드론 배송'의 첫 상용화 및 상업화에 시범적으로 성공해 드론 배송서비스 시대의 개막 신호탄을 올린 것이다. 지난달에는 우리 정부의 드론 규제도 실무위주 중심으로 완화추세다. 우리나라 드론의 선진화 추진에 대한 기대감이 점점 높아지고 있다. 여성들이여, 가까운 미래는 드론과 함께해야 할 세상이 아닐까 싶다. 더 커지는 드론의 미래가 폭염 속의 무더위를 크게 식혀 줄 것이라 기대해본다.

경북도민일보 고정칼럼(2021.11.04.)

김영국 계명대 벤처창업학과 교수 · 경영학박사 · Saxophonist

기업가정신이 바꾸는 세상

기업가정신! 이는 듣기만 하여도 '무한의 열정과 도전정신'으로 상징되어 늘 가슴이 설레는 희망찬 단어다. 이미 스타트업이 세상을 확 바꾸고 있다. 혁신적 아이디어로 무장한 전 세계의 스타트업이 지구촌을 시시각각 변화시키고 있지 않은가? 4차 산업혁명을 주도하고 있는 정보통신(ICT) 분야는 물론, 환경오염과 기후변화와 전염병과 같이 인류가 직면해 있는 거시적인 문제까지도 스타트업의 대활약이 눈부실 정도다.

글로벌 500대, 1,000대에 속하는 기업군(群)을 보자. 성공한 기업은 반드시 기업가정신의 독특한 전략과 전설적인 교훈이 늘 함께 한다. 그러나 실패한 기업은 온통 문제점 투성이가 산재(散在)하는 것이 시장경쟁의 원리이기 때문이다. 지금 순간에도 수많은 창업과 스타트업들이 '죽음의 계곡'을 건너며 지구촌에서 탄생과 몰락을 거듭하고 있는 실정이다. 금년 3분기에만 유니콘기업(기업가치가 10억 달러 이상인 비상장 스타트업)이 무려 127개 탄생되었고, 전 세계 스타트업에 투자된 금액이 무려 190조원 규모다. 지난해 동기 대비 6배나 증가된 규모다.

특히 '4차 산업혁명과 위드 코로나 시대'라 진보된 기술로 갈수록 경쟁이 더욱 치열한 양상이다. 왜냐하면, 이제는 소비자의 취사선택 속도가 순식간에 이루지는 때다. 소비자가 요구하는 BM(비즈니스모델)을 가장 정확하고 빠르게 파악하여, 소비자 중심의 주문형(맞춤형) 트렌드가 대세인 시대이기 때문이다.

이런 때, 기업가에겐 종종 '위기가 기회'가 되기도 한다.

기업가정신은 이미 경제발전의 주요한 원동력이 되었다. 최근 2020년 글로벌기업가정신 모니터(GEM) 결과, 국가별 기업가정신지수(NECI)가 발표되었다. 인도네시아, 네덜란드, 대만이 각각 1, 2, 3위를 기록했다('19년에는 스위스, 네덜란드, 카타르가 1, 2, 3순위). 한국의 기업가정신 순위는 조사 대상 전체 44개국 중 2019년 15위에서 '20년에는 9위로 전년 대비 무려 6계단이나 상승되었다. 무척 고무적인 결과다.

한편 '제품과 시장의 역동성 및 정부 창업 정책의 적절성'에서는 각각 1위와 5위를 차지하였다. 창업 실패에 대한 두려움은 최하위(43위)로 낮고, 창업가에 대한 사회적인 인식(7위)과 직업으로서의 창업 선호도는 2019년 38위에서 2020년에 28위 수준이다. 특히, 청년층의 창업활동도 2019년 17.7%에서 2020년 19.5%로 향상되었다. 이 보고서는 해마다 글로벌 기업가정신연구협회(GERA)에서 참여 국가를 대상으로 창업생태계 전반에 관하여, 각국의 자료를 취합해 조사를 한 후 국가순위를 발표하고 있다.

필자는 최근에 교육부(대한민국학술원)의 우수저술학술상(글로벌 핀테크 for 창업/박영사) 및 한국청년기업가정신재단의 학술연구과제 공모에 단독 선정된 바 있다. 글로벌 핀테크 창업 및 글로벌기업가정신지수의 한국생태계 적용방안에 관한 연구과제다. 늘 애독자들의 성원으로 그동안 부족한 연구활동이 그나마 작은 빛을 발휘한 셈이다. 연구자로서는 무척 다행스러운 보람이다.

그러나 글로벌기업가정신지수는 발표기관에 따라, 측정모델 및 단편적인 조사와 평가마다 서로 '상이한 잣대와 기준'이 현실이다. 현재 한국형 기업가정신지수에 대한 국내외 비교연구 등의 부재와 저변 확대가 극히 부족한 편이다. 아직도 무척 척박한 연구환경으로 갈 길이 꽤 먼 편이다. 곧 글로벌기업가정신 주간으로 대규모로 글로벌 국가 대상의 한국행사(11월 11일)가 열릴 예정이다. 금번 글로벌 포럼에서 필자가 선정된 연구과제의 중간발표를 한다. 잠 못 이루는 밤의 연속이다. 그러나 연구자로서는 작은 보람이다.

이제라도 한국 기업가정신의 요람인 한국청년기업가정신재단을 중심으로, 보다 광범위하게 동 연구를 위한 전문가집단의 구성과 내실 있는 연구를 위한 관련 부처의 과감한 정책적 지원 및 투자, 산·학·연·관·정의 특화된 연구센터 설립 등이 절실하다. 이러한 때, 한국이 글로벌 강국들과 당당히 맞서기 위해서는 지금이라도 '한국형 기업가정신지수 표준화'를 위한 준비와 연구에 박차를 가해야 할 때가 아닌가 싶다.

핵심은 한국형 기업가정신지수의 객관적 측정모델이 글로벌 트렌드에 대응하여 비교분석이 가능한 공동지표의 개발 및 선진형 지수의 방향성 정립 등이다. 태산준령(泰山峻嶺) 같은 난제가 산재(散在)해 있는 연구과제다. '아무나 할 수는 없지만, 누군가는 꼭 해야 할 중차대한 연구'다. 이를 위해 원로학자들의 연구 경험과 젊은 학자들의 용기와 추진력을 중심으로 산·학·연·관·정이 원팀으로 하루 빨리 함께 실천의 지혜를 모아야 할 때다. 노(老) 필자의 간절한 시대적 제안이요, 학문적 바람이다. 왜냐하면, 결국 스타트업이 미래 경제의 '성장엔진'이요, 이러한 공격적인 투자가 대(對) 한국으로 지속적으로 이루어질 때, 글로벌 투자 이슈와 더불어 '한국형 기업가정신 철학'이 더욱 꽃을 피울 것이기 때문이다.

경북도민일보 고정칼럼(2021.06.10.)

김영국 계명대 벤처창업학과 교수 · 경영학박사 · Saxophonist

사회적경제기업의 허(虛)와 실(實)

최근 보건복지부의 '2020년 노인 실태조사' 결과에 따르면, 인구 고령화가 꽤 빠르게 진행 중이다. 노년기에 자녀와 함께 살고 싶은 노인은 10명 중 2명이 채 되지 않는다. 주1회 연락이나 왕래하는 비율도 크게 감소 추세다. 미혼 자녀와 같이 사는 경우에는 '같이 사는 게 당연하다'는 규범적 이유(39%)나 자녀의 필요(34.0%)를 꼽은 비율이 높다. 지난해 '노인 단독 가구' 비율은 78%로, 2008년(67%)보다 크게 늘었다.

경제활동에 참여하는 노인 비율은 꾸준히 늘었다. 지난해 노인(65세 이상)의 경제활동 참여율은 37%로, 3명 중 1명 이상이다. 대다수는 농·어업이나 단순 노무직에 종사한다. 나이 들어도 일하는 이유는 노인 10명 중 7명 이상은 생계비를 마련이 주목적이다. 디지털 시대의 변화 속에 노인들의 달라진 생활상도 두드러졌다. 스마트폰을 보유하고 있는 노인 비율은 2011년 0.4%에 불과했으나 지난해에는 56%로 절반 이상이다. 평소 만성질환을 앓고 있는 노인은 84.0%로, 평균 1.9개의 질환을 갖고 있다.

왜냐하면 이러한 현상은 우리들 기성세대(꼰대)와는 빠르게 달라지는 밀레니엄 세대(MZ)의 가치관에 따라, '인생은 단 한 번뿐이다'는 욜로(YOLO)와 늘어나는 젊은 늙은이 욜드(YOLD) 현상과 노인요양원 등 지금의 우리 사회상을 반영하듯, 노인의 사회적 관계망과 더불어 사회적경제시스템도 크게 변하고 있기 때문이 아닐까?

사회적경제는 사회적 가치에 기반하여 공동의 이익을 목적으로 생산, 소비, 분배가 이뤄지는 경제시스템이다. 사회적경제 조직은 영리기업과 다르다. 대표적인 사회적경제조직으로는 사회적기업과 협동조합, 마을기업과 자활기업 및 농어촌공동체회사 등 다양한 편이다. 사회적경제는 자본주의 시장경제가 발전하면서 나타난 불평등과 빈부격차, 환경파괴 등 다양한 사회문제에 대한 대안으로 등장했다. 이러한 때 우리는 전 세계적인 불평등과 양극화 현상, 경제 위기에 따른 시장과 자본주의의 한계점에 와 있다.

　　이를 해결하기 위하여, 관련 5개 부처의 32개 분야가 유사중복과 경쟁적으로 과업을 수행하고 있다. 예를 들면, 고용노동부의 사회적기업 일자리 창출 사업 등 8개 분야, 중소벤처기업부의 사회적경제기업 성장집중지원 사업 등 9개 분야, 문화체육관광부의 문화예술분야 사회적경제 활성화 지원 등 6개 분야, 산업통상자원부의 사회적경제혁신성장(R&D) 등 5개 분야, 보건복지부의 자활기업활성화 지원 등 4개 분야 등이다. 특히, 사회적기업의 경우는 사회서비스 제공형과 일자리 제공형, 혼합형과 지역사회공헌형, 기타(창의 및 혁신)형으로 구분된다.

　　우리는 지금까지 한 번도 경험해보지 못한 새로운 지식정보사회에 살고 있다. 맥킨지 분석에따르면 지식정보사회의 경제효과는 2030년 기준으로 최대 460조 원에 달할 전망이다. 2000년대 들어 노동불안정성 심화, 사회서비스 수요 증가를 배경으로 사회적기업이 창업시장에서 크게 주목받기 시작하였다.

　　15년 전에 제정된 사회적기업육성법에 따른 다양한 지원이 진행되고 있는 지금. 사회적경제기업과 정책에 대한 평가는 긍정과 부정의 시소처럼 양날개 같다. 왜냐하면 종종 사회적경제기업의 허(虛)와 실(實)이 공존하고 있기 때문이다. 이제 두 측면을 포괄적이고 세심하게 살펴보는 노력이 절대적으로 필요한 시점에 와 있다면, 곧 노인이 되는 필자만의 생각일까? 결코 노인을 무시하지 말게, 너희들도 언젠가는 노인이 된다네.

사례
연구
9

경북도민일보 고정칼럼(2021.04.22.)
김영국 계명대 벤처창업학과 교수 · 칼럼니스트 · Saxophonist

가상세계의 풍속도

지금 이 시대, 4차 산업혁명과 6차산업 혁신과 융합기술의 중심인 가상세계의 풍속도는 소비자의 오감을 통해 실제와 흡사한 공간적, 시간적 체험을 통해 제공되는 기술인 가상(사이버) 세계. 이는 컴퓨터가 만들 수 있는 현실 세계와 유사한 가상의 환경이다. 화면에서 진행되는 현상을 보면서 마치 실제 현장에 있는 듯한 느낌을 바로 가질 수 있기 때문이다. 이는 인공 현실감, 가상 환경, 합성 환경, 인공 환경 등으로 불린다. 즉, 어떠한 특정 환경이나 상황을 컴퓨터가 만들어내는 가상과 현실 사이의 인터페이스다.

점차 잔잔한 물결처럼 다가오더니, 벌써 거대한 너울처럼 세상을 크게 바꾸고 있다. 왜냐하면, 경제와 사회 전반의 '패러다임 변화'로 대표되는 다양한 핵심 키워드가 중심축이요, 소비자의 요구에 대응하기 위한 다양한 관련 기술과 서비스가 미래의 먹거리 산업으로 크게 부상하고 있기 때문이다.

확장현실(XR)이 대표적이다. 이는 가상현실과 증강현실(VR, AR)로 헤드기어 등의 착용형 웨어러블장치와 햅틱 기술 등을 이용한다. 특히 인터페이스 기술이 곧 중심축이다. 이미 교육과 의료, 여가 서비스 등과 설계와 디자인 및 생산 프로세스 등의 관리에서도 활용되고 있기 때문이다. 파급효과도 만만치 않다. 산업의 효율화는 물론 신산업 창출과 전환, 문화적 다양성의 확장과 다양한 체험을 통한 우리 삶의 질이 크게 달라질 수 있기 때문이다.

컴퓨터가 불러온 혜택 중에 가장 효율적인 분야 중의 하나가 가상세계일 것이다. 예를 들어 다양한 빅데이터 등의 자료를 활용하여, 교량과 주택이 받는 하중(荷重)과 그로 인한 변형을 계산하는 프로그램을 이용하면, 실제로 교량이나 주택을 만들지 않고도 이미 가상세계에서 다양한 종류의 교량과 주택의 디자인과 설계도를 사전에 여러 차례 시험·분석할 수 있기 때문이다. 기상학자들도 이미 지구 대기의 가상 모델을 이용해 날씨를 정확하게 예측할 수 있게 되었다. 그 밖에도 항공기 훈련, 가구 배치 설계, 수술 실습, 게임 등 곳곳에서 다양하다.

가상공간 속에서도 현실 속의 움직임 그대로 행동하면서, 다양한 실감 콘텐츠를 즐길 수 있는 'XR(확장현실) 체험 플랫폼'이 등장했다. 가상에서 컵을 들어 물을 마신 후 컵을 깨뜨리거나 게임 속 동물을 쓰다듬는 것이 가능하다. 최근 부동산 정보 업체 '직방'의 설문조사에 따르면, 주택 매입 시 현장을 방문하지 않고 3차원(D), VR(가상현실) 정보만을 이용해 집을 계약할 경우, 응답자의 76% 수준이 긍정적인 의사를 나타냈다.

최근에 비대면 산업 수요가 곳곳에서 크게 증가하고 있다. 특히, 증강현실(VR·AR))에 대한 관심이 높다. 인공지능 기술과 함께 수년 전부터 큰 화두였다. 관련 하드웨어 시장의 매출은 2025년 약 313조 원에 달할 전망이다. 콘텐츠 표준화와 관련한 국산화 부진과 킬러콘텐츠와 기술표준 부재 등이 큰 과제다. 왜냐하면, 현실과 유사한 콘텐츠를 가상세계에서 구현하는 과정에서 발생할 수 있는 다양한 저작권과 초상권 분쟁 발생의 가능성도 높다. 이러한 때, 한창 떠오르는 미래의 먹거리인 '가상세계의 산업 전망' 현주소가 구름 같은 장밋빛 허울이 아니기를 바라는 마음 간절하기 때문이다.

경북도민일보 고정칼럼(2021.04.01.)

김영국 계명대 벤처창업학과 교수 · 경영학박사 · Saxophonist

넛지 효과와 똑똑한 선택

넛지(nudge). 이는 2017년 노벨경제학상 수상자요, 심리학과 경제학의 경계를 파고드는 행동경제학자인 미국 시카고대학의 리처드 세일러(Richard. H. Thaler) 교수가 최초의 사용자로, 카스 선스타인(Cass. R. Sunstein) 하버드대 로스쿨 교수와의 공저인 세계적 베스트 셀러, <넛지−똑똑한 선택을 이끄는 힘>이라는 책에 소개되면서부터 널리 회자(膾炙)되고 있다.

넛지는 원래 '옆구리를 슬쩍 쿡쿡 찌른다'는 뜻. 즉, 경제적 주체인 개개인에게 누군가의 절대적인 강요가 아니라, 팔꿈치로 슬쩍 찌르듯 부드럽게 개입하거나 디자인하는 것. 결국, 기업과 조직과 개인의 경제적 · 심리적 변화에 보다 효율적으로 대응하는 전략이 핵심이다. 즉, 스스로 자연스러운 상황을 만들어 그야말로 사람들이 긍정의 올바른 선택을 할 수 있도록 이끌어 주는 것이다. 결코, '강요에 의하지 않고 자연스럽게 선택을 이끄는 힘은 생각보다 큰 효과가 있다'는 것이 주안점이다. 이들은 당시 오바마 정부 당시에 금융과 환경 등 각종 규제를 미국 내에 넛지 바람을 일으킨 장본인. 이렇게 당사자의 자발적인 행동을 이끄는 넛지 효과는 이제 정책뿐만 아니라, 사회 공익적인 요소와 디자인과 광고 및 마케팅 등 곳곳의 다양한 분야에서 널리 활용되고 있다.

그럼, 상대방에게 긍정적인 메시지를 던질 때의 힘, 즉, 넛지 효과의 사례를 보자. 첫째, 의사가 환자에게 수술하면 살아날 확률이 90%라고 말했을 때.

둘째, 환자에게 수술을 하면 죽을 확률이 10%라고 말했을 때 두 경우를 보자, 위의 두 상황에서 수술하면 살아날 확률이 90%라고 했을 때보다, 죽을 확률이 10%라고 했을 경우에 다수의 환자들이 수술을 아예 거부하는 경향을 나타냈다고 한다.

우리는 종종 소변기 중앙 아래쪽에 그려진 작은 파리를 본다. 이 역시 넛지효과를 대표하는 사례다. 실제로 오래전에 네덜란드 암스테르담의 스키폴공항의 남자 소변기 중앙에 파리 그림을 그려놓았다. 그 작은 파리를 보고 소변을 볼 때의 집중력이 올라가 변기 밖으로 튀는 소변의 양이 80% 정도 줄었다고 한다. 미국의 미네소타에서는 납세를 독려하는 방법으로 '세금을 내지 않으면 처벌을 받게 된다'라고 광고했을 때보다, '미네소타 주민 90% 이상이 납세의무를 이행했다.'라는 안내문을 보냈을 때가 자진 납세 효과가 훨씬 증가했다는 사례다. 이는 미납자가 납세자 집단에 함께 묶이고 싶은 심리를 자극한 사례다.

넛지 마케팅(Nudge Marketing). 이는 소비자 가까이에 다가가 소비자가 올바른 선택을 하여 구매하도록 유도하는 방법이다. 똑똑해진 현대의 소비자들에게 마케팅 전략의 일환으로 느껴지게끔 다가가는 것이 아니라, 옆구리를 슬쩍 찌르듯이 가까이 다가가 기업이나 상품에 대한 긍정적인 이미지를 갖게 만들어 구매 행동을 유도하는 전략이다. 상품이나 정책(전략)의 장점만을 부각하고 노출시키기보다는 좀 더 부드럽게 소비자나 국민의 선택을 도와주는 것이 더 좋은 효과를 불러올 수도 있을 것이 아닐까?

마케팅과 광고 캠페인에서 활용된 사례로는 폭스바겐에서도 자사의 친환경차 홍보와 건강을 위한 계단 사용률을 높이기 위해 스웨덴 스톡홀름의 지하철역의 계단을 피아노 건반처럼 밟을 때마다 음악이 나오도록 만들었다. 그 결과 에스컬레이터보다 계단 이용률이 평소보다 66%나 증가한 사례다. 한편, 브라질 상파울로와 나이키가 협업해, 쓰레기통 상단에 농구 골대처럼 백보드를 붙여 쓰레기를 농구공처럼 던져 골인하도록 유도했다.

그 결과 쓰레기 무단투기가 한 달 만에 무려 70%가 줄었다. 이는 우리의 일상생활 속에 스포츠가 늘 함께 있다는 메시지도 전달하며, 나이키 브랜드에 대한 소비자의 호의적인 이미지를 형성한 대표적인 사례다. 또, 현금인출기로 현금을 인출 한 후 카드를 그대로 꽂아두고 가자, 카드를 먼저 뽑아야만 현금을 인출할 수 있는 시스템의 변화가 곧 넛지 효과의 매력이다. 먼저 뽑는 순서만 변화시킨 사례지만, 설계자의 세심한 아이디어가 소비자의 나침반이 될 수 있기 때문이다. 왜냐하면, 이제 부정적인 면보다는 긍정적인 면이 훨씬 증가하는 추세가 넛지 효과이기 때문이다.

갑자기 또 소나기처럼 쏟아지는 부동산 투기 방지(예방)정책과 동상이몽식의 이전투구(泥田鬪狗)와 정책 뒤집기의 연속이 계속되고 있지는 않은가? 필자만의 착오일까? 정의롭지 못하고 불공정한 부동산 투기거래 문제와 보궐선거로 또 뜨거워지는 정치냄비판이 이제는 역겨울 정도다. COVID 19 시대, 모두의 일상이 갈수록 지쳐가는 때다. 이러다 훈훈한 사람 냄새와 웃음소리마저 사라질지 걱정이다.

곳곳에서 넛지 마케팅과 같은 부드러운 인식의 변화가 우리 주변에도 속속 다가왔으면 한다. 아울러, 오로지 민초(民草)를 위한 공익적인 요소를 듬뿍 담은 지역의 좋은 넛지 사례로, 똑똑한 선택이 더욱 늘어나기를 바라는 맘도 간절하다. 이러한 넛지 사례가 긍정적으로 증가한다면, 매번 선거철마다 등장하는 일회용의 엄청난 낭비(?)의 광고지. 온갖 광고지가 단지 쓰레기처럼 짜증나는 '찌라시'로만 바라보는 유권자들의 인식에도 변화가 오지 않을까? 그 이유는 하 수상 시절에 그나마 넛지 효과로 종종 웃을 수 있는 여유가 생기기 때문이다.

사례
연구
11

경북도민일보 고정칼럼(2021.03.04.)
김영국 계명대 벤처창업학과 교수 · 경영학박사 · Saxophonist

디딤돌과 걸림돌

세계적으로 전기차와 자율주행차 시대가 대세(大勢)다. 글로벌 배터리 시장은 '그린뉴딜과 탄소중립' 등 저탄소 성장으로 최근 50조 원 규모로 지난 10년 동안 5배나 증가하였다. 글로벌 리처치전문기관들의 종합적인 시장예측 규모는, 향후 10년 이내에 최소 126조 원에서 최대 380조 원까지 시장이 확대될 전망이다.

전기차의 경우, 가장 큰 문제점인 배터리의 성능과 안전성만 확보하게 된다면, 결국에는 내연기관차 대비, 일석십조(一石十鳥) 효과인 전기차(전용 플랫폼)로 완전히 넘어가는 것은 이제 시간문제다. 이는 4차 산업혁명의 인공지능 등 새로운 기술의 진보추세와 소비자의 시대적인 요구에 걸맞게 빠르게 진화하고 있기 때문이다. 금년도 전기차 지원금(국고 및 지자체 보조금)대상은 승용 및 화물 등 국산차 3개사(16종) 및 수입차(7종)다. 특히, 차량구입 시 종종 미끼(?) 같은 각종 혜택인 취·등록비와 국비보조금 및 각 지자체의 지원정책 등 차량 종류(사양)에 따라 512~1,800만원 정도로 각양각색이다.

필자는 전기차 충전기 등 인프라가 거의 없던 수년 전부터 경제성과 환경을 최우선 결정으로 초기모델을 타고 있다. 돌아보면, 당시의 당차고 희망찬 정부정책과 제조(판매)사의 홍보를 믿고 무상지원(보조)금 2천만원(차량 가격 5천만원 중)에 혹(?)하여 구입한 어쩜 바보 같은 결정이었는지도 모를 일이다. 지난 4년간 전기차와 함께 하면서, 정부와 지자체의 탁상공론(卓上空論)과 판매사들의

Chapter 09 사례연구   281

놀랍고도 신출귀몰(神出鬼沒)한 마케팅의 묘수(?)에 이론과 실무현장의 다양한 논리 차이에 참 느낀 게 많다. 왜냐하면 선택은 소비자의 몫이요, 손바닥으로 달은 가리키며 눈 가리고 아웅(?) 하듯 종종 실천적 대안이 없는 1회용 정책 비전 제시와 타당한 이론적(논리적) 근거와 공감대가 없는 선심성 정책은 곧 사상누각(沙上樓閣)이요, 공염불(空念佛)이었기 때문이다.

필자가 체험한 전기차의 많은 문제점 중 4년이 지난 지금, 아직도 절대적으로 부족한 충전소(충전기) 설치 및 사후관리 문제 한 가지만 예를 들어보자. 턱없이 부족하고 충전소의 잦은 고장 실태, 중앙관제소의 관리인력 부족과 부실한 대응 문제, 각각의 충전소와 충전기마다 엄청난 차이의 충전요금 가격 체계. 충전소는 공공과 민간방식의 급속(急速)과 완속(緩速) 2종류가 있다. 급속 충전소(차종에 따라 40~80분)의 설치장소와 설치 숫자는 아직도 크게 부족한 실태. 공공기관 및 공원 등 곳곳에는 넘칠 정도로 설치된 거의 무용지물인 완속 충전소(소요시간 8~12시간) 및 미비한 사후관리 등 가장 기본적인 인프라가 바로 개선되어야 할 가장 큰 문제점이다. 점차 인프라가 조금씩 나아지고는 있는 것 같지만, 근본적이고 철저한 사전 인프라 준비 없이 이미 수많은 차량이 판매되었고 또 판매되고 있지 않은가?.

정부는 수시로 급급한 정책만 내고, 제조사(판매사)는 우선 팔기만 하면 되는 그야말로 잘못된 현재의 구조적인 문제가 가장 큰 원인이 아닐까? 필자의 경험 결과, 종종 너무도 어처구니없는 맷돌 같다. 신차 가격과 중고차 시장도 문제다. 배려(?) 같은 지원(보조)금이 없으면, 내연기관 대비 차량 가격이 상당히 높은 편이다. 결국 제조사의 기술료인 셈인 듯한데. 최근 5천만원대 신모델의 국산 전기차가 순식간에 2만 5천여 대의 예약이 바로 매진되어 큰 화제다.

종종 허접한 전기차 정책에 관한 한 필자는 '강 건너 불구경' 꾼일 뿐이다. 왜냐하면, 소비자의 수많은 개선 소리는 귀 막고, 다가오는 선거용 선심성(?) 정책이 또 슬슬 나오고 있기 때문이다. 댐에 새는 물구멍을 어설프게 잠시 막는 것 같은 졸속정책들이다. 최근 전기차 화재사고처럼. 어느 날 큰 봇물이 터지면 또 급하게 땜빵(?)하고, 서로 책임 공방으로 싸우기만 하다(?), 곧 잊혀지면 그만이니까(?).

최근 국내 한 대학의 연구진에 의해 대용량 전극을 보호하는 코팅기술의 개발로 전기차 배터리(리튬이온전지) 개발에 탄력을 받게 됐다. 상온(常溫)에서 입자 표면뿐만 아니라 입자 내부까지 코팅이 가능한 혁신 기술이 주목되기 때문이다. 배터리셀 제조 불량에 따른 잇따른 화재로 문제를 일으킨 것으로 추정되는 코나EV와 아이오닉 전기차, 전기버스 일렉시트를 비롯한 총 8만 1,000여 대의 전기차의 고전압 배터리시스템을 전량 리콜(교체)한다는 판매(제조)사의 반가운 통 큰 결정이 주목을 받고 있다. 교체 비용만 무려 1조 원대로 전망되어 현대차와 LG에너지솔루션측이 비용 분담률을 놓고 갈등 중이다.

최근 관련 부처의 조사 결과가 '융합적인 원인'이라는 신출귀몰(神出鬼沒)하고 애매모호(曖昧模糊)(?)한 발표로 소비자의 가장 큰 문제점인 '안전'이 조속히 해결될지 의문이다. 왜냐하면, 명확한 반면교사(反面敎師)가 없는 땜질식의 1회용 본드 같은 대응책은 곧, 소 잃고 외양간 고치는 격이기 때문이다.

한국의 자동차 배터리 산업은 그동안 일본과 중국과의 치열한 무한경쟁을 거치면서, 이미 글로벌 최고의 베터리 기술력을 보유하게 되었다. 이제 디딤돌 같은 한국형 산학연관의 융합(融合) 노력이 절대적으로 필요한 때다. 이런 중차대한 시기에 전기차의 안전에 가장 큰 걸림돌인 문제점을 바로 제거하여, 시급한 대응 속도와 방향을 조절해야 한다. 왜냐하면, 글로벌 선두를 달리고 있는 한국의 배터리 산업의 미래먹거리를 결정하는 흥망성쇠(興亡盛衰)가 바로 안전에 달려있기 때문이다.

경북도민일보 고정칼럼(2020.12.23.)

김영국 계명대 벤처창업학과 교수·경영학박사·Saxophonist

N 잡러(Jober) 시대

특히 올해는 너나 할 것 없이 언텍트(untact)와 온텍트(ontact) 및 사회적 거리 두기와 방역수칙 준수 등으로 모두가 참으로 정신없고 힘든 시간을 보내고 있다. 이제 며칠 남지 않은 올해의 남은 끝자락을 무사히 보내려면 계속 마음을 졸여야 할 것이다. 새해도 그리 맘 편하게 맞이하지는 못할 것 같은 사회적 분위기다.

초중고와 대학 등 모든 학생들은 물론, 선생님들은 새로운 환경에 적응하느라 무척 힘들었던 한 해였다. 온라인 수업과 과제와 시험 등, 온통 가정에서만 온라인 수업을 해야 하는 환경으로 인하여 부모도, 학생도 역시 많이 지치고 힘든 시간이었다.

지금의 이러한 시대적인 현상에 따라 특히 자영업자와 소상공인들은 매출 감소로 인한 무한(無限)의 고통과 불투명한 미래에 대한 불안의 연속이요, 직장인 또한 재택근무 및 단축근무 등 육체적·정신적으로 고통을 지속적으로 감내(堪耐)하고 있는 때다.

그런 이유로 우리 사회의 곳곳에서 워라벨(work life balance: 일과 삶의 균형)의 패턴도 급격하게 변하고 있다. N잡러가 새롭게 나타나고 있기 때문이다. 이는 2개 이상 복수를 뜻하는 'N'과 직업을 뜻하는 'job', 사람을 뜻하는 '~러(er)'가 합쳐진 신조어. 곧, '여러 직업을 가진 사람'이다. 본업 외에도 여러 가지 형태의 다양한 부업과 취미활동을 통하여 코로나 시대의 돌발적인 사회적 현상에 부응하여, 이 시대의 변화에 언제든 대응할 수 있도록 전업(轉業)이나 겸업(兼業)을 하는 이들이 증가하는 현상이다.

현대인의 라이프스타일 변화와 함께 이제 직업의 종류와 의미도 다양하게 확장되면서 평생직장은 옛말이 된 지 오래다. '요즘은 N잡러가 답이다'라는 말이 있듯이, 본업에 비교적 부담이 가지 않은 수준에서 틈틈이 자신의 부수입을 준비하는 사람들이 늘어나고 있는 사회적인 추세다. 특히, 새로운 패턴의 N잡러가 노동시장의 트렌드로 자리잡고 있는 셈이다. 현재 직장인 10명 중 약 8명 정도가 N잡러를 원한다고 한다. 자신만의 역량을 키우고 불안한 미래의 대비를 위한 안정적인 추가수입원을 만들고자 하기 때문이다.

특히, 이러한 사회적 현상은 최근에 시행된 주 52시간 근무제의 영향이 무척 큰 편이다. 근무시간의 단축으로 각종 수당 등이 줄어들면서 또 다른 수입원이 필요해졌다. 동시에 업종과 업태에 따라 비교적 빨라진 퇴근 덕분에 시간을 좀 더 생산적으로 활용할 여유가 나타난 현상으로 볼 수 있다. 현재의 코로나19 등으로 실업률은 비교적 늘어났고, 실업급여를 받는 인원이 더 많아진 것도 한 이유다. 게다가 취업 시장도 이미 얼어붙고, 은퇴의 나이는 점점 빨라져 노후 생활의 불안정이 오고 있기 때문으로 분석된다. 특히, 유튜브 등에서 다양한 N잡러들이 온라인으로 활동할 수 있는 새로운 플랫폼들이 속속 나타나고 있다. 투잡, 쓰리잡. N잡러로 활동하는 사람들이 그만큼 많아졌다는 뜻이다. 다수의 연예인들과 1인 방송 등 곳곳에서 수익 창출을 위해 N잡러로 활동하고 있는걸 종종 볼 수 있다.

이러한 현상은 직업의 다변화 시대에 따른 생존전략으로, 극심한 경쟁에 노출될 수밖에 없는 큰 이유다. 지금 초등학생이 성인이 되었을 때 지금 현존하지 않는 65% 수준의 새로운 직업을 가지게 될 거라는 예측이 있을 정도로 직업 패턴은 이미 빠르게 변화해 나가고 있다. 세모(歲暮)가 가까워지고 모두가 어려움이 더해지는 때 '나눔과 배려'로 독자 여러분의 가정에 평온과 새해 만복이 그득하시기를 기원드린다.

사례
연구
13

경북도민일보 고정칼럼(2020.11.26.)
김영국 계명대 벤처창업학과 교수 · 경영학박사 · Saxophonist

욜드(YOLD)와 욜로(YOLO)

욜드(YOLD)는 젊은 노인(young old)의 줄임말. 경제력을 갖춘 65~75세 사이 세대를 통칭한다. 영국 이코노미스트의 '2020년의 세계경제 대(大)전망'에서 새로운 시대상을 반영하며 떠오른 용어다. 욜드는 연령으로는 노인이나, 체력과 정신 등 모든 면에서는 아직 젊어서 노인으로 취급받기 힘들다는 뜻의 신조어다. 특히, 최근에 인구고령화가 급속히 진행되면서 새롭게 등장한 사회트렌드가 바로 '젊은 노인'이다. 즉, 청로경제(青老經濟) 시대다.

노령화지수(老齡化指數)는 14세 이하의 어린이 인구에 대한 65세 이상의 노인인구의 비율. 곧, 한 사회의 나이는 이런 노령화지수로 측정한다. 아주 젊었던 한국이 이제는 가장 빨리 늙고 있다. 왜냐하면, 2020~2025년은 많은 수의 베이비붐세대(1955~1960년 정점)가 은퇴연령에 도달하는 시기다. 이코노미스트는 욜드 집단을 지금까지 존재했던 노인집단과 전혀 다른 집단이라고 평가했다. 현재, 한국인의 기대수명은 82.7년, 건강수명은 64.4년, 1인 가구는 30%, 맞벌이 가구는 46%, 노령인구는 15% 수준이다. 이제 젊은 노인들이 너무 많아져 욜드의 기준과 구분을 65(고령기준)세가 아니라 최소 70세부터 시작해야 하지 않을까 싶다. 왜냐하면, "요즘 65세가 노인인가요?" 등의 시시비비(是是非非)로 현행의 경로우대(65세)제도가 새로운 세대갈등의 도화선으로 종종 부상되기 때문이다.

욜드를 대상으로 은퇴 후 생활과 관련된 비즈니스, 의료와 패션, 여행과 교육, 금융과 다양한 서비스 관련 산업 및 시장도 빠르게 확장되고 있다. 욜드 산업, 욜드이코노미 등의 신조어가 생겨날 정도로 이제 욜드가 우리 사회에 미치는 영향력도 크게 증가하는 추세다.

영국의 경우도, '욜드'가 크게 늘어나는 추세. 영국은 욜드를 국가연금을 받는 65세부터 75세까지로 여긴다. 현재 영국인구 중 욜드는 13.6%. 이 중 여자가 52.25%, 남자는 47.75% 수준이다. 여자가 더 많다. 영국도 우리처럼 여자가 더 오래 산다. 필자의 경우도 '세월로 나이가 드는 게 아니고 느낌으로 든다'고 말하고 싶다. 이유는 간단하다. 나이로만 드는 생리연령(biological age) 과 자신이 믿는 주관연령(subjective age)이 크게 다르기 때문이 아닐까?

영국에서는 지난 2011년부터 종전의 법적은퇴연령(65세)을 완전 폐지했다. 이유는 '젊은 노인(욜드)' 현상이 더욱 현저하게 나타나기 때문이다. 은퇴연령 폐지 이후 영국의 직장에서는 이제 나이를 이유로 해고하지 못하게 됐다. 뿐만 아니라 구인광고도 연령 제한을 금한다. 영국 직장에서는 욜드 세대가 계속 일을 하니, 부정적인 효과보다 긍정적인 효과가 더 크다는 통계도 나왔다. 특히, 체력은 물론 판단력도 전혀 문제가 없다는 이유에서 그렇다.

살아보면, '인생은 예상가능한 일과 예상치 못하는 일'이 늘 있기 마련이다. 예상이 가능한 일은 곧, 교육, 직장, 취직, 가정, 은퇴 등. 반면에 예상치 못하는 일은 사고, 이혼, 실직, 이사, 질병 등. 대부분의 욜드가 지금의 안정된 삶을 즐길 수 있는 이유는, 젊어서 대부분 자신의 삶을 미리 예상하고 평생에 걸쳐 차곡차곡 곳간을 준비하면서 살아온 결과가 아닐까?

영국에서는 65세 이상 인구 120만 명이 아직도 현직. 1992년에는 65세 이상 인구의 불과 5.5%만 현직이었는데 30년 후 지금은 무려 10.2%가 일하고 있다. 이는 영국 전체노동인구의 3.7%에 달한다. 노령노동인구 중 34.2%가 본래 다니던 회사에서 일하는 통계도 흥미롭다.

2018년 네덜란드 한 남성이 자기의 생체연령은 69세지만, 자신이 느끼기에 20년은 더 젊으니 그만큼 나이를 낮춰 달라고 법원에 신청했다. 이름과 성별까지 바꾸는데 왜 나이는 느끼는 대로 못 바꾸느냐는 논리. 자신의 신체조건이 40대와 다름없다는 의사증명서까지 제출했다. 절대기준인 나이 때문에 새 직장을 못 구한다는 이유였다. 법원판결은 결국 '불허'. '사정은 충분히 이해하나 사회의 모든 제도가 나이에 절대기준을 두고 있기 때문에, 나이를 20년이나 낮춰주면 사회에 너무 큰 혼란이 제기 된다'는 게 큰 이유였다.

우리가 가장 바라는 삶이 바로 '미래가 어느 정도는 예측이 가능한 삶'이다. 그러나 지금의 젊은 밀레니얼 세대에게는 '인생은 단 한 번뿐'이라는 욜로시대(YOLO: You Only Live Once). 즉, 현재 자신만의 행복을 가장 중시하여 소비하는 태도다. 결코, 미래나 남을 위해 희생하지 않고, 소비하는 라이프스타일이다. 미래보다는 지금 당장. 삶의 질을 높이는 취미생활, 자기개발 등에는 아낌없이 돈을 지출한다. 이들의 소비는 자신의 이상을 실현하는 과정이 타깃이다.

한편 '하루하루의 어려움은, 은퇴가 하루하루 가까워지는 그 재미로 산다'는 영국인들이 참 부럽다. 소위 말하는 '백수 과로사'처럼. 은퇴자들이 "일할 때보다 더 바쁘다"고, 즐거운 비명소리(?)가 곳곳에서 더욱 크게 들리기를 바라는 맘 간절하다. 산채비빔밥이 죽은채비빔밥 취급을 받는다(?)는 우스갯소리도 있을 정도다. 그래서 욜드(YOLD)의 은퇴를 '재발견과 재창조의 기회'라 하지 않던가? 한국도 그런 시대가 하 루빨리 오리라 믿고, 술 익는 마음으로 늦소풍처럼 더 천천히 은퇴준비를 하고 싶은 맘 그지없다.

사례
연구
14

경북도민일보 고정칼럼(2020.10.29.)

김영국 계명대 벤처창업학과 교수 · 경영학박사 · Saxophonist

하늘을 달리는 택시

　최근 정부가 '하늘을 나는 택시'를 개발 계획으로 우리의 상상을 현실화하는 데 도전했다. 주민등록증 모바일확인서비스 및 인공지능(AI)을 활용해 24시간 내내 중환자실도 관리하는 등, 정부는 2021년 예산안을 발표하며 이런 내용의 특색적인 추진사업 60선(選)을 함께 발표했다.

　4차 산업혁명 시대의 도래에 따라, 우리의 삶의 모습과 환경 변화는 말할 것도 없고, 창업아이템 개발환경도 급격하게 변화하고 있다. 2016년 '알파고 충격' 이후 4차 산업혁명은 우리 시대의 화두가 되었다. 4차 산업혁명을 움직이는 핵심기술로서 특히, 인공지능(AI)은 사회경제적 변화는 물론, 오랫동안 우리의 의식과 행동을 규정해온 규범 체계마저 근본적으로 재검토할 것을 요구하고 있다. 증기기관의 보급 이후 기계화, 산업화, 정보화로 이어지는 인류 역사의 발전을 돌아보자. 항상 기술의 발전과 다양한 창업패턴이 각 시대의 경제·사회 패러다임의 전환과 사회의 구조적 변화를 크게 이끌어 온 것을 알 수 있다.

　관계부처 합동발표 자료에 따르면, 전(全) 산업의 지능정보화로 인하여 국내의 경우, 신규매출 85조 원, 비용 절감 200조 원, 소비자 후생 175조 원 등 약 460조 원(2030년 기준)에 달하는 총 경제효과를 창출할 것으로 예상되고 있다. 또 맥킨지 분석에 따르면 지능정보사회의 경제효과는 2030년 기준으로 최대 460조원에 달할 것으로 전망되고 있다.

'16년에 인공지능 알파고와 프로기사 이세돌 9단의 바둑 대결에서, 우리는 지난 20년여 동안 컴퓨팅 환경과 기술의 발전, 엄청난 양의 데이터를 통한 학습, 새로운 알고리즘 개발 등의 연구와 각 기업 및 정부의 끊임없는 창업 분야에 대한 투자와 노력으로 인공지능 기술의 성능이 급성장한 것을 재확인할 수 있다. 또한 최근 구글, 페이스북, 아마존 등 글로벌기업들을 중심으로 개인비서서비스, 자산관리를 위한 로보어드바이저, 암 진단서비스, 법률서비스 등 다양한 영역에서 인공지능기술 기반의 서비스와 다양한 창업 아이템들이 속속 출시되고 있다.

나아가 이러한 인공지능에 대한 의존성이 확대됨에 따라, 개인의 삶과 더불어 창업환경에서도 중요한 영향을 미치는 다수의 의사결정들까지도 이미 인공지능 알고리즘에 의해 이루어지고 있다. 앞으로 이러한 현상은 지속적으로 더욱 확대될 것으로 예상된다.

'하늘을 나는 택시'는 여가 활동과 촬영 및 감시 등으로 다양하게 활용되고 있는 드론을 대형화하고, 동력 및 항법장치 성능개선 등을 통한 급격한 기술변화 중의 하나다. 여객 수송용 대체교통수단으로 개발하고 활용하자는 사업으로 현재 국토교통부가 추진 중이다. 신(新)비행체의 실증을 위한 이·착륙장 및 충전설비와 기체 도입, 비행체 이동경로 점검 장비 등 인프라다.

주민등록증 모바일 확인서비스도 추진된다. 주민등록증 소지 및 제시 관련의 불편함과 분실위험 감소 차원이다. 분실과 훼손 및 재발급 등 비용절감이 연 100억 원 규모로 추정된다.

지금보다 엄청나게 달라질 미래의 세상, 광속(光速)처럼 빠른 변화임은 분명하다. 종종 온갖 풍선(?)만 띄우는 솜사탕 같은 공약(空約)정책이 아니었으면 하는 맘 간절하다. 지금의 교통지옥이 시원하게 해결되는 그야말로 '꿈이 이루어지는 세상'이 기다려지는 때다.

사례
연구
15

경북도민일보 고정칼럼(2020.10.22.)
김영국 계명대 벤처창업학과 교수 · 경영학박사 · Saxophonist

스마트 세상, 독(毒)인가? 약(藥)인가?(II)

도대체 스마트 세상(世上), 어느 정도까지 진화(進化)할 것인가? 스마트 (smart)·디지털(digital) 세상의 생산 수단들은 이미 데이터베이스(data base) 기반 이다.

온통 CPS(Cyber Physical System; 사이버물리시스템)화 되고 있다. 웨어러블 디 바이스 사례를 보자. 현실의 물리적 시스템이 바로 사이버(가상)시스템으로 전 환된다. 다양한 채널을 통해 모의실험도 거친다. 즉, 인간의 수많은 요구와 욕 구를 가장 편리한 적재적소(適材適所)의 상태와 환경을 추출하는 것이다. 이는 사이버시스템의 디지털 기술을 현실의 물리 시스템에 바로 적용하고자 하는 최상의 기술인 셈이다.

머지않아 우리는 전도성(傳導性) 실로 만든 직물(織物) 내장형의 컴퓨터가 구현하는 양복과 셔츠를 입고, 만보기 기능뿐만 아니라 건강·운동 상태 메시 지와 알람, 방향과 위치, 수면 상태 등을 알리는 융합형 손목시계나 손목밴드 를 차고, 네비게이션과 증강현실(AR/VR) 기능의 안경을 끼고, 손에는 피부 내 장형 칩이 삽입되어 의료기록과 금융거래, 신용카드 및 여권정보 등 각종 추 가기능이 가능하게 된다. 또 GPS기능과 LED전등, 방향과 거리 표시 및 운동 량 등 기능용 신발을 신고 다니는 토탈(total) 스마트 세상이 될 것이다. 지금 각종 지능형 제품개발과 및 출시가 속속 진행되고 있기 때문이다.

이는 각종 데이터 수집과 처리기능이 신체와 네트워크 기기와의 연결성,

즉 컴퓨팅화되는 물리적 세계로의 상호작용이다. 전자기기와 우리 인간과의 인터페이스(interface: 두 개 이상의 장치 사이에서 정보나 신호를 주고받는 경우의 접점이나 경계면)가 속속 진행 중이다. 그야말로 기가 찬, 편리한 스마트 세상에서 살게 될 것이다. 25년여 전 필자가 '한국의 전자금융(電子金融) 소비자 만족에 관한 실증분석(박사 논문)'을 처음으로 연구할 때, 지도교수마저 손사래를 쳤다. '어떻게 사람보다 컴퓨터를 믿느냐고?' 당시 대학(원)교육의 민낯 같은 한 부분이다.

그러나 지금과 같은 스마트 세상에서는 누구라도 기존의 구태(舊態)한 방식만을 고집한다면? 속칭 '개룡인'(개천에서 난 용)이 될 가능성은 갈수록 낮아지고, 대신에 속칭 '가붕개'(가재·붕어·개구리)처럼 자신이 태어난 좁은 도랑을 계속 지켜야 할 공산이 크지 않을까?

4차 산업혁명과 스마트 시대. 과연 필자를 포함한 우리 사회의 기성세대는 이마 푸른 젊은이들에게, 적어도 노력한 만큼의 결실을 기대할 수 있는 세상과, '진리와 정리와 사랑의 나라를 위하여'… 그들의 밝은 미래와 행복과 성공을 위한 기회와 꿈을 얼마나 공정하게 보장해 주고 있는가? 젊은이들에게 부끄럽기 그지없다. 필자는 SMART 시대를 이렇게 작명(作名)(?)해본다. Speed/속도＋Manpower/인간 능력＋Ace/최고＋Race/무한경쟁＋Target/목표 달성… 스마트 세상에서 무자비하게 속박(?)당하는 지금의 일상은 순기능과 역기능의 양 날개가 분명히 상존(常存)하기 때문이다. 매일 반복되는 수많은 전자메시지는 늘 뭔가 허접하다. 모두가 급하다. 바쁘다. 너무 많은 관계성 정보를 알고자 한다. 일촌광음(一寸光陰)의 여유마저 점차 사라지는 레떼의 강(江), 망각(忘却) 현상 같다. 레테는 그리스 신화 속의 망각의 여신이자 강이다. 아케론, 코퀴토스, 플레게톤, 스틱스와 함께 망자가 하데스가 지배하는 명계로 가면서 건너야 하는 저승에 있는 다섯 개의 강 중 하나이다. 망각의 강이라고 불린다.

정겨웠던 빨간 우체통은 이제 보기 힘들다. 가족과 지인의 전화번호와 각종 기념일이 종종 기억나지 않는다. 이미 스마트폰이 24시간 동반자이기 때문이다. 스마트 세상, 과연 독(毒)인가? 약(藥)인가? 아랫목 군불처럼 따뜻하고 가을배추 이파리처럼 넉넉하게, 늘 상대를 먼저 배려하는 '스마트 매너문화 정착과 쌍방향 소통이 함께 하는 세상'이 오기를 기다리는 맘 간절하다.

경북도민일보 고정칼럼(2020.10.15.)

김영국 계명대 벤처창업학과 교수 · 경영학박사 · Saxophonist

스마트 세상, 독(毒)인가? 약(藥)인가?(I)

　매일 밤낮도 없고 셀 수 없이 날아드는 스마트폰의 카톡과 수십 개의 단체 카톡(속칭 단톡방)과 문자메시지, 수많은 전자메일과 SNS 등 하루라도 안 열어보면 무척 궁금하고, 열어보면 광고성 등 허접한 것들로 꽉 차 있다. '돈 벌어 준다(?)'는 문자부터 '부자(?) 되게 해준다', 주식투자비법과 여러 곳의 투자지역 개발정보와 시세차익 특급정보(?), '신상품과 로또 비법(?)' 등등 광고성 문자가 태반이다.

　단톡방을 나가면 왕따(?) 당하는 세상이다. 개인용(個人用) 휴대폰 번호가 이제 공용화(共用化)(?)된 지 오래다. 특히 최근 코로나 19로 인하여 가는 곳마다 폰번호를 적어야 하니 더욱 심각한 유출증상을 느낀다. 스마트폰과 인터넷 등의 급속한 발전과 활용 속도는 마치 빛의 속도와 같다. 심지어 돌 지난 갓난아기도 스마트폰이 장난감이 된 세상이다.

　지금 우리가 사는 스마트 세상은 이미 3무(三無, three less) 현상이 빠르게 진행되고 있다. 첫째, 종이사용이 사라지는 현상, 즉 일상 속에서 종이가 거의 필요 없는(paperless) 세상이 되고 있다. 거의 모든 비즈니스는 물론, 개인과 단체 간의 상호소통 도구는 이미 스마트폰과 인터넷 등의 전자기기다. 쌍방향 전자식(電子式) 채널의 다양화가 속속 진행되고 있다.

　그야말로 온통 전자화(電子化: electronic) 세상이다. 전자상거래를 필두로 전자정부와 전자문서, 전자무역과 전자결제, 전자화폐와 전자지갑, 전자서적과 전자서명, 전자소송과 전자공시, 전자어음과 전자입찰, 전자담배 등 지속적으로 전자의 범위가 더욱 확대되고 있다. 대학에 출석부가 사라진 지 오래다. 수강자 출결여부가 전자출결시스템으로 실시간 확인되기 때문이다. 복도의 땡땡이(?) 수강자도 출석으로 인식되는 세상이다. 스마트폰 없는 수강자는 아예 없다. 또 강의와 공지, 토의내용의 실무사례는 실시간으로 SNS로 통보되고, 바로 인터넷 확인이 가능하다. 교수(교사)가 미래에는 사라질 직업 중의 하나로 예측된 적도 있다.

둘째, 심리적인 밤낮이 사라지는 현상(timeless), 즉 24시간 내내 밤낮 구분 없이 활동하는 세상이다. 인터넷과 스마트폰 등으로 국내외의 비즈니스와 금융거래는 물론, 채소와 과일 재배용 비닐하우스 온·습도·바람의 자동통제기능과 축사(畜舍)의 물과 먹이까지도 실시간·전(全)자동으로 조정되기 때문이다. 그뿐만 아니다. 로보어드바이저(Roboadviser). '로봇(Robot)'과 자산전문운용가를 의미하는 '어드바이저(Advisor)'의 합성어다. 컴퓨터 인공지능으로 이루어진 소프트웨어 알고리즘. 투자자가 맡긴 자산을 대신 운용하거나 투자자 자산운용을 자문해주는 서비스다. 스마트팩토리와 항공드론 감시 등을 비롯해 곳곳에 24시간 내내 무인카메라 등 전국은 이미 실시간으로 녹화·촬영 중이다.

셋째, 심리적인 국경(國境)이 사라지는 현상(borderless), 즉 24시간 내내 글로벌·지구촌 소통이 가능하다. 전 세계의 국가들에서 일어나는 온갖 상황을 현지의 실시간으로 확인할 수 있다. 또 글로벌 인터넷비즈니스와 쇼핑 등 직구(직접구매)가 국경없이 거래되고 있기 때문이다.

전 세계적으로 펼쳐지고 있는 4차 산업혁명과 산업구조 변화의 바람이 드세다. 이제부터는 효과(效果)와 효율(效率)의 경제성이 관건이다. 왜냐하면, 이는 곧 생산성과 편의성, 수익성으로 직결되기 때문이다. 과거의 얕은 지식들은 이제 그저 참고만 될 뿐이다. 때론 무용지물(無用之物)이다. 끝없이 새로운 지혜를 찾아가던 인간의 생각과 수고를, 이제는 스마트폰과 유튜브 등 스마트 기기에서 거의 다 해결하고 있지 않은가? 스마트 세상, 과연 독(毒)인가? 약(藥)인가? 문득 스마트폰 없던 그 시절이 오히려 더 그립다. 매너 없는 카톡 울림은 심각한 범죄행위요, 공해가 아닐까?

사례
연구
17

경북도민일보 고정칼럼(2020.08.27.)
김영국 계명대 벤처창업학과 교수 · 경영학박사 · Saxophonist

사회적기업육성법 개정안, 과연 이대로 좋은가?

사회적기업은 취약계층을 노동시장과 연결하고, 지역사회의 활성화를 통해 지역경제의 발전과 공공서비스의 수요를 충족시킨다. 특히, 기업의 사회공헌으로 윤리적 경영문화와 시장을 이루는 것에 큰 의의가 있다. 즉, 사회적기업은 경제적 가치만을 추구해 온 전통적 기업과는 달리, 사회적 가치를 최우선에 두고 생산과 판매, 영업활동을 수행하는 기업이다.

사회적기업은 2007년 사회적기업육성법 제정으로 시작되어 벌써 13년이 지났다. 세계적으로는 1970년대에 민간에서부터 시작되었고, 1990년대부터는 선진국을 중심으로, 사회적기업에 대한 다양한 정책적 지원이 국가 차원에서 제공되었다. 2001년 시작된 영국 등 선진국에 비하면 아직도 시행착오를 거듭하는 실정이다.

사회적기업의 형태는 통상적으로 주된 목적에 따라 구분된다. 실제로는 일자리제공형과 사회서비스제공형, 지역사회 공헌형과 혼합형, 창의 · 혁신형(기타형) 다섯 유형으로 분류된다. 이는 정책심의회 심의를 거쳐 고용노동부장관이 사회적 목적의 실현 여부로 판단한다.

2020년 7월 현재 우리나라의 인증 및 등록기준 2,559개소의 사회적기업 인증 비율은 일자리제공형 66.8%, 창의 · 혁신형 12.7%, 혼합형 7.7%, 지역사회 공헌형 6.7%, 사회서비스제공형 6.1% 순으로 일자리 제공형의 비중이 여전히 매우 높다. 대구 · 경북은 각각 87개소, 163개소 수준으로 수치상으로 전국 대비 9.7% 수준에 불과하다.

사회적기업육성법 개정안은 20대 국회만료로 폐기됐다가, 지난 7월 21대 국회에서 현행 사회적기업인증제를 등록제로 전환하는 내용을 골자로 사회적기업육성법 개정안이 다시 발의됐다. 개정법률안의 주요 내용은 다음과 같다.

첫째, 현재의 사회적기업의 진입장벽을 더 낮춰 외연을 확장하는 것으로 등록제 도입 및 운영 절차의 간소화다. 즉, 현행의 인증심사(인증소위 → 육성전문위) 간소화로 요건을 갖추면 등록신청이 가능하다. 둘째, 사회적기업의 정의에 '창의적·혁신적 방법을 통한 사회문제를 해결'을 추가하였다. 셋째, 사회적기업 평가 및 경영공시 근거 신설로, 등록된 사회적기업이 공공기관의 우선구매에 참여하거나 재정지원을 받고자 할 경우, 고용부장관이 실시하는 평가를 받고 경영에 관한 사항을 공시하는 것이다. 마지막으로 정부지원 신청 사회적기업에 대한 투명성 강화로, 공공기관 구매 우선 및 정부재정지원 신청을 희망하는 기업에 대한 경영공시 및 사전교육 의무화이다.

그러나 이번 개정안의 수정 및 보완이 크게 필요하다. 전략적 수정 및 보안과 개선방안을 제시하고자 한다. 첫째, 사회적기업의 활성화를 위한 정량적인 평가 기준 도입이다. 현행법에서의 인증 실무를 보면, 창의·혁신형 사회적기업의 사회적 목적 실현 여부의 경우는 계량화된 수치로 평가하지 않기 때문에 사전적으로 요건충족 여부를 판단하기가 상당히 어렵다. 따라서 창의·혁신형 사회적기업의 경우도 다른 유형처럼 정량적인 평가 기준을 도입해야 한다.

둘째, 적정성 평가지표 설계이다. 금번 개정안은 절차 및 요건을 비교적 완화해 사회적기업 등록은 수월하게 하되, 등록된 사회적기업이라도 우선구매 참여와 재정지원을 받으려면 적정성 평가, 경영공시 등을 해야 한다. 이때 적정성 평가의 경우는 각 사회적기업의 조직 형태별 특성에 맞게 평가될 수 있는 적정성 지표가 반드시 설계되어야 한다.

마지막으로 현행의 개정안을 시행할 경우 <부적정 결정>에 대한 불복이나 이의제기에 대한 구체적인 기준과 시정 절차가 없다. 따라서, 부적정 결정을 받은 사회적기업들에게 이의제기 또는 재평가를 받을수 있는 기회 또한 제공되어야 한다. 현장 실무중심의 세심한 불복 및 시정 절차와 기준을 반드시 마련해야 한다.

사회적기업의 새로운 도약을 위해서는 큰 처방이 필요하다. 영국의 CIC처럼 사회적기업 지배구조와 운영체계에 적합한 별도의 법인격 신설로 인증제도의 전반적인 변화가 필요한 시점이다. 현장과 정책의 큰 괴리다. 현장의 목소리가 충분히 반영되지 못했기 때문이다.

사회적기업과 경제가 더욱더 활성화하려면 여러 지역 사람들이 모일 수 있는 시스템과 공간이 만들어지고, 그 안에서 다양한 커뮤니케이션이 이뤄져야 한다. 우선 사회적기업에 대한 전문적인 컨설팅이 필요하다. 또한, 시장의 규모를 키워 규모화?전국화해야 한다. 단순한 아이디어가 아닌, 사회적금융과 컨설팅이 뒷받침돼야만 더 큰 성장과 확장이 될 수 있기 때문이다.

현장의 실질적인 목소리를 담는 제도적 장치인 의사결정시스템이 조속히 구축되어, 진정한 사회적기업의 가치가 구현되는 날을 손꼽아 기다리는 맘 간절하다. 이제는 우리 대구·경북이 먼저 실천에 옮길 차례다.

찾아보기

📖

ㄱ

가맹본부(franchisor)　55

가맹점사업자　55

가맹희망자(franchisee)　55

가상통화　45

가치 제안(Value Propositions, VP) 109, 110

개인사업자　57

경로　157

고객 관계(Customer Relationships, CR)　110

고객 세분화(Customer Segments, CS) 109

고도　157

고위험군　8

고정익　156

고정익 무인기(Fixed-Wing UAV) 137

공공데이터　25

공역혼잡도　157

공장 입지　85

관성측정기(IMU)　144

군사용　8, 136

군용　155

군집비행　157

기계번역(MT)　21

기계학습(machine learning)　15

기구류　136

기상　157

기술창업　54

ㄴ

4가지 영역(area)　108

노동 4.0 시대　37

노콘(No Control)　149

ㄷ

데이터베이스(DB)　17

돌비 애트모스(Dolby ATMOS)　20

동력비행장치　136

드론　155

드론국가자격　106

드론산업　8, 64

드론의 두뇌　142

드론조종자격제도　8

드론 특별자유구역　106

디지털화　23

ㄹ

레이싱 드론 136

레이저 레이더(Laser radar) 51

로보어드바이저 46

롤(Roll) 144

리륨폴리머 153

ㅁ

맞춤 생산(customization) 12

메인프레임 컴퓨팅(mainframe
    computing) 11

면허대상 8

무인(Unmanned) 136

무인교통 관리시스템(UTM, UAS
    Traffic Management) 65, 156

무인동력비행장치 9

무인멀티곱터 98

무인비행기 98

무인비행장치 136

무인헬리곱터 98

무점포 창업 56

문자인식(OCR) 21

민수용 155

ㅂ

배송용 8

배터리 보관 방법 153

법인사업자 57

벤처캐피탈 46, 117

벤처확인 117

복합 구조인 'VTOL(Vertical
    Take-off&Landing)드론 137

블랙데이터 25

블록(building blocks) 108

비가시권 157

비상착륙 119

비용구조(Cost Structure, CS) 109,
    112

비즈니스모델(BM) 6, 108

비행 금지 9

비행 제한구역 9

비행경로 분석 157

비행정보 65, 157

빅데이터 11, 25, 157

ㅅ

사물인터넷(IOT, Internet Of Things)
    11, 13

사업계획서 79, 85

사업아이템 79

사이버 물리 시스템(CPS, Cyber
    physical systems) 13

사전승인 8

4차 산업 5

사회서비스제공형 97

사회적 기업(social Enterprise, 社會的
    企業) 55

사회적경제 97

사회적기업 97

사회적기업육성법 97

산업(업무)용 8, 136

산업재산권(특허, 실용신안, 디자인,
　상표) 49

산업혁명 10

삼각비행 119

3차 산업 4

생계형 창업 57

서비스 산업 4

서비스업 창업 83

소셜벤처(social venture) 54

수익원(Revenue Streams, RS) 109,
　111

순간적인 기울임 145

스마트 공장(smart factories) 12

스마트그리드 70

스마트팜 5, 9

시장조사 103

신지식재산권(IT, BT, NT 등) 49

ㅇ

아이디어 창출 79

아이템 62

안전관리 8

안전정보 157

역혼잡도 65

완구용 7, 136

운용 주체 155

원격제어(Remotely Control) 136

원주비행 119

위치 157

5세대(5G) 이동통신 157

5차 산업 5

유비쿼터스(Ubiquitous) 37

유비쿼터스 모바일 인터넷(ubiquitous
　& mobile inter net) 15

유전자 염기서열분석
　(gene sequencing) 13

유한책임회사 57

유한회사 57

유형별 창업 82

6차 산업 5

음성인식(ASR) 21, 17

음성합성(TTS) 21

2.4GHz 조종기 148

2차 산업 4

인공지능(AI) 11, 13, 17, 157

인력활공기 136

1인 창조기업 67

일자리제공형 97

1차 산업 3

ㅈ

자금유치 유형 117

자동관제 65, 157

자연어처리(NLP) 21

자이로센서 145

작용·반작용 147

장애물 157

저위험군 8

정보통신기술(ICT) 18, 41

정상접근 119
제4차 산업혁명(The Fourth Industrial Revolution) 12
제레미 리프킨(Jeremy Rifkin) 11
제조업 창업 절차 84
주문형(온디맨드) 경제 37
주식회사 57
중력 가속도센서 145
중위험군 8
지능형로봇 70
지상정보 157
지식재산권 42, 49, 111
지식정보 혁명 11
지역사회 공헌형 97
지자기센서 145

ㅊ
창업범위 67
창업아이템 62, 93, 103
창업제외 업종 67
창업지원제도 122
창업 Process 79
창의·혁신형 97
채널(Channels, CH) 109, 110
초경량비행장치 98
초경량항공기(Ultralight Aircraft) 136
촬영용 8
측풍접근 119

ㅋ
컨베이어시스템(conveyor system) 10
크라우드펀딩 41
클라우드 11

ㅌ
타당성 분석 79
텍스트 음성 변환 기술
(Text to Speech, TTS) 18

ㅍ
프랜차이즈 55
플랫폼 14
플랫폼 경제(공유경제) 37
피치(Pitch) 144
핀테크 45, 46
필기인식(HWR) 21

ㅎ
합명회사 57
합자회사 57
항공안전법 64
핵심 역량 109
핵심 자원(Key Resources, KR) 111
핵심 파트너(Key Partnerships, KP) 109, 112
핵심 활동 109
핵심 활동(Key Activities, KA) 112
호핑 기술 149
혼합형(복합형) 156

혼합형 무인기(Tilt-Rotor UAV) 137

회전운동상태 144

회전익 156

회전익 무인기(Rotary UAV) 137

기타

AI 15

BLDC모터 143

BMC 109, 112

DC모터 143

Demand 62

ESS(Energy Storage System) 70

FC(Flight controller) 142

IoT 15, 27

M&A 53

Needs 62

NGL((Natural Gas Liquid) 73

P2P 45

PAV(개인용 비행체) 107

pilot test 63

PWM 143

RC수신기 143

SOHO 56

STP(시장세분화전략) 110

UAM 114

URF(Umbilical/Riser/Flowline) 73

VC 63

VR 44

저자약력

김영국(PhD. England Kim/Saxophonist)

경남 창녕 출생
계명대학교 벤처창업학과 교수(경영학박사)
교육부 및 대한민국학술원 우수저서(저자) 학술상
코리아드론(주) 고문/교육원장
한국메타버스협회 설립자(고문)
초경량비행장치조종자 · 드론교관
칼럼니스트 · 객원논설위원 · 창업지도사 · 전자정부전문가 · 직업상담사(HRD · NCS전문가)
한국경제신문사 객원연구위원(TESAT연구소장)
한국창업학회 우수논문상
한국청년기업가정신재단 학술연구과제 단독 선정
중소벤처부/한국연구재단 등 국비연구과제 다수 선정
중소벤처부/지식경제부/소상공인시장진흥공단 등 국비과제 심사(평가)위원장 다수
대구광역시 평생교육위원/경상북도 SW 인력양성추진위원 등
농림부 신활력플러스사업 창녕군추진단장/위원장
창녕군 고향사랑기부제 위원장/상주시 정책자문위원장
DGB금융그룹 DLF(주) 홍콩현지법인장(대표이사 CEO)
고위공무원(옴부즈만)/육군장교(ROTC)
(저서) <4차 산업혁명과 글로벌 핀테크 for 창업> 등 다수
(논문) <창업지원제도에 관한 연구> 등 국 · 영문 논문 다수

진종규(CEO Jin Jong-Gyu)

경남 밀양 출생
코리아드론(주) 대표이사
코리아드론(주) 드론교육전문아카데미 원장
코리아드론(주) R&D연구센터장
창원특례시 지속가능발전위원
KBS드론교육지도사
YBM Coading Specialist
한국메타버스협회 경영혁신상 수상
드론실기평가사
드론교관 · 드론강사 · 드론칼럼니스트
한국해양항공협회 수석부회장
한국해양구조협회(마산) 부대장
한국메타버스협회 부회장
마산해양경찰서 드론수색대 드론교육대장
육군항공대 전역
(저서) <실전 드론 for 창업과 활용전략>

문의(교육·특강·자격증)
✉ gimyeong1260@daum.net

4차 산업혁명 시대:
실전 드론 for 창업

초판발행   2023년 2월 25일

지은이   김영국·진종규
펴낸이   안종만·안상준

편 집   전채린
기획/마케팅   장규식
표지디자인   이소연
제 작   고철민·조영환

펴낸곳   (주)**박영사**
            서울특별시 금천구 가산디지털2로 53, 210호(가산동, 한라시그마밸리)
            등록 1959. 3. 11. 제300-1959-1호(倫)

전 화   02)733-6771
f a x   02)736-4818
e-mail   pys@pybook.co.kr
homepage   www.pybook.co.kr
ISBN   979-11-303-1722-9 93320

정 가   28,000원